LE
DROIT DES PAUVRES

SUR LES

SPECTACLES, THÉÂTRES, BALS ET CONCERTS, ETC.

EN FRANCE ET A L'ÉTRANGER

LÉGISLATION, DOCTRINE ET JURISPRUDENCE

PAR

FERNAND WORMS

AVOCAT A LA COUR D'APPEL,
MEMBRE DU CONSEIL DE SURVEILLANCE DE L'*Assistance publique*.

AVEC UNE PRÉFACE DE M. Eugène POUILLET

AVOCAT A LA COUR DE PARIS, ANCIEN BATONNIER.

PARIS

LIBRAIRIE DE LA SOCIÉTÉ DU RECUEIL GÉNÉRAL DES LOIS ET DES ARRÊTS

FONDÉ PAR J.-B. SIREY, ET DU JOURNAL DU PALAIS

Ancienne Maison L. LAROSE & FORCEL

22, *rue Soufflot,* 22

L. LAROSE, Directeur de la Librairie

1900

LE

DROIT DES PAUVRES

SUR LES

SPECTACLES, THÉÂTRES, BALS ET CONCERTS, ETC.

EN FRANCE ET A L'ÉTRANGER

DU MÊME AUTEUR

Assistance publique, étude insérée dans le *Répertoire général alphabétique du Droit français* (en collaboration), LAROSE.

Autorisation de plaider, étude insérée dans le *Répertoire général alphabétique du Droit français* (en collaboration), LAROSE.

Bibliographie méthodique de l'Assistance publique et privée en France et à l'étranger, insérée dans le *Congrès international d'assistance* (en collaboration), RONGIER (2 vol.), 1889.

Commentaire de la Loi sur les syndicats professionnels (en collaboration), LAROSE.

De la question des loyers dans Paris au point de vue de l'équité, 1871.

De l'impossibilité d'appliquer l'article 419 du Code pénal aux syndicats financiers (*Journal des sociétés civiles et commerciales*), 1883, LAROSE.

Discours, plaidoyers et œuvres diverses de M. Edmond ROUSSE, de l'*Académie française* (2 vol.), LAROSE.

Droit des pauvres, étude insérée dans le *Répertoire général alphabétique du Droit français*, LAROSE.

Étude sur la propriété littéraire (2 vol.), LEMERRE.

Le Droit des pauvres, son histoire, Paris et la province, étude insérée dans la *Revue philanthropique* (septembre-octobre-novembre 1899), MASSON.

Les étrangers en France au point de vue de l'assistance et des secours charitables (en collaboration), MARCHAL-BILLARD, 1890.

Procès de l'Arétin, inséré dans la *Revue des grands procès contemporains*, MARESCQ.

Procès du Figaro contre M. Alphonse LEMERRE, LEMERRE.

Rapport sur le Droit des pauvres au *Conseil de surveillance* de l'*Assistance publique de Paris*, HÉNON, 1898.

Traité des autorisations de plaider nécessaires aux communes et aux établissements publics (en collaboration), LAROSE.

BAR-LE-DUC. — IMPRIMERIE CONTANT-LAGUERRE.

LE

DROIT DES PAUVRES

SUR LES

SPECTACLES, THÉÂTRES, BALS ET CONCERTS, ETC.

EN FRANCE ET A L'ÉTRANGER

LÉGISLATION, DOCTRINE ET JURISPRUDENCE

PAR

FERNAND WORMS

Avocat a la Cour d'appel,
Membre du Conseil de surveillance de l'*Assistance publique*.

AVEC UNE PRÉFACE DE M. Eugène POUILLET

Avocat a la Cour de Paris, ancien batonnier.

PARIS

LIBRAIRIE DE LA SOCIÉTÉ DU RECUEIL GÉNÉRAL DES LOIS ET DES ARRÊTS

FONDÉ PAR J.-B. SIREY, ET DU JOURNAL DU PALAIS

Ancienne Maison L. LAROSE & FORCEL

22, *rue Soufflot*, 22

L. LAROSE, Directeur de la Librairie

1900

IMPRIMERIE
CONTANT-LAGUERRE

BAR - LE - DUC

PRÉFACE

Le Volume que mon confrère et ami, M. Fernand Worms, offre au public, sous ce titre tout simple : *le Droit des pauvres*, représente un travail considérable, et lui a coûté bien du temps et bien des recherches. Je ne crains pas de dire que c'est un travail définitif. L'auteur n'a rien laissé à glaner derrière lui, et tout ce que peuvent donner l'érudition, la science et la pratique, il l'a donné, en faisant même bonne mesure. Il faut reconnaître, d'ailleurs, que M. Worms est passé maître dans ces matières délicates qui intéressent l'*Assistance publique*. Membre, depuis bien des années déjà, du *Conseil de surveillance* et du *Comité consultatif* de cette grande Administration, il a eu à examiner la plupart des questions qu'il traite dans son Ouvrage, et il en peut parler savamment.

Son Livre prend le *Droit des pauvres* à son origine et il le suit, à travers notre histoire, jusqu'à l'époque où nous sommes; il le suit même à l'étranger, et, en le montrant établi à peu près dans tous les pays, il semble qu'il en justifie pleinement l'existence. Il rappelle que le *Droit des pauvres* est né en *France* d'une

idée noble, élevée et généreuse : mettre le plaisir à
contribution et prélever, sur les distractions du riche
ou, du moins, de celui qui a le moyen de se procurer ces
distractions, une prime au profit de l'indigent. N'est-
ce pas l'impôt idéal, que l'impôt qui n'est payé que par
celui qui le veut bien, et qui ne frappe pas ceux qui
peuvent ou qui savent s'en passer? M. WORMS fait
remarquer avec justesse que le *Droit des pauvres*, à
sa naissance, fut peut-être aussi marqué d'un caractère
religieux d'amende expiatoire. Ce fut, suivant un auteur qu'il cite, la dîme de rachat payée à l'*Église* par
ceux qui, en montant sur les tréteaux, faisaient œuvre
de paganisme et de perdition. Quoi qu'il en soit de
cette origine, il faut reconnaître que transformer le
plaisir que l'on prend soi-même en un bienfait pour
les autres, c'est une pensée humanitaire qui atteste
que, de tout temps, les hommes se sont sentis solidaires
les uns des autres et ont été rapprochés par le senti-
ment du bien et la nécessité de s'entr'aider.

M. WORMS, après avoir exposé les origines du *Droit
des pauvres* avant la *Révolution,* le suit dans son développement après la *Révolution*, et, ne voulant rien
laisser dans l'ombre, il commence par en étudier le
principe; il rappelle les arguments qui ont été formulés
contre le *Droit des pauvres;* puis, il expose la thèse
contraire avec une force, une élévation de pensée qui
laisse bien voir qu'il est partisan résolu de cette forme
particulière d'impôt. Il en analyse, ensuite, les caractères,
et précise avec soin les conditions nécessaires pour que

le *Droit des pauvres* puisse être prélevé. Il faut, bien entendu et d'abord, qu'il y ait un *spectacle*, c'est-à-dire, comme il l'explique ailleurs, quelque chose qui fasse appel à la curiosité publique : car il ne suffit pas d'un *spectacle;* il faut encore un *spectacle public*, et un *spectacle payant.* C'est sur le *prix*, en effet, que l'indigent prélève sa part. L'auteur entre, ensuite, dans l'examen de la question de savoir s'il faut qu'il y ait, dans ce *spectacle*, un *but de spéculation*, et il explique, avec une clarté merveilleuse, comment une fête publique, organisée dans un but philanthropique ou charitable, n'en est pas moins, en principe, soumise à l'impôt.

Mais où le Livre ne laisse rien à désirer, c'est lorsqu'il fait l'énumération des entreprises que l'impôt doit frapper. Que de questions, difficiles à résoudre parfois, se présentent alors à l'esprit! Que le *Droit des pauvres* soit prélevé sur les recettes des *spectacles,* cela va de soi. Mais que faut-il entendre par ce mot? Où commence, où finit le *spectacle?* Il va sans dire que tout ce qui rentre dans la catégorie des cafés-concerts est, pour tous, et sans discussion possible, un *spectacle.* Faudra-t-il dire la même chose pour les conférences et matinées littéraires, pour les assauts, pour les expositions d'une façon générale, exposition d'animaux, exposition de tableaux, exposition universelle nationale ou internationale, pour une entreprise de ballon captif, de chevaux de bois, de cabinet de curiosités ou de figures de cire, etc.? Que faudra-t-il penser des courses en tous genres : courses de vélocipèdes, de chevaux, de taureaux? Tout cela est exposé dans le Livre de M. WORMS avec une abondance de documents qui révèle en lui ce travailleur patient, infatigable, que nous avons toujours connu, qu'aucune recherche ne rebute, et dont nous dirions volontiers qu'il rappelle les savants Bénédictins du Moyen-âge. Rien n'est passé sous silence, rien n'est négligé ni omis.

La question des *théâtres* proprement dits est traitée avec une ampleur qui ne laisse rien à désirer. L'auteur nous montre le mécanisme des *billets*, billets pris à l'entrée, ou au bureau de location, billets de faveur, billets d'auteur, et il nous fait pénétrer toutes les ruses imaginées, dans tous les temps, par les Directeurs, pour se soustraire, autant qu'ils peuvent, au paiement de l'impôt. M. WORMS nous apprend, d'ailleurs, que l'*Administration de l'Assistance publique* apporte, quand les circonstances l'exigent, une certaine modération à la perception du *Droit ;* toutefois, on ne comprend pas bien pourquoi, par exemple, la *Société des Artistes français* est exemptée de l'impôt sur les recettes de ses *Salons*, tandis que la *Société nationale des Beaux-Arts* paie une somme, il est vrai, minime, mais est astreinte au paiement de cette somme, quand sa grande sœur ne l'est pas. J'entends bien que la *Société des Artistes français* a pu faire valoir avec raison que ses recettes sont en partie destinées au soulagement des artistes malheureux : ce qui est parfaitement exact ; mais n'en est-il pas de même de la *Société nationale des Beaux-Arts?* M. Worms, nous donne, du reste, des chiffres, qui montrent que les sommes, perçues pour le *Droit des pauvres*, vont toujours en augmentant et ont monté de 2.318.409 francs en 1874 à 3.263.212 francs en 1894. Le monde s'amuse-t-il plus qu'autrefois, ou le plaisir est-il plus cher aujourd'hui ?

En passant, l'auteur rappelle quelques-uns des établissements dans lesquels nos pères allaient se divertir. Qui se souvient encore, aujourd'hui, des *Jeux chevaleresques*, des *Montagnes russes de Neuilly* — (il y en avait, je crois, aussi à *la Chaumière*), — des *Jardins de Tivoli* et des *Jardins d'Apollon?* Ces noms seuls évoquent un autre âge et font passer devant nos yeux les fantômes des belles mondaines d'alors, qui s'en allaient goûter le frais sur les hauteurs de ce qui est à présent la *rue de Clichy,* dans ces merveilleux *Jardins de Tivoli,* dont nous entendions encore parler dans notre enfance. Tout cela a disparu, mais tout cela est resté sous une autre forme : car le plaisir, en se renouvelant, est éternel, et les riches, qui le peuvent goûter et le payer, assurent pour longtemps, pour toujours, la perception du *Droit des pauvres*.

Je n'entrerai pas dans le détail de la partie administrative, c'est-à-dire de celle qui règle le mode de perception de l'impôt, ni dans le détail de la partie juridique, c'est-à-dire de celle qui règle les poursuites contre les contribuables soumis à cet impôt spécial. Il me suffira de dire que M. Worms a montré là, comme partout, des qualités de méthode, de clarté, qui sont ses qualités maîtresses, et qu'on retrouve dans tout ce qu'il écrit.

Il n'a eu garde d'oublier la Législation comparée, et il nous fait voir le *Droit des pauvres* reconnu et appliqué dans presque tous les pays. Il nous raconte même, en passant, qu'en *Espagne*, au temps de *Cervantès*, dans les lieux de divertissement, un ecclésiastique, pendant les représentations, faisait une collecte dans l'assemblée, au profit des malades et des pauvres.

Le Volume se termine par un triple *Index : Index* de toutes les Lois et Arrêtés concernant le *Droit des pauvres ; Index* bibliographique, où sont mentionnées les sources vraiment innombrables que l'auteur a consultées; *Index* alphabétique permettant, avec la plus grande facilité, de retrouver, dans le Livre, le point précis qu'on veut consulter.

Ce Livre fait le plus grand honneur à M. FERNAND WORMS, et, je suis heureux de le constater dans cette courte Préface, il est la preuve d'une rare puissance de travail et de conception.

Et, pour tout dire d'un mot, j'aime beaucoup l'auteur, et j'aime autant son Livre.

EUG. POUILLET,

Avocat à la Cour de Paris, Ancien Bâtonnier.

LE
DROIT DES PAUVRES

TITRE I

FRANCE ET COLONIES

CHAPITRE I

Notions historiques.

§ 1. De l'origine du Droit jusqu'à la Révolution.

1. Le *Droit des pauvres* est né en France d'une pensée généreuse : mettre le plaisir à contribution et prélever sur les distractions du riche une prime au profit de l'indigent.

Peut-être aussi fut-il, à sa naissance, marqué d'un caractère religieux d'amende expiatoire [1].

2. C'est au xvᵉ siècle qu'apparaît le premier document officiel, où soit faite une part aux malheureux. Des *Lettres-patentes* du 14 décembre 1402, sous *Charles VI,* autorisent des *pèlerins,* érigés en confrérie, sous le nom de *Confrères*

---

[1] « Dans son principe, dit M. Édouard Fournier (*Le théâtre et les pauvres*), il fut la dîme de rachat payée à l'Église par ceux qui, en montant sur les tréteaux, faisaient œuvre de paganisme et de perdition. »

de la Passion, à s'organiser, à *Paris*, en corporation dramatique et à y représenter des mystères, à la charge toutefois « de demander et cueillir l'*aumône Saint-Julien* »,
c'est-à-dire de quêter pour l'*Hôpital Saint-Julien* [1].

3. Dès les premiers temps, la taxe semble revêtir la
forme d'un forfait ou abonnement qu'imposent à l'avance
aux acteurs le Parlement ou l'Autorité municipale, suivant
les besoins des localités où se donne le spectacle, « à cause
que le peuple sera distrait du service divin et que cela
diminuera les aumônes [2] »; mais elle ne tarde pas à être
prélevée sur le bénéfice de l'entreprise [3].

4. Le 20 septembre 1577, un nouvel arrêt du Parlement permet aux *Confrères de la Passion* de commencer
leurs représentations avant la fin des *vêpres,* en se fondant
sur les 300 *livres tournois* qu'ils payaient pour le service
divin et pour les pauvres [4].

5. Pour venir en aide à l'*Hôpital Général*, qui, depuis
sa fondation [5], fonctionnait sans grandes ressources à
côté de l'*Hôtel-Dieu* et du *Grand Bureau des pauvres*,
Louis XIV décide d'attribuer aux malheureux « quelque
part aux profits considérables qui reviennent des opéras
de musique et des comédies qui se jouent à *Paris* par sa
permission », et prescrit [6], en conséquence, qu' « il sera
levé et reçu au profit de cet *Hôpital Général* un *sixième en
sus* des sommes qu'on reçoit à présent et que l'on recevra
à l'avenir pour l'entrée auxdits opéra et comédies (française et italienne),... pour servir à la subsistance des
pauvres ».

6. D'origine essentiellement parisienne, cet impôt allait

---

(1) Isambert, *Recueil des anciennes lois françaises*, t. VII, p. 137.

(2) *Id.* Arrêts du Parlem., 1er septembre 1539, 27 janvier 1541.

(3) *Id.* Arr. du Parlem., 10 décembre 1541.

(4) Des Essarts, *Les Trois Théâtres de Paris*, p. 37;—Pector, *Le Droit
des pauvres*, p. 9.

(5) Édit d'avril 1656.

(6) Ordonn. 25 février 1699.

bientôt s'étendre à la *France* entière. A peine il a pris le caractère d'une taxe permanente, il frappe personnellement et directement le spectateur; mais, en même temps, c'est aux théâtres qu'incombe la charge de le percevoir pour le compte des hospices sous forme d'*abonnement*, et l'adoption de ce mode de perception permet aux directeurs d'augmenter, de leur côté, le prix des places offertes au public. Peu à peu, la prétention leur vint même de distraire du taux de l'abonnement les frais de gestion, et de ne payer la taxe que sur la recette nette.

C'est pour arrêter cette tentative, qui pouvait léser l'*Hôpital Général*, que l'Ordonnance du 30 août 1701, changeant l'assiette de l'impôt, en même temps qu'elle supprimait l'abonnement, fixait la taxe *au sixième des recettes brutes* de chaque représentation, et bientôt l'Ordonnance du 30 janvier 1713 en étendait l'effet aux spectacles populaires des *Foires Saint-Germain* et *Saint-Laurent*.

3. A ce moment, le besoin de nouvelles salles de malades se faisant sentir à l'*Hôtel-Dieu*, l'hôpital obtenait, sur les pressantes démarches de *Delamare*, Commissaire au *Châtelet* et auteur d'un *Traité de la police*, « *un neuvième par augmentation* de tout ce que l'on reçoit pour les entrées aux spectacles publics, sans diminution ni retranchement, sous prétexte de frais ou autrement [1] ». Seulement, l'octroi en était subordonné à la condition expresse de rendre sur le produit de la taxe une somme convenable à *Delamare*, « en récompense de ses longs services et pour le dédommager des avances qu'il avait faites pour la composition et l'impression de son ouvrage et le mettre en état de l'achever ».

C'est cet ensemble des deux perceptions (le *sixième* de l'*Hôpital Général* et le *neuvième* de l'*Hôtel-Dieu*), indépendantes l'une de l'autre, qui, jusqu'en 1790, équivalant

---

(1) Ordonn. 5 février 1716.

aux 5/18ᵉ, a porté le nom de *quart des pauvres*. Bien que
plus élevé alors qu'il n'est aujourd'hui, cet impôt ne frap-
pait que les spectacles, et le principe en fut confirmé par
l'Ordonnance du 4 mars 1719, qui refusa aux Directeurs
de théâtres la déduction de leurs frais avant le prélèvement du Droit.

Mais l'apparente rigueur de ce nouveau régime fléchit
devant l'état de misère dont souffraient alors les Comédiens, qui, dans l'impossibilité où ils étaient de s'acquitter
d'arriérés accumulés, finirent par obtenir soit des modérations, soit des remises entières du Droit échu [1], soit
enfin le retour à l'abonnement [2].

Cette mesure, d'ailleurs, n'entamait nullement le principe : car, si le *neuvième* de l'*Hôtel-Dieu* se trouvait atteint
par ces tempéraments successifs, le *sixième* de l'*Hôpital
Général* était resté intact. Aussi ne faut-il pas s'étonner
qu'après avoir établi des Contrôleurs chargés d'assister
journellement aux comptes des recettes dans les théâtres
et « de prélever la taxe avant tout paiement aux auteurs
et aux acteurs [3] », on en soit, en 1744, revenu purement
et simplement à l'ancienne perception directe. Cependant,
en 1762, le système de l'abonnement, (plus étendu même,
puisqu'il allait porter sur les locations des loges à l'année,
qui avaient échappé jusqu'alors à l'impôt,) fut de nouveau
repris.

En 1774, il tomba encore, en raison des fraudes dont
s'étaient rendus coupables les Comédiens français et ita-
liens, et quand, maintenu pour l'*Opéra,* il fut remis, de rechef,
en vigueur d'une façon générale, les hospices eurent le
soin, afin d'éviter les abus passés, de placer aux portes
des spectacles des receveurs chargés d'arrêter la recette
journalière, — non pour toucher la taxe, puisqu'elle n'é-
tait perçue que jusqu'à concurrence de l'abonnement an-

---

[1] Ordonn. 9 juillet 1718, 4 mars 1719, 11 octobre 1720, 10 avril 1721.
[2] Ordonn. 7 octobre 1736.
[3] Ordonn. Lieut. génér. police, 6 février et 17 mai 1732.

nuel, mais pour pouvoir constater avec précision le montant total *du quart*.

§ 2. Du Droit des pauvres à partir de la Révolution.

8. Avec la *Révolution,* s'ouvre une ère nouvelle. Le Décret des 4-6 août 1789, qui supprime les dîmes et privilèges de toute nature établis par le régime féodal, maintient provisoirement *le quart,* « jusqu'à ce qu'il ait été autrement pourvu au soulagement des pauvres et à l'entretien des hôpitaux » ; et le Décret des 16-24 août 1790 sur l'*Organisation judiciaire* (titre XI, art. 4) confie exclusivement aux Municipalités le soin d'autoriser l'exploitation des spectacles, « à charge pour les entrepreneurs de payer une redevance envers les pauvres ». Mais, en négligeant d'en déterminer la quotité, le législateur avait rendu la réglementation inexécutable, et, lorsque parut le Décret des 13-19 janvier 1791 *sur les spectacles,* qui, proclamant la liberté industrielle des entreprises théâtrales, restait muet sur le *Droit des pauvres*, on put se demander si ce silence n'impliquait point abrogation de la législation antérieure.

L'hésitation ne fut pas de longue durée. L'*Administration hospitalière,* dont la résistance inlassable s'était traduite par une série de procès-verbaux dressés pour constater le refus de payer des entrepreneurs de spectacles, obtint du *Directoire* un Arrêté [1], qui remplaça la perception indéterminée par une représentation mensuelle au bénéfice des pauvres ; le produit devait en être versé à la *Caisse des hospices,* défalcation faite des frais journaliers et des parts d'auteur, sous le contrôle d'une Commission *ad hoc,* nommée dans les Départements par un des agents municipaux et à *Paris* par le Ministre de l'Intérieur. Mais les représentations ainsi données étaient rares et ne couvraient pas leurs frais, et, d'autre part, les Directeurs sup-

(1) 11 nivôse an IV.

portaient difficilement l'ingérence administrative dans leur
comptabilité ; les fraudes se multipliaient, et l'impôt finit
par présenter ce curieux phénomène de diminuer à mesure
qu'augmentaient les recettes des théâtres et que s'accrois-
saient, en même temps, les besoins des hôpitaux, — que de
récentes mesures révolutionnaires avaient dépouillés d'une
grande partie de leurs revenus. Les Lois des 23 messidor
an II et 16 vendémiaire an V essayèrent bien de pallier
quelque peu ces désastreux effets ; mais comment auraient-
elles pu aboutir, ne disposant pas pour cela de ressources
nouvelles ?

Et cependant, la misère n'en faisait pas moins de cruels
progrès !

9. C'est ce qui poussa *Darracq* à présenter au *Conseil des
Cinq-Cents* (1) une Motion, tendant à frapper d'un impôt
envers les indigents les spectacles et les billets de bal, et
le *Directoire* à réclamer, par son *Message* du 9 brumaire
an V, une augmentation du prix des billets de spectacles et
l'établissement de l'impôt pour six mois.

10. Ainsi est née la Loi du 7 frimaire an V, qui, à une
redevance variable, substitue le droit fixe du *dixième en
sus* du prix de chaque billet d'entrée « dans tous les
spectacles où se donnent des pièces de théâtre, etc. ... », et
constituera désormais la charte du *droit des pauvres* (2).

11. A la différence des anciennes taxes de l'*Hôpital
Général* et de l'*Hôtel-Dieu*, la taxe nouvelle ne doit être
perçue qu'au profit des seuls « indigents qui ne sont pas
dans les hospices », c'est-à-dire des pauvres secourus à
domicile. Ce qu'on voulait alors, c'était doter ces établissements de fondation récente, qui forment, aujourd'hui, nos
Bureaux de bienfaisance.

---

(1) 22 vendémiaire an V.
(2) MM. *Derouin, Gory* et *Worms*, dans leur *Traité général d'Assistance publique* (Larose, 1900, p. 29), font justement observer que, dès l'o-
rigine, les prescriptions de la Loi du 7 frimaire an V n'étaient pas exécutées
dans les petites communes.

Le taux de l'impôt, moins élevé que par le passé, est
« d'un décime par franc (deux sous pour livre) *en sus* du
prix de chaque billet d'entrée dans tous les spectacles
où se donnent des pièces de théâtre, des bals, des feux
d'artifice, des concerts, des courses et exercices de chevaux, *pour lesquels les spectateurs paient* », et la redevance atteint aussi le prix « des places louées pour un
temps déterminé », c'est-à-dire les abonnements.

L'impôt, étendu désormais à des entreprises qui jusqu'a-
lors n'avaient jamais été touchées, n'a, du reste, qu'un caractère temporaire, puisqu'il n'est décrété que pour six mois.

Mais il répondait si bien à une nécessité, qu'il fut, à
quatorze reprises, et par des lois ou arrêtés successifs,
prorogé d'abord de six mois en six mois, puis d'année en
année [1], et enfin déclaré définitif par le Décret impérial
du 9 décembre 1809.

12. Depuis, la législation n'a plus varié sur le fond ;
la quotité, le mode de perception ou d'attribution de la
taxe, la procédure des poursuites et les questions de compétence en cas de contestations ont seuls fait l'objet de
modifications nouvelles, et nous citerons, notamment, l'application partielle de la taxe aux besoins de l'*Assistance
médicale gratuite*, organisée par la Loi du 15 juillet 1893.

13. Avec la législation nouvelle, le *dixième en sus* ou
plutôt le *onzième de la recette brute* (9,09 0/0), c'est-à-
dire ce qu'à lui seul touchait l'*Hôtel-Dieu* sous le régime
ancien, remplace *le quart;* mais, d'un autre côté, s'il
atteint indistinctement tous les genres de spectacles, et
non plus seulement les théâtres, il sacrifie les hôpitaux et
ne doit profiter qu'aux pauvres secourus à domicile.

Il est probable qu'à cette époque, le paiement du prix

---

[1] Lois des 2 floréal an V, 8 thermidor an V, 19 fructidor an VI,
2 frimaire an VI, 6e jour complémentaire an VII, 7 fructidor an VIII,
21 ventôse an IX, 9 fructidor an IX, 14 floréal an X, 18 thermidor an X,
10 thermidor an XI, 30 thermidor an XIII, 8 fructidor an XIII, 21 août
1806, 2 novembre 1807, 26 novembre 1808.

d'entrée et la perception de la taxe se faisaient à deux guichets distincts, puisqu'il a fallu, « pour éviter les encombrements », que l'Arrêté du 29 frimaire an V chargeât les entrepreneurs eux-mêmes de recouvrer l'impôt pour le compte de l'Administration du bien des pauvres.

14. L'expérience aidant, on reconnut bientôt l'utilité de soumettre à des régimes différents les divers genres de spectacles. Le taux fut maintenu à *deux sous pour livre* « dans tous les spectacles où se donnent des pièces de théâtres » ; mais, à l'exemple d'autrefois, il fut élevé au *quart de la recette brute* pour une certaine catégorie de réjouissances publiques : bals, feux d'artifice, concerts, courses et exercices de chevaux, et *autres fêtes où l'on est admis en payant* [1], et cette dernière formule allait désormais imprimer à la loi, par sa généralité même, une portée, non plus *limitative*, mais purement *énonciative*.

Pour justifier la différence de traitement, on prétendait que les établissements de la dernière catégorie, assurés de recettes particulières à l'intérieur, abaissaient les recettes de la porte : ce qui diminuait la taxe des pauvres ; qu'étant peu nombreux, la concurrence ne leur imposait pas les mêmes charges qu'aux théâtres, et que, d'ailleurs, ils ne présentaient pas le même intérêt sous le rapport de l'éducation publique.

La Loi du 8 thermidor an V alla plus loin encore ; elle restitua aux hospices, dont les besoins devenaient de plus en plus urgents, le revenu dont ils jouissaient autrefois, et c'est presque à titre de compensation qu'elle ordonna l'emploi simultané des produits de l'impôt aux Secours à domicile et aux Secours hospitaliers.

15. A cette Loi vinrent successivement s'en ajouter d'autres, pour fixer le régime nouveau :

1° La Loi du 5 thermidor an V, qui établit la perception dans les jardins où l'on paie en entrant ;

----

(1) Loi 8 thermidor an V.

2° L'Arrêté de prorogation du 7 fructidor an VIII, qui charge le Préfet de répartir, sur l'avis du Sous-préfet, le produit de l'impôt entre les Services des Hôpitaux et des Secours à domicile, et qui offre cette particularité que, émanant du Pouvoir exécutif, il supprime, par une illégalité dont l'effet se prolongera jusqu'en 1817, l'initiative du Pouvoir législatif en matière fiscale;

3° L'Arrêté du 10 thermidor an XI, qui assimile aux théâtres pour la quotité les *panoramas* et les *théâtres pittoresques et mécaniques*, et attribue au Préfet en Conseil de préfecture, sauf recours au Gouvernement, le jugement des contestations, après avis du *Comité consultatif*, chargé du contentieux de l'*Administration des pauvres et des hospices* [1] ;

4° Le Décret du 8 fructidor an XIII (art. 2), prescrivant de poursuivre la rentrée de l'impôt selon le mode fixé par l'Arrêté du 16 thermidor an VIII pour le recouvrement des contributions directes et l'exercice des contraintes ;

5° Le Décret du 25 prairial an XIII, qui exempte de la taxe les concerts annuels donnés, avec autorisation du Gouvernement, par le *Conservatoire de musique*, au profit des familles de ses membres, décédés dans l'exercice de leurs fonctions :

6° Le Décret du 21 août 1806 (complément de la Loi du 8 thermidor an V), qui assujettit au *quart de la recette brute* « généralement toutes les danses et fêtes publiques où l'on est admis, en payant les rétributions exigées, ou par la voie de cachets, ou par billets, ou par abonnement » ;

7° Le Décret du 2 novembre 1807, qui ne figure,—comme le Décret du 26 novembre 1808, portant sur le même objet, — ni au *Bulletin des lois*, ni au *Moniteur*, et dont l'existence ne sera officiellement révélée, dans la suite, que par le Décret du 13 février 1812. Son article 2 soustrait à l'impôt « les bals et concerts de réunion et de société où

---

(1) Arrêté du 10 messidor an XI.

l'on n'entre que par abonnement.», pourvu qu'il soit constant que l'abonnement n'est pas public, que ces bals et concerts ne sont point la chose d'un entrepreneur, et qu'il n'y entre aucun objet de spéculation de la part des sociétés et des abonnés ;

8° L'Arrêté ministériel du 9 mai 1808, qui assimile aux théâtres les établissements où se jouent des *pantomimes* et des *scènes équestres*, comme les cirques, hippodromes, etc., et les *salles de curiosités et d'expériences physiques*, telles que les musées de personnages en cire, les représentations de prestidigitateurs, etc. (1), et qui, par son article 2, autorise, pour les bals, concerts, danses et fêtes publiques, *l'abonnement, dans la latitude du quart au dixième*.

16. — Nous arrivons ainsi au Décret du 9 décembre 1809, qui, en ne fixant plus de délai de prorogation, a rendu, par là même, la taxe définitive, et qui a, en même temps, d'une part, affranchi de l'impôt *les représentations gratuites* et *à bénéfice*, et, d'autre part, maintenu la *mise en ferme* ou *la régie intéressée* du *Droit des pauvres* et autorisé, en ce cas, les *abonnements*.

A ceux qui considéraient ce Décret comme inconstitutionnel, on a répondu que l'article 21 de la *Constitution de l'an VIII* autorisait le Pouvoir exécutif à rendre des décrets obligatoires au même titre que les lois, pourvu qu'ils n'aient pas été, dans les dix jours, attaqués de ce chef, et que le défaut d'attaque lui avait donné précisément force de loi.

17. — Un pas de plus allait être fait.

Dès l'avènement de la *Restauration* et le rétablissement du régime représentatif, la Loi de finances du 25 mars

---

(1) Nous verrons, plus tard, le *Conseil d'État* établir, par un *avis* du 16 février 1832, la même assimilation pour le *Théâtre des marionnettes*, (*Pand. chron.*, t. II, 3° part., p. 16; *Dalloz, Rép.*, v° *Théât.*, n. 119; *Mém. perc.*, 1833, 90; *Rec. C. État*, 1832, 51; Lebon, t. V, p. 120; J. P. admin. chron.*

1817 (art. 85 et 131) reconnut au *Droit des pauvres* le caractère d'un véritable impôt, perçu au profit d'Établissements publics, et, l'assimilant aux contributions publiques, l'inscrivit au Budget. Depuis lors, et grâce à cette consécration législative, la taxe, définitivement légitimée, figure dans les Lois annuelles de finances au nombre des recettes d'ordre proprement dites, « au tableau des produits, droits et revenus, dont la perception est autorisée législativement au profit des Communes et des Établissements publics ».

La formule employée, depuis 1817, par les Lois budgétaires, relativement à la taxe des indigents, n'a guère subi, ensuite, que des modifications sans importance [1].

18. Signalons, cependant, à part, une importante différence de texte entre l'article 5 de la Loi budgétaire du 1er mai 1833 et l'article 5 du Budget du 24 mai 1834.

Le premier emploie la copulative *et* (lieux de réunion *et* de fête) ; le second, la disjonctive *ou* (lieux de réunion *ou* de fête), et nous aurons à rechercher si pareil changement, sans que le législateur ait pris soin d'en faire connaître les motifs, n'est pas susceptible d'entraîner certaines conséquences [2].

19. A son tour, le Budget du 16 juillet 1840 (art. 9) innove, en étendant la perception du *dixième* aux *concerts quotidiens*, désormais assimilés aux théâtres, à raison des chances de pertes auxquelles, à certains jours, comme les théâtres eux-mêmes, sont exposées ces entreprises.

20. Avec la *Révolution de 1848*, le principe de la taxe paraît, un instant, compromis. Un Arrêté du Ministre de l'Intérieur du 28 février réduit la perception aux *bénéfices nets*, après déduction des *frais quotidiens ;* mais l'Arrêté du 21 avril, révoquant en hâte le précédent, se contente,

---

(1) Nous les énumérons en passant : 1° Budget du 10 août 1839, art. 8 ; — 2° Loi de finances du 11 juin 1842, art. 12 ; — 3° Loi du 19 mai 1849, art. 2 ; — 4° Budget du 18 juillet 1866, art. 15 ; — 5° Budget du 3 août 1875, art. 23.

(2) V. *infrà*, n° 55.

par une sorte d'abonnement provisoire, destiné à empêcher, en ces temps troublés, la désertion des salles de spectacles, de modérer à 1 0/0 de la recette brute la taxe sur les *billets vendus au bureau*, tout en la maintenant, d'ailleurs, intégralement pour les locations au mois ou à l'année, les loges et les entrées personnelles à vie ou pour un temps déterminé.

Bientôt même [1], le taux est relevé à 5 0/0 sur la proposition de la *Commission des théâtres*, instituée le 29 août, puis, ramené au cours normal.

21. Peu après, le Décret du 13 juillet 1849 (art. 2) rendait la taxe applicable à l'*Algérie* [2].

22. Le Coup d'État empêcha, naturellement, le vote de la Loi annuelle de finances ; un simple Décret [3] la remplaça, en même temps que le Décret du 25 mars 1852 [4] sur l'*Organisation administrative* attribuait au Préfet la faculté de statuer seul sur les objets d'Assistance publique, et, dès lors, apparemment sur le *Droit des pauvres*.

Mais, peu à peu, l'on rentra dans le droit, et nous assisterons, désormais, à des discussions pour ainsi dire périodiques, soulevées à l'occasion de cette taxe, lors du vote des Budgets [5]. Elles ont, du reste, rarement abouti à des réformes. Le Décret du 6 janvier 1864 sur la *Liberté des théâtres* n'a lui-même pas exercé d'influence nuisible aux pauvres, puisqu'il maintient formellement l'impôt et précise l'obligation pour les entrepreneurs de spectacles d'acquitter la redevance établie.

Du reste, ni la *Commission du Conseil d'État,* chargée d'élaborer un Projet de loi sur les théâtres [6], ni la *Com-*

---

(1) Arr. 31 octobre 1884.

(2) V. *Répert. gén. alphab. du Droit français*, v° *Assistance publique*, n^cs 2514 et 2544.

(3) 17 mars 1852.

(4) Tableau A, n° 55.

(5) En 1851, 1863, 1866, 1867, 1869, 1875, 1877, 1878, 1879, 1892, 1893, 1895 et 1896.

(6) 9 janvier 1849, M. *Charton*, rapporteur.

mission spéciale, instituée en 1869 pour examiner les questions qui se rattachent à la perception du *Droit* [1], et dont les travaux furent interrompus par la guerre, n'entraînèrent de modifications, et ce n'est qu'aux douloureux événements de 1870-1871 qu'est dû l'abaissement à 3 0/0 de l'impôt, rapidement relevé à 6 0/0, devant le retour des fructueuses recettes, et ramené, enfin, en 1872, au taux normal de 9,09 0/0.

23. Les dernières innovations qui soient à signaler datent du Budget du 3 août 1875 (art. 23), qui, sur la proposition de M. *Tirard*, réduit à 5 0/0 [2] l'impôt sur les concerts non quotidiens donnés par les artistes ou les Associations d'artistes, et de la Loi du 15 juillet 1893, qui fait à l'*Assistance médicale gratuite* sa part dans les produits de la taxe [3].

24. Telles sont les sources du régime du *Droit des pauvres,* actuellement en vigueur.

La Chambre des Députés est, aujourd'hui, saisie d'un Projet de réforme [4], qui propose de supprimer tous les contrats d'abonnement, d'abroger les lois antérieures et de percevoir, sur tout le territoire français, au profit des pauvres, et au moyen d'un timbre mobile, comme en *Russie*, un Droit uniforme de 0,50 centimes sur tous les billets de faveur des théâtres, bals, cafés-chantants, cirques, musées, vélodromes et autres genres de spectacles analogues, et, sur les places ordinaires, un droit de 0,10 centimes au-dessous de 3 francs, de 0,20 centimes, de 3 à 6 francs, et de 0,30 centimes, au-dessus de 6 francs.

Ce Projet a été repoussé par le *Conseil de surveillance de l'Assistance publique de Paris,* en 1898 [5].

---

(1) 27 juin 1870, M. *Manceaux*, rapporteur.
(2) Et non à 3 0/0, comme l'indique le *Journal officiel*, par suite d'une erreur d'impression.
(3) V. *suprà*, n° 12.
(4) 10 juillet 1897, M. *Modeste Leroy*, rapporteur.
(5) 3 février 1898, M. *Fernand Worms*, rapporteur.

CHAPITRE II

Critique et défense du Droit des pauvres.

---

25. Il n'est pas d'impôt qui ait été l'objet de plus violentes critiques et de plus vigoureuses défenses.

§ 1. Critique de l'impôt.

1° Le *Droit des pauvres*, objecte-t-on, n'est pas, à vrai dire, un impôt. Un impôt doit peser indistinctement sur tout le monde; chacun de nous n'est-il pas tenu de contribuer au même titre aux charges publiques? Or, la taxe des indigents n'atteint qu'une catégorie de citoyens, ceux qui fréquentent les spectacles.

2° Le produit d'un impôt doit être destiné à couvrir des dépenses d'ordre général. Or, la taxe des indigents ne profite qu'à une catégorie spéciale d'infortunes, celles qu'on secourt soit dans les hôpitaux et hospices, soit à domicile, soit à l'aide de l'Assistance médicale gratuite.

3° L'un des principes fondamentaux de notre droit public, conforme à l'équité, tend à éviter les taxes spéciales qui frapperaient les bénéfices d'une industrie particulière, à l'exclusion de toutes les autres. Or, l'impôt atteint exclusivement ici l'industrie théâtrale, et, en l'obligeant, par là même, à élever le prix des places; il risque d'éloigner le public et d'entraîner des faillites, — si bien qu'il tend à susciter de réelles misères, sous prétexte de soulager certaines catégories d'indigents.

4° Une aumône ne saurait être obligatoire; la charité doit rester libre.

5° Comment, au reste, atteindre efficacement le plaisir, quand tant d'entreprises qui n'ont pas un but spéculatif, les fêtes mondaines, par exemple, échappent nécessairement à la taxe! Et puis, est-ce vraiment par sa destination qu'un impôt se peut légitimer?

6° D'ailleurs, l'égalité doit régner entre les contribuables, et nous la voyons ici constamment rompue par la facilité laissée à l'*Assistance publique* de consentir des modérations de taxe au-dessous du taux légal : ce qui met singulièrement en relief le caractère variable, flottant et exceptionnel de la redevance.

7° Au surplus, l'existence d'un semblable impôt ne saurait se concilier avec la Liberté des théâtres, proclamée en 1864. Sa suppression devrait être le correctif nécessaire de là concurrence, créée par le régime nouveau. S'il en était autrement, ne risquerait-on pas de voir l'entrepreneur faire, à son gré, la hausse ou la baisse de l'impôt, puisque, maître de son tarif, il pourrait fixer arbitrairement le prix des places sur lesquelles cet impôt est perçu?

8° La seule solution possible (et encore ce serait pure concession!) consisterait à imposer l'industrie théâtrale dans la limite des recettes nettes qu'elle réalise. Peut-être conviendrait-il même, simplement, d'allouer aux indigents l'ensemble des subventions, dont profitent seuls certains théâtres favorisés.

§ 2. Défense de l'impôt.

1° Le *Droit des pauvres*, déjà si ancien (ce qui est une des qualités maîtresses d'un impôt), n'atteint ni l'entrepreneur ni l'entreprise, mais le spectateur, c'est-à-dire la personne qui veut bien s'y soumettre volontairement, en fréquentant le spectacle. Loin donc d'être vexatoire et inquisitorial, il est impersonnel et facultatif. Et comme il est par-dessus tout proportionnel, puisqu'il dépend du prix de la place occupée, il ne rompt pas l'égalité désirable. Ajoutez qu'il est d'une perception d'autant plus facile, qu'il ne grève point une matière de première nécessité, — et d'un rendement si fructueux, qu'aucune autre taxe ne le remplacerait avec avantage.

2° N'est-ce point une idée heureuse, que de faire servir le plaisir du riche au soulagement du pauvre, et d'imposer indistinctement, qu'il soit étranger ou Français, celui qui le recherche?

3° En dehors même de l'*Assistance publique*, il existe des Services publics, auxquels l'État a très légitimement affecté des taxes spéciales : par exemple, les Chambres de commerce, les Chancelleries consulaires, la *Caisse des Invalides de la Marine*, les Associations syndicales, les Maîtres de ports, les Communautés de Marchands de bois, etc...

4° Ce n'est pas, non plus, le seul impôt qui n'atteigne le contribuable qu'indirectement, au moyen d'intermédiaires. Tel est, encore, le cas de l'impôt du dixième sur le prix des places dans les Chemins de fer et Voitures publiques, que paient les voyageurs aux Compagnies, et dont celles-ci ne sont que dépositaires au profit de l'État.

5° A-t-on songé qu'en ne taxant que les bénéfices, on ferait jaillir une source intarissable de procès entre l'*Assistance publique* et les entrepreneurs de spectacles, et qu'on allait aussi (ce qui est plus grave!) changer la nature et l'assiette de l'impôt? Et cependant, il faut convenir que son rendement, très peu élevé pour chaque spectateur, ne saurait être un obstacle aux divertissements qu'il peut lui convenir de se procurer.

D'ailleurs, si aléatoire que soit en elle-même l'industrie théâtrale, elle a toujours prospéré, lorsqu'elle était bien administrée, au point même que l'habileté des directeurs a su tirer parti de la taxe, pour arrondir, à l'occasion, le chiffre des prix imposés au public, et il a été, sans peine, établi que ce genre d'entreprises a trouvé, dans le doublement du prix des places depuis 1807, une compensation suffisante à l'accroissement de frais, qu'entraînent fatalement les nécessités de la concurrence industrielle.

6° Il ne faut donc songer ni à remplacer la taxe par les subventions : ce qui serait substituer l'État à la commune dans l'obligation d'entretenir les pauvres — (puisque c'est l'État qui subventionne certains théâtres), — ni à supprimer purement et simplement le *Droit des pauvres* : car il faudrait, alors, surcharger le budget communal, déjà si lourd, d'impôts nouveaux, que tout le monde, le pauvre comme le riche, aurait à supporter, — tandis que la taxe actuelle n'est acquittée que par le riche seul, et sur son superflu !

CHAPITRE III

Nature du Droit des pauvres.

————

§ 1. Généralités.

26. Le *Droit des pauvres*, établi en faveur des Hôpitaux et Hospices, des Bureaux de bienfaisance ou d'Assistance et des Services d'Assistance médicale gratuite, est une redevance prélevée sur les spectacles publics payants.

C'est, de tous les privilèges dont jouissaient, autrefois, les Établissements d'Assistance, le seul qui ait survécu, sans changement profond, à la Révolution.

Il figure, en vertu de Dispositions législatives annuelles, parmi les *Droits attribués* [1], qui comprennent, en dehors de lui, le produit des concessions dans les Cimetières et les bénéfices des Monts-de-piété. C'en est même le plus important, et il forme l'une des sources les plus productives, à *Paris*, des revenus de l'*Assistance publique*.

En *province*, il est, quoique négligé dans les campagnes [2], une sérieuse ressource pour bien des Communes, et l'on en rencontre aussi la trace chez la plupart des nations de l'*Europe*.

On le dénomme indifféremment : *Contribution, droit, impôt, perception, prélèvement, redevance, taxe*, etc.

27. Entré dans nos mœurs, il y a plus de deux siècles, il n'a cessé, depuis lors, d'être réglé administrativement, et

---

(1) On nomme *Droits attribués* l'ensemble des impôts, que des lois ont spécialement attribués aux Établissements de bienfaisance.

(2) V. *suprà*, n° 10, note 2, et *infrà*, n° 204.

sa perception se concilie si bien avec le régime de la libre concurrence, que la Liberté des théâtres, proclamée par le Décret impérial du 6 janvier 1864, n'a pas plus entraîné sa suppression, que la Liberté de la boucherie n'a entraîné celle du Droit d'octroi sur la viande.

28. Il a été la première dotation des Bureaux de bienfaisance, créés par la Loi du 7 frimaire an V (art. 2) ; mais la Loi du 8 thermidor an V (art. 3) en a affecté les produits, non plus seulement « aux secours des indigents qui ne sont pas dans les hospices », c'est-à-dire aux Secours à domicile, mais « aux besoins des Hospices », c'est-à-dire des Établissements hospitaliers, qui comprennent les Hospices et les Hôpitaux, et c'est même une de leurs principales *ressources éventuelles*.

La loi du 15 juillet 1893 en a étendu le bénéfice à l'Assistance médicale gratuite.

29. La Loi de finances en autorise, chaque année, la perception, depuis la Loi budgétaire du 25 mars 1817[1].

30. Les poursuites, qu'occasionne son recouvrement, se font comme celles des contributions directes et indirectes[2] ; il participe, par là même, comme taxe privilégiée sur les recettes des spectacles, des droits et privilèges du *Trésor public* en matière de contributions.

31. Les prélèvements faits sur les *paris mutuels* au profit d'œuvres de bienfaisance n'ont rien de commun avec le *Droit des pauvres* [3].

32. Il en fallait dire autant, avant le Décret du 6 janvier 1864 (art. 6) qui l'a abolie, de la redevance du 1/5e de la recette brute, établie par le Décret du 13 août 1811 sur les *théâtres secondaires de Paris* au profit de l'*Acadé-*

---

(1) C. État, 5 août 1831, *Théâtre Français, Pand. chron.*, t. 2, III, 7 et la note ; Dalloz, *Rép.*, vo *Théâtre*, n. 129-2o et 133 ; Lebon, t. V, p. 70 ; *Mémor. perc.* 1832, p. 235 ; Roche et Lebon, 1831, p. 298 ; J. P. adm. chron.

(2) Décr. 8 fructidor an XIII, art. 2.

(3) *Répert. gén. alph. du dr. franç.*, vo *Assist. pub.*, n. 250 ; — *Gaz. trib., Courses de chev., pari mut., Dr. des pauvres*, 20 août 1887 ; — V. H. Lenoble, *Les Courses de chevaux et les paris aux courses*, p. 169.

mie de musique (Opéra), et par le Règlement ministériel du 15 mai 1815 et l'Ordonnance royale des 8-21 décembre 1824 sur les spectacles de curiosités au profit des Directeurs de théâtres de Départements.

Cette redevance était une charge particulière imposée par le Gouvernement comme condition de l'autorisation accordée; mais elle n'avait point le caractère d'impôt; et c'est pour cela que, attaquée comme illégale et inconstitutionnelle, il avait été jugé qu'elle ne violait ni la *Charte de* 1830 (art. 48), ni la *Constitution de* 1848, ni les Lois de finances qui prohibent tout impôt non établi par une loi, et qu'elle demeurait obligatoire, même au cas où l'Autorité administrative n'en aurait pas imposé la charge par l'Arrêté autorisant l'établissement du spectacle[1], —sauf, toutefois, à la répartir entre les divers théâtres privilégiés, dans les Villes où il y en aurait eu plusieurs[2].

C'est en ce sens, du moins, que s'est, le plus souvent, prononcée la Jurisprudence [3].

33. Quoique les Directeurs départementaux fûssent ordinairement nommés pour trois ans, la redevance profitait aussi à ceux qui n'avaient obtenu qu'une durée moindre de privilège[4], ou qui, au lieu d'agir pour leur compte personnel, se bornaient à gérer le théâtre d'une Ville pour le compte de celle-ci[5].

34. Du reste, les Directeurs de théâtres privilégiés ne pouvaient exercer le prélèvement du 1/5° sur des établis-

(1) Aix, 16 juillet 1836, Rey, S. 1837. 2. 80 ; D. 1837. 2. 112.
(2) Cass., 6 mai 1844, Millon, S. 1844. 1. 472. — Nîmes, 23 décembre 1844, Millon, S. 1846. 2. 174; J. P. 1846. 1. 767.
(3) Cass., 18 décembre 1832, *Théât. second. de Paris*, S. 1833. 1. 148; D. 1833. 1. 105. — Grenoble, 6 juillet 1833, Gavin, S. 1833. 2. 628; D. 1833. 2. 180. — Bordeaux, 18 avril 1836, Leroux, S. 1836. 2. 410; D. 1837. 2. 76. — Metz, 23 mai 1849, Saint-Ange, S. 1850. 2. 103; D. 1850. 2. 101. — Trib. comm. Nantes, 4 juillet 1855, Defresnes, D. 1856. 3. 21. — *Contrà*, Rennes, 21 avril 1834, Vidal, S. 1834. 2. 388; D. 1834. 2. 146.
(4) Metz, 23 mai 1849, préc.
(5) Trib. comm. Nantes, 23 juin 1860, Barreau, S. 1861, 2. 133; J. P. 1860, 753.

sements autres que les spectacles de curiosités, encore bien que ces établissements fûssent soumis à la taxe des indigents.

Ainsi, notamment, n'en était point passible le propriétaire d'un débit de vins qui, dans une Ville de *province*, avait organisé des danses publiques dans le but d'augmenter la vente de sa marchandise [1].

Au contraire, le devait, comme tenant un spectacle public, celui qui, sur un théâtre construit dans l'une des salles d'un café dont il était propriétaire, faisait jouer des pièces par des artistes, alors même que les spectateurs n'étaient soumis à aucune rétribution autre que celle de leurs consommations [2].

35. Ce prélèvement était imposé aussi aux spectacles à exercices de chevaux, — spécialement au *Cirque Olympique* existant à *Paris*, — qui, bien que classés, dans la localité où ils avaient le siège de leur établissement, comme théâtres secondaires, devaient, dans les localités étrangères où ils allaient donner des représentations, être considérés comme spectacles de curiosités [3].

36. La redevance pouvait être exigée par le Directeur des théâtres d'une Ville dans toute l'étendue de la circonscription de cette Ville, et non pas seulement dans les limites de l'Octroi [4].

Le Directeur d'un arrondissement théâtral ne pouvait la réclamer que dans les Villes comprises dans son itinéraire ; elle ne pouvait être exigée dans toute autre Commune limitrophe avec la Ville où existait le théâtre, alors même que le spectacle de curiosités qui y était exploité aurait recruté son public dans cette Ville [5].

---

(1) Décr., 13 août 1811. — Trib. comm. Nantes, 4 juillet 1855, préc.

(2) Grenoble, 6 juillet 1833, préc.

(3) C. État, 25 avril 1828, *Franconi*, S. c. n. t. 9. 2. 72; D. 1828. 3. 35; Dalloz, *Rép.*, v° *Théât.*, n. 107.

(4) Trib. comm. Nantes, 23 juin 1860, préc.

(5) Bordeaux, 6 février 1860, préc.

§ 2. Caractères propres de l'impôt.

37. Le *Droit des pauvres* est une redevance que paie le public, indépendamment de la place occupée.

Il procède du prix de la place, puisqu'il est perçu *en sus* de ce prix et en même temps que lui ; mais on ne saurait le confondre avec lui [1].

Il n'entre dans la Caisse du théâtre qu'à titre de *dépôt* et à charge de versement immédiat dans celle de l'*Assistance publique*.

La matière imposable, c'est le spectacle, c'est le plaisir, — bien que toutes les catégories de divertissements ne soient pas frappées [2].

Le débiteur de l'impôt, le contribuable, c'est le spectateur. Mais il n'est atteint qu'indirectement et par intermédiaire.

38. L'entrepreneur de spectacles n'est, en la circonstance, qu'un simple percepteur ; aussi ne saurait-il être saisi, pour la part afférente à l'impôt, par les créanciers de l'entreprise [3].

Ce caractère a été nettement mis en relief par M. *Husson* [4] : « Le Directeur reçoit de chaque spectateur l'intégralité du prix de la place, qui est la représentation du service rendu ; l'excédant est payé pour les pauvres ; il ne doit jamais figurer dans la recette du théâtre ».

39. A *Paris*, au commencement du siècle, les affiches théâtrales portaient séparément le prix de l'entrée et la taxe perçue par l'*Administration des hospices* ; antérieurement même, ce double paiement se faisait, croit-on [5], à

---

(1) Trib. comm. Seine, 28 février 1844, *Gaz. trib.*, 29 févr. 1844. — Dupin, disc. à l'*Ass. nation.*, *Moniteur*, 13 mars 1851.

(2) Circul. Min. int., 26 fructidor an X. *Rec. min. int.*, t. I, p. 224.

(3) Dalloz, *Code des lois admin.*, t. 2, VIII, 1551.

(4) *Observ. de l'Assist. publ. sur la percept. du Droit*, 1868.

(5) V. *suprà*, p. 7. — Les Directeurs de spectacles de *Paris*, en dépit de l'Arrêté du 29 frimaire an V, viennent de décider (février 1900) qu' « à partir du 1er mars, le *Droit des pauvres* serait perçu d'une façon distincte du prix ordinaire des places » (c'est-à-dire à 2 guichets) (V. j. l'*Éclair*, 16 février 1900, et j. le *Figaro*, 17 février 1900). « L'As-

deux guichets distincts : ce qui rendait plus sensible la nature du Droit.

Et c'est pour éviter l'encombrement des bureaux d'entrée et les retards causés au public par une double perception, que l'Arrêté du *Directoire exécutif* du 29 frimaire an V avait chargé les entrepreneurs de spectacles eux-mêmes de percevoir la taxe établie par la Loi du 7 frimaire an V.

Dans certaines Villes de *province,* le Droit était aussi perçu, indépendamment de la recette du théâtre, par un agent spécial nommé *sergent* ou *receveur du décime.*

Si la pratique n'eût, déjà depuis longtemps, abandonné cet usage, il semble qu'il n'aurait pu légalement être suivi, pour peu que l'on se réfère aux termes de l'Arrêté du 29 frimaire an V, rendu en conformité de la Loi du 7 frimaire, qui autorisait les Administrations hospitalières à prendre les mesures les plus convenables pour assurer le recouvrement de la taxe : car en chargeant les entrepreneurs de spectacles de percevoir l'impôt pour le compte des Hospices et de leur adresser avec les fonds recueillis le relevé de la comptabilité justificative, il montrait bien que l'*Assistance* ne pouvait avoir qu'un Droit de contrôle, et non un Droit de perception directe [1].

40. A un autre point de vue, le *Droit des pauvres* est « une contribution indirecte perçue sur le public *par augmentation* du prix des places ». Frappant généralement tout le monde et ne visant spécialement personne, il atteint

---

semblée générale, — disent-ils, — s'est réunie pour examiner la question du *Droit des pauvres*, qui frappe d'une façon si dure et si injuste leur industrie, puisqu'il est perçu sur la recette brute, alors même que la recette est inférieure aux frias.

Par un vote unanime, l'Assemblée générale, considérant : 1º que, depuis l'année 1541, aucune réclamation des théâtres n'a été accueillie par les Pouvoirs publics; 2º que, notamment, depuis l'année 1864, la Liberté des théâtres a supprimé tout privilège, sans diminuer aucune charge ; 3º que l'impôt, théoriquement perçu sur le plaisir du public, est pratiquement payé par les théâtres; — a décidé que : A dater du 1er mars prochain..., etc. » (comme ci-dessus).

(1) Guichard, *Législ. du théâtre en France*, p 91.

les produits de tous les amusements et spectacles *publics*[1].

41. Son assimilation aux contributions indirectes n'est cependant pas absolue, puisque les contestations auxquelles il donne lieu sont portées devant le Conseil de préfecture et jugées selon les formes prescrites en matière de contributions directes [2].

Du reste, quoique assimilé aux contributions directes, il en diffère profondément. « Il n'est pas perçu en vertu d'un rôle ; chaque spectateur l'acquitte en payant le prix de son billet, qui se trouve majoré du montant de l'impôt ».

Les entrepreneurs de spectacles ne le supportent pas, mais sont simplement chargés de le percevoir et sont responsables du recouvrement [3].

42. D'autre part, cette taxe ne fait pas double emploi avec le *Droit de patente,* auquel sont assujettis les entrepreneurs de spectacles, cafetiers, limonadiers, etc. [4].

Et c'est même là, pour le dire en passant, une preuve nouvelle que l'impôt ne pèse pas, en réalité, sur l'entreprise théâtrale, puisque le prélèvement s'en opère avant le calcul du Droit fixe de patente que doit l'entrepreneur de spectacles.

43. Depuis la Loi du 15 juillet 1880 (tableau C, 5ᵉ partie), le Droit de patente a pour base une fraction du produit d'une représentation complète : les $3/10^{es}$ dans les théâtres où le spectacle est quotidien ; les $3/20^{es}$, dans ceux où la troupe, sans jouer quotidiennement, est cependant *sédentaire*, c'est-à-dire réside quatre mois consécutifs dans la même Ville ; un Droit fixe invariable de

(1) Circul. 26 fructidor an X, préc.; — C. préf. Seine, 28 février 1882, *Concert parisien*, D. 1882. 3. 94 ; *Gaz. Palais*, 1882. 1. 452 ; *Annales Pataille*, 1884. 242.

(2) Dalloz, *Code des lois admin.*, t. 2, VIII, 1518 et 1604.

(3) Tardieu, *Traité des contrib. directes*, n. 791.

(4) C. préf. Seine, 28 février 1882, précité. — C. préf. Seine, 7 mars 1882, *Jurisp. Cons. préf.*, 1882. 117; *Rev. gén. d'adm.*, 1882 2. 341 ; J. *le Droit*, 10 mars 1882. — C. préf. Seine, 7 mars 1883, *Mém. perc.* 1883. 384; — C. État, 20 juin 1884. Coquineau, D. 1885. 5. 456 ; *Mém. perc.*, 1884, 489; *Rev gén. d'adm.*, 1884. 3. 58 ; *Rev. étab. bienf.*, 1885. 70 ; *Rec. C. État*, 1884. 497; *Jurisp. Cons. préf.* 1884. 265.

40 francs, si la troupe n'est pas sédentaire [1]; et, précisément, pour calculer le Droit fixe de patente, il n'y a lieu de déduire du produit de la représentation complète ni les diminutions résultant des entrées gratuites et obligatoires, ni celles provenant des réductions accordées pour des abonnements rendus également obligatoires par le Cahier des charges, mais seulement la somme à prélever pour le *Droit des pauvres* [2].

On ne tient pas davantage compte des conventions particulières avec les abonnés ; par suite, aucune réduction ne peut être opérée, à raison soit des places gratuites mises à la disposition de la Municipalité et de la Presse, soit de cette circonstance qu'à certains jours de la semaine, le spectacle aurait lieu à prix réduits [3].

44. Le *Droit des pauvres* présente encore d'autres caractères, auxquels semble s'être attachée la Doctrine :

1° C'est un *impôt de consommation*, et le plus volontaire ; s'il épargne ceux qui s'abstiennent du théâtre, il atteint ceux qui le fréquentent de leur plein gré, étrangers comme Français [4].

2° C'est un impôt *proportionnel*, établi *ad valorem* sur le prix de la place, « un décime par franc *en sus* du prix de chaque billet d'entrée » ; s'élevant avec ce prix, il mesure la proportion du sacrifice aux facultés du spectateur [5].

3° Il est *invariable*, à un certain point de vue : car il ne distingue pas, pour frapper les unes et exempter les autres, entre les places louées pour une seule soirée et celles prises par abonnement [6].

(1) Dalloz, *Répert. Suppl.*, v° *Patente*, n. 410.

(2) C. État, 18 février 1865, D. 1866. 5. 336.

(3) C. État, 4 juillet 1884, Lemercier, D. 1885. 5. 351 ; *Rec. C. État*, 1884. 562 ; *Rev. gén. d'admin.*, 1884. 3. 196.

(4) Latruffe-Montmeylian, *Précis pour l'Admin. des hosp.*, 1829 ; — Busson-Billault, Rapport sur le *Budget de 1870* ; — Manceaux, Rapport, préc., p. 19 ; — Pector, le *Droit des pauvres*, p. 114. — *Contrà, Pand. franç., Rép.*, v° *Droit des pauvres*.

(5) Dupin, préc.; — Béchet, le *Droit des pauvres*, p. 89.

(6) Loi 7 frimaire an V, art. 1.

4° Il est *spécial*. Ordinairement, en conformité des principes de la Comptabilité publique en *France*, l'ensemble des recettes provenant des impôts ne reçoit pas d'affectation particulière et fait face à l'ensemble des dépenses. Au contraire, le *Droit des pauvres*, subordonné à un prix et à un plaisir public, affecte son produit à une catégorie de dépenses spéciales : celles des Hôpitaux et Hospices, des Secours à domicile, et de l'Assistance médicale gratuite, et ce produit tombe, non dans les Caisses de l'État, des Départements ou des Communes, pour se confondre avec les autres impôts, mais directement dans la Caisse de l'*Assistance publique* à *Paris* ou des Établissements d'Assistance dans les Départements [1].

Ce n'est, d'ailleurs, pas le seul impôt qui ait ce caractère exceptionnel d'attribution aux Établissements officiels d'Assistance ; tels sont encore le produit des Amendes de police correctionnelle et des Confiscations prononcées par certaines lois spéciales en faveur des Hospices, ou le tiers du produit des concessions dans les Cimetières [2].

5° Il est *moral* par ses procédés et par sa destination, puisque, créé pour améliorer la condition du pauvre, il est perçu sur le superflu relatif dont chacun dispose.

6° Il est *légitime*, puisqu'il est l'équivalent d'un service fourni par l'État.

« L'aumône publique légitime les distractions publiques... Le spectateur se trouve vis-à-vis de deux créanciers : l'Administration du théâtre, qui, moyennant un prix convenu, lui fournit une représentation ; l'État, la Commune, qui lui en garantissent l'usage honnête et paisible par la police générale de l'Art, par la surveillance de la salle et des abords de la salle, par cet ensemble de précautions intellectuelles et matérielles qui rentrent dans leurs devoirs de tuteurs. La taxe perçue à la porte des établissements de distractions publiques revient donc légitimement

---

(1) Béquet et Dupré, *Répert. de dr. adm.*, v° *Assist. pub.*, n. 686.
(2) Pector, préc., p. 59.

à l'État, qui a le droit de l'affecter à tel service public[1] ».

7° Il est *éventuel*, comme sont les impôts indirects, qui s'élèvent ou s'abaissent suivant la consommation, les circonstances, et la vogue qui s'attache aux objets qui plaisent au public.

8° Il est *inoffensif*, et, dès lors, *facile à percevoir :* car il ne saurait exciter aucune plainte de la part de ceux sur qui il pèse en réalité, c'est-à-dire des spectateurs.

9° Il est *fructueux* et *modéré* à la fois : car si, en 1898, rien que pour *Paris*, il a rapporté 3.307.573 fr. 72, dont 3.004.483 fr. 72 affectés aux Hôpitaux et Hospices et le surplus aux Bureaux de bienfaisance [2], il a été réduit, du *1/3 en sus*, que l'on percevait avant la Révolution, au *1/10° en sus* seulement.

On l'a, du reste, judicieusement fait observer : la preuve de sa modération, c'est que, depuis de longues années, les recettes des théâtres parisiens ont doublé, et cependant la population n'a pas augmenté en proportion et le nombre des entreprises durables ne s'est pas beaucoup accru.

15. On a voulu faire aussi du *Droit des pauvres* un *impôt somptuaire* à affectation spéciale, le seul de ce genre, d'ailleurs, qui existerait en notre pays [3]. Mais c'était l'accuser bien injustement : car loin d'avoir pour objet de punir le luxe et d'en arrêter les manifestations, il ne porte que sur le plaisir; et, de plus, nous avons vu déjà qu'en même temps qu'il frappe un objet qui, par sa nature, s'éloigne le plus des choses de première nécessité, il est l'équivalent d'un service fourni par l'État [4].

---

(1) Da Costa Athias, *Essai sur le Droit des pauvres*, *Rev. crit. de législ.*, t. 37, p. 241.

(2) Développements du Compte financier de l'Exercice 1898 (*Assist. pub.*). — V. Note annexe au Mémoire au *Conseil de surveillance* sur le Projet de Budget de l'Exercice 1900, p. 22.

(3) L. Hesse, *Rapport sur le Droit des pauvres* (*Conférence Molé Annuaire*, 1878, p. 180). — Fleury-Ravarin, *L'Assistance communale en France*, p. 213.

(4) De La Borie de La Batut, *Des établiss. de bienfaisance*, p. 138.

CHAPITRE IV

Conditions exigées pour le prélèvement du Droit.

_____

§ 1. Généralités.

46. Le *Droit des pauvres*, annuellement voté comme impôt par la Loi budgétaire, constitue, avons-nous dit, une taxe établie au profit d'une catégorie spéciale de malheureux, ceux que secourt la bienfaisance publique organisée administrativement (Hôpitaux et Hospices, Bureaux de bienfaisance, Assistance médicale gratuite).

A *Paris*, le Directeur de l'*Assistance publique* propose, chaque année, la fixation des taux de perception, de façon à permettre, « tout en sauvegardant les intérêts de l'Administration, de venir, dans certaines circonstances, en aide à des œuvres qui méritent encouragement » ; le *Conseil de surveillance* émet ensuite l'*avis* qu'il y a lieu de déterminer les taux proposés, et le *Préfet de la Seine* prend enfin, à cet effet, un *Arrêté annuel de principe* [1].

Dans les Départements, la fixation est faite par le Préfet lui-même.

(1) La taxe est généralement perçue au profit des Établissements de bienfaisance dans l'étendue de leurs circonscriptions ; à *Paris*, l'usage s'est établi de la percevoir pour le compte de l'Administration centrale. C'est une légère atteinte à la Loi de frimaire an V. Mais il serait injuste, les spectateurs venant de tous les points de *Paris* au spectacle, d'en attribuer exclusivement le produit aux Arrondissements où se trouvent les divertissements : ce qui dépouillerait les quartiers pauvres au profit des quartiers riches. En raison des avantages qu'elle présente, la pratique suivie semble donc inattaquable (V. *Guyot d'Amfreville*, Des Secours à domicile dans *Paris* (Rousseau, p. 188).

47. En règle générale, la perception s'appuie sur un texte formel de loi. Mais, parfois aussi, — sans que ce soit peut-être rigoureusement régulier, — des Décrets, Ordonnances ou Arrêtés, des Circulaires ou Décisions ministérielles, de simples Lettres préfectorales ou des Avis interprétatifs du Conseil d'État, enfin la Jurisprudence, jouent, en la matière, un rôle des plus importants.

48. Les catégories de spectacles imposés ne sont, du reste, pas limitées d'une façon expresse. L'esprit de la loi permet de procéder par voie d'analogie, et certains textes prouvent à l'évidence que les énumérations faites sont, non point *limitatives*, mais simplement *énonciatives*.

« Et autres fêtes où l'on est admis en payant », — portent la Loi du 8 thermidor an V (art. 2) et le Décret du 8 fructidor an XIII (art. 1).

Il suffira donc, pour qu'une entreprise nouvelle soit imposable, qu'elle se rapproche de celles expressément atteintes déjà, pourvu toutefois qu'elle réunisse en elle les divers éléments auxquels le législateur a entendu subordonner la perception de la taxe [1].

§ 2. Éléments constitutifs de l'impôt.

49. Il faut, de l'avis unanime de la Doctrine, pour que le *Droit des pauvres* puisse être perçu :

1° Qu'il y ait un *spectacle*, c'est-à-dire un objet qui attire les regards du spectateur ;

2° Que ce spectacle soit *public ;*

3° Qu'il soit susceptible de donner lieu à un *prix.*

50. Un quatrième élément est proposé par certains auteurs : *un but de spéculation.*

A. *Nécessité d'un spectacle.*

51. La taxe est exigible sur toutes les fêtes ou réunions qui ont le caractère de spectacles ou de divertisse-

_____

[1] Guichard, préc., p. 92 ; — Lods, *Le Droit des pauvres perçu à l'entrée des théât.*, p. 5.

ments ; tous ceux, pour ainsi dire, qui ont pour but d'attirer le public et son argent par l'appât du plaisir y sont soumis : les théâtres où se jouent des pièces ; les bals, concerts, exhibitions, expositions, etc. C'est le divertissement en lui-même qui est atteint, quel que soit le lieu où il ait été offert.

Ainsi, il a été jugé que la fixation de la taxe est établie à raison du genre de divertissement et que ce genre doit être soumis aux mêmes droits, dans quelque emplacement qu'il ait lieu (1).

B. *Publicité du spectacle.*

52. Il est à peu près impossible de formuler une règle précise sur la distinction à établir entre une fête *publique* et une fête *privée*. Ce sont là surtout questions d'espèces, laissées à l'appréciation des Tribunaux (2).

C'est ainsi qu'il a été décidé que les concerts, dont les cartes d'entrée sont distribuées à tout venant ou à des personnes dont les noms ne sont inscrits sur ces cartes qu'au moment même de la remise, ont un caractère de publicité qui les assujettit à la perception du *Droit des pauvres*, quoiqu'ils soient donnés sur invitations (3).

C. *Prix du spectacle.*

53. On entend ordinairement par *prix* du spectacle la somme versée à l'entrée de l'établissement par le spec-

(1) C. État, 19 février 1817, *Théât. de Bordeaux*, S. c. n. t. 5. 2. 238 ; J. P. adm. chron. — C. État, 13 juin 1873, *Bur. de bienf. de Rouvray*, S. 1875. 2. 157 ; Conclus. de M. *David*, Commiss. du Gouv., J. P. admin. chron.; D. 1873. 3. 93 ; *Pand. chron.*, t. 5. 3. 28 ; Lebon, 1873. 543 ; *Mém. perc.*, 1874. 518.

(2) C. État, 20 novembre 1885, *Bur. de bienf. de St-Servan*, S. 1887. 3. 30 ; J. P. adm. chron.; D. 1887. 3. 53 et note ; *Pand. chron.*, t. 6. 3. 86 ; *Gaz. Pal.*, 1886. 1. 327, et table 1887, v° *Théât.*, n. 75, p. 92 ; *Rec. C. État*, 1885. 855 ; *Jurisp. Cons. préf.*, 1886. 49 et note ; *Rev. établiss. bienf.*, 1886. 9 ; *Rev. gén. d'adm.*, 1885. 1. 855 ; *Mém. perc.*, 1886. 318 ; *J. le Droit*, 21 novembre 1886.

(3) C. État, 17 février 1899, Desfontaine *Rev. étab. bienf.*, 1899. 144. *J. le Temps*, 8 mars 1899.

tateur. C'est la recette qui doit ; là où le public entre en payant, le pauvre prélève sa part [1].

Ainsi, un concert a un caractère de fête payante, lorsque les personnes munies de cartes ont la faculté de retenir des places réservées moyennant un versement, même très modique [2].

Mais il n'est pas indispensable que le plaisir public offert soit payé en espèces ; il suffit qu'il soit susceptible d'être évalué en argent : car il faut, pour que la taxe s'applique, que sa quotité puisse être déterminée [3].

C'est, au reste, surtout pour sauvegarder, autant que possible, les intérêts des pauvres, que les Ordonnances du Préfet de police des 1er juillet 1864 (art. 30, 40), 16 mai 1881 (art. 79, 87) et 1er septembre 1898 (art. 74 et suiv.) ont édicté d'intéressantes mesures [4].

Le tarif du prix des places pour chaque représentation doit être ostensiblement indiqué sur les affiches, dont un exemplaire est apposé aux bureaux du théâtre, et il doit être inscrit en tête de chaque feuille de location, pour que le public soit averti de ses variations : car une fois annoncé, il ne peut être modifié.

Les directeurs ne doivent émettre aucun billet indiquant plusieurs catégories de places, au choix des spectateurs, et ces derniers ne peuvent s'installer qu'à celles portées sur leurs billets et ne peuvent louer, à l'avance, que les loges et places numérotées.

La location doit cesser avant l'heure de l'introduction du public dans la salle.

Les places louées doivent être inscrites sur la feuille de

---

(1) Durieu et Roche, *Rép. des étab. de bienf.*, v° *Spect.*, n. 18 ; — Jagerschmidt, *Droit des pauv.*, *Mémoire au Conseil d'État*, 1857.

(2) C. État, 17 février 1899, préc.

(3) C. préf., Ille-et-Vilaine, 15 février 1884, annulé par C, État, 20 novembre 1885, *Gaz. Pal.*, 1884. 1, suppl., 148 ; *Jurisp. Cons. préf.*, 1884. 72, et 1886. 49 ; *Mém. perc.*, 1884. 376 ; *J. le Droit*, 18 avril 1884 ; — Béchet, préc., p. 100.

(4) V. aussi sur la *police intérieure des théâtres de Paris*, Ord. pol., 30 mars 1844.

location, dont un double est remis au Commissaire de police de service, avant que le public ne pénètre en la salle.

Enfin, la vente et l'offre de vente de billets ou contremarques et le racolage ayant ce trafic pour objet sont interdits sur la voie publique.

D. *But de spéculation.*

54. Le Décret du 26 novembre 1808 (art. 2) exemptant de la taxe, comme l'avait fait, avant lui, le Décret du 2 novémbre 1807 (art. 2), les bals de réunion ou de société par abonnement non public, on en a conclu, dans un premier système, que le *but spéculatif* était une des conditions essentielles exigées par la loi pour la perception de la taxe, et nombre de décisions judiciaires y font allusion[1].

On répond, dans un second système, que la disposition du Décret du 26 novembre 1808 a un caractère exceptionnel et ne doit pas être étendue. Ce que la loi veut atteindre, c'est l'appel à la curiosité publique, quels que soient le but, charitable ou non, de l'entreprise et la destination de la recette; peu importe que cette entreprise soit désintéressée ou même organisée gratuitement par l'État.

---

(1) Trib. comm. Montpellier, 24 juillet 1827, *Gaz. trib.*, 30 août 1827; — C. État, 6 juin 1844, Duchamp, J. P. *adm. chron.*: Lebon, 1844. 330 Dalloz, *Rép.*, v° *Acquiesc.*, n. 932, et v° *Théât.*, n. 117 et 120; j. *le Droit* 18 juin 1844; — Orléans, 24 juillet 1854, sous Cass., 16 décembre 1854 Henrichs, D. 1855. 1. 44; — C. préf. Seine, 26 mai 1880, annulé par C. État. 25 janvier 1884, Édoux, *Jurisp. Cons. préf.*, 1880. 204, et 1884. 35; *Rev. gén. d'adm.*, 1880. 2. 330 et 1885. 2. 699; j. *le Droit*, 11 juin 1880; S. 1885. 3. 75; D. 1885. 3. 78; *Pand. chron.*, t. 6. 3. 78, *Mém. perc.*, 1884. 553 *Jurisp. Cons. préf.*, 1884. 36; *Rec. C. État*, 1884. 79: — C. État, 27 juillet 1883, Viénot, S. 1885. 3. 47: J. P. *adm. chron.*, D. 1885. 3. 32; *Pand chron.*, t. 6. 3. 60; *Rec. C. État*, 1873. 699; *Rev. gén. d'adm.*, 1883. 2. 450 et 1885. 2. 699; *Rev. étab. bienf.*, 1885. 11; *Rev. Cathol. des inst. et du droit*, 1883. 699; j. *le Droit*, 6 août 1883; — C. préf. Seine-et-Oise 18 février 1888, *Pand. franç.*, 1888. 4. 20; *Gaz. Pal.*, 1888. 2e suppl. p. 18, et 14-15 juillet 1888; *Rev. étab. bienf.*, 1888. 185; *Mém. perc.* 1888. 142; *Jurisp. Cons. préf.*, 1888. 105; *Gaz. trib.*, 21 février 1888; j. *la Loi*, 25 février 1888; j. *le Droit*, 29 février 1888; — V. L. Martin. *Rev. Cathol. des inst. et du dr.*, 1894, p. 48; — V. *infrà*, n. 59.

les matinées ou soirées de *gala,* par exemple, et nombreuses sont les fêtes de pure bienfaisance qui ont été imposées[1].

---

[1] Circul. Préf. Vosges, 12 juillet et 16 octobre 1886, *Rev. étab. bienf.,* 1886. 369 ; — C. État, 27 juillet 1883, préc.; — C. préf. Seine et Oise, 18 février 1888, préc.; — C. préf. Haute-Garonne, 10 mai 1898, Sicard, *Rev. étab. bienf.,* 1898. 208 ; *Rev. philant.,* 1898. 269 ; j. *le Droit,* 17 août 1898 ; *Gaz. trib.,* 31 août 1899 ; — C. État, 5 et 12 juin 1891, *Bureau de bienfaisance de Vesse-sur-Allier c. Société des Courses de Vichy,* S. et J. P. 1893. 3. 67 ; D. 1892. 3. 105 ; *Pand. fr.* 1891. 4. 46, Conclus. de M. *Le Vavasseur de Précourt; Gaz. Pal.* 1891. 1. 722 ; *Rev. étab. bienf.,* 1891. 197 ; *Rec. C. État,* 1891. 436 ; *Mém. perc.,* 1891. 437 ; *Gaz. trib.* et *Droit,* 6 et 13 juin 1891.

CHAPITRE V

Entreprises soumises à l'impôt.

---

§ 1. Généralités.

55. L'application du *Droit des pauvres* a donné lieu, dans la pratique, à de nombreuses difficultés :

L'énumération contenue dans les lois n'a pas, nous le savons déjà, de caractère limitatif. L'intention du législateur a été d'atteindre tous les divertissements, toutes les réunions, tous les plaisirs, fût-ce de l'ordre le plus élevé, offerts au public à prix d'argent ou tout au moins évaluables en espèces, « tous les spectacles où l'on est admis en payant », alors surtout qu'il s'agit d'associations d'ordre privé[1], et c'est parce qu'elle a entendu généraliser le principe de la perception et atteindre tous les établissements qui font appel au concours pécuniaire du public, que la loi a fait disparaître toute trace d'équivoque, en ce qui concerne les fêtes et réunions.

L'article 5 de la Loi budgétaire du 24 mai 1834 a, en effet, modifié la formule usitée par les lois antérieures et substitué à la copulative *et* (lieux de réunions *et* de fêtes) la disjonctive *ou* (lieux de réunions *ou* de fêtes publiques)[2].

56. Voici, au surplus, dans l'ordre chronologique, la nomenclature des cas qui ont été directement visés par des textes précis :

1° Les billets d'entrée dans tous les spectacles où se

---

(1) *Avis Comité consult. Assist. pub. de Paris,* 28 avril 1887.
(2) V. *suprà,* nº 18.

donnent des pièces de théâtre, les bals, feux d'artifice, concerts, courses et exercices de chevaux, pour lesquels les spectateurs paient [1];

2° Le prix des places louées pour un temps déterminé, c'est-à-dire les abonnements [2] ;

3° Les jardins où l'on paie en entrant [3], et les objets mis en consommation dans les jardins [4] ;

4° Les représentations à bénéfice [5] ;

5° Les autres fêtes publiques où l'on est admis en payant [6] ;

6° Les panoramas et les théâtres pittoresques et mécaniques [7] ;

7° Le prix des chaises occupées pendant une messe en musique [8] ;

8° Les danses et fêtes publiques dans les établissements connus sous le nom de *guinguettes*.

Ces établissements, *intrà* comme *extrà muros*, ne pouvaient s'ouvrir sans une permission spéciale du *Préfet de police* [9];

9° Les pantomimes, scènes équestres, salles de curiosités et d'expériences physiques [10];

10° Les établissements du genre du *Cirque olympique* ou de *Tivoli* [11];

11° Les danses et fêtes publiques [12];

---

(1) Loi 7 frimaire an V, art. 1 ; — Décr. 9 décembre 1809, art. 1.
(2) Loi 7 frimaire an V, art. 1.
(3) Loi 5 thermidor an V.
(4) Circul. 26 fructidor an X.
(5) Circul. 26 fructidor an X.
(6) Loi 8 thermidor an V ; — Décr. 10 thermidor an XI.
(7) Décr. 10 thermidor an XI, art. 2.
(8) *Avis* C. État **2** novembre 1806, S. c. n. t. II, 2. 176 ; J. P. *Rép.*, v° *Théât.*, n. 54 ; *Pand. chron.*, t. I. 3. 32 ; Lebon, t. I, p. 50 ; Dalloz, *Rép.*, v° *Théât.*, n. 122.
(9) Décr. 2 nov. 1807, art. 2 ; — Inst. Min. int. 19 décembre 1809 ; — Décis. Min. int. 23 janvier 1810 ; — *Code adm. des hosp. civ.*, p. 200.
(10) Décis. Min. int. 9 mai 1809.
(11) Lettre Préf. Seine, 20 juin 1809 ; — Décr., 15 septembre 1813.
(12) Décr. 9 décembre 1809, art. 1.

12° Les bals publics donnés dans les spectacles [1] ;

13° Les spectacles de curiosités [2] ;

14° Les marionnettes [3] ;

15° Les lieux de réunions ou de fêtes où l'on est admis en payant [4] ;

16° Les concerts quotidiens [5] ;

17° Les billets vendus aux bureaux des théâtres, les locations au mois et à l'année, les loges et entrées personnelles, à vie ou pour un temps déterminé [6] ;

18° Les concerts non quotidiens donnés par les artistes ou les associations d'artistes [7] ;

19° Les fêtes organisées dans le but de soulager des infortunes publiques ou privées qui n'intéresseraient pas les pauvres de Paris [8] ;

20° Les fêtes organisées dans Paris par les Municipalités ou œuvres des localités suburbaines [9] ;

21° Les fêtes données par les sociétés de pure bienfaisance, comités, établissements fondés dans le but de venir en aide aux nécessiteux pauvres et étrangers habitant *Paris* [10] ;

22° Les fêtes données par les sociétés de secours mutuels. L'organisation par elles d'une fête quelconque est subordonnée à l'obligation de produire leurs *statuts* et leurs *comptes moraux* et *financiers* à l'*Assistance publique* [11] ;

23° Enfin, les fêtes foraines [12].

Mais, en dehors de ces cas expressément visés, la Jurisprudence a eu à maintes reprises l'occasion d'examiner

(1) Ordonn. 12 février 1817.

(2) Ordonn. 8-21 décembre 1824, art. 11 ; — Décis. Min. int. 9 mai 1809 et 9 mai 1810 ; — Régl. Min. int., 15 mai 1815, art. 21.

(3) *Avis* C. État, 16 février 1832, préc.

(4) Lois budgétaires des 28 juin 1833, art. 1 ; 24 mai 1834, art. 5 ; 16 juillet 1840, art. 9 ; — Circul. 26 fructidor an X.

(5) Loi 16 juillet 1840, art. 9.

(6) Arr. 21 avril 1848.

(7) Loi 3 août 1875, art. 23, état D.

(8) Arrêté annuel de principe *Préf. Seine*, 23 janvier 1899.

(9, 10, 11, 12) *Idem*.

un grand nombre d'espèces, que nous passerons successivement en revue.

§ 2. Entreprises diverses.

1° *Bals publics.*

57. La *publicité*, le *prix*, sont les conditions essentielles de la perception.

Les Tribunaux en sont souverains appréciateurs.

Et c'est parce que, aucun prix n'étant perçu, l'impôt
manque de base, faute d'évaluation possible, que les réunions de famille ou d'amis échappent à la taxe.

58. Cependant, même s'il y a un *prix* payé, il suffit
qu'il n'y ait point *publicité*, pour que l'impôt ne puisse être
perçu.

Échappent ainsi à la redevance :

1° Les réunions d'une société particulière, exclusivement
organisée pour se donner des bals et autres divertissements
au moyen de cotisations entre sociétaires [1];

2° Les bals de bienfaisance, où l'on n'est admis à souscrire
qu'après en avoir reçu l'invitation personnelle, et où l'on
ne peut s'introduire que porteur d'une carte nomina-
tive [2].

Il importe même peu qu'il ait été fait des invitations col-
lectives, telles que celles d'un corps d'officiers [3], ou des
invitations dont les titulaires ne sont soumis à aucune
rétribution comme souscripteurs, pourvu que l'abonnement
des sociétaires n'ait d'autre effet que de faire face aux dépenses communes [4].

---

(1) C. État, 21 avril 1836, Roche et Lebon, t. 6. 313 ; J. P., *Rép.*,
v° *Théât.*, n. 53 ; *Mém. perc.*, 1837. 146 ; Dalloz, *Rép.*, v° *Théât.*, n. 120 ;
Gaz. trib., 7 mai 1836 ; — C. État, 6 juin 1844, préc.

(2) Nancy, 8 mars 1873, de Watteville, *Législ. charit.*, t. III, 452.

(3) Cros-Mayrevieille, *Traité de l'Admin. hospit.*, p. 298.

(4) C. préf. Aisne, 31 déc. 1833, *Mém. perc.*, 1834. 85.

59. Mais si, le bal ayant lieu par abonnement, il est fait appel au public (par la mise de cartes à sa disposition, par exemple, ou par la voie des journaux), si la réunion est la chose d'un entrepreneur et s'il y entre quelque objet de spéculation de la part des sociétaires et des abonnés, la fête perd son caractère privé, et la taxe est exigible [1].

60. L'impôt doit être perçu, quel que soit l'objet à raison duquel le bal a été donné; il n'y a à tenir compte ni du but poursuivi, ni du mobile des organisateurs.

Et cela se conçoit, puisque c'est le plaisir, et non l'industrie, qui est imposé [2].

Ainsi, sont taxés :

1° Les bals de charité ou fêtes donnés par les sociétés de bienfaisance et toutes celles énumérées dans l'Arrêté annuel du *Préfet de la Seine* (V. par exemple, celui du 23 janvier 1899).

Cependant, les bals, donnés autrefois par les Maires et les Bureaux de bienfaisance, obtenaient facilement décharge de tout Droit [3].

2° Un bal de bienfaisance payant, donné par une loge maçonnique, conviant le public à l'aide de billets distribués par des commissaires et d'annonces insérées dans les journaux [4].

3° Les bals masqués donnés dans les théâtres [5].

61. Dans presque toutes les Communes, à l'époque de la *Fête patronale* ou du *Carnaval*, les Municipalités mettent

---

(1) Décr. 2 novembre 1807, art. 2, et 26 novembre 1808, art. 2. *Rec. Min. int.*, t. II, 138 ; J. P. *Rép.*, v° *Théât.*, n. 52 ; *Mém. perc.*, 1864. 60 ; — Fleury-Ravarin, préc., 218 ; — Droin, *De l'Assist. à domicile en France et à l'étranger*, p. 42 ; — Salva, *Du régime lég. des bur. de bienf.*, p. 46. — V. *supra*, n. 54.

(2) Circul. Préf. Vosges, 12 juillet et 16 octobre 1886, préc.

(3) *Cons. gén. des hosp.* 4 février 1835, 9 mars 1836, 1er mars 1837, 12 mai 1841, 22 février 1843, 28 février 1844, 11 février 1846.

(4) C. préf. Seine-Inférieure, 10 août 1882, *Jur. Cons. préf.*, 1882. 301 ; — C. État, 27 juillet 1883, préc.

(5) Ordonn. 12 février 1817 ; — Vivien et Blanc, *Traité de la législation des théât.*, n. 155. — V. *en ce qui concerne les bals de nuit en Carnaval et à la Mi-Carême*, Ordonn. police, 13 décembre 1843 ; — Circ. Préf. police, 20 décembre 1842.

l'entreprise des bals en adjudication. Les Maires, qui en autorisent l'ouverture, fixent généralement l'heure et le lieu des réunions et prennent toutes mesures nécessaires pour assurer le recouvrement de l'impôt. Souvent même, ils l'exigent d'avance. L'autorisation est personnelle et intransmissible [1].

Il a été décidé, en ce qui concerne de semblables entreprises, que la redevance, payée par l'adjudicataire d'un bal qui a lieu sur un terrain ou dans un bâtiment appartenant à la Commune, représente uniquement le prix de location du terrain ou du bâtiment occupé et demeure, dès lors, exclusivement acquise à la Commune, et que c'est, non sur cette Commune, mais sur l'entrepreneur du bal, que doit être perçu l'impôt [2].

62. L'entrepreneur d'un bal public, qui perçoit par abonnement ou par cachets, ne fût-ce qu'à titre de contribution aux frais, les sommes destinées à alimenter sa spéculation, doit l'impôt, même sur les rétributions qu'il touche pour les danses, imposables comme le prix d'entrée [3].

2° *Cérémonies religieuses et Concerts de charité ou autres.*

63. Ce sont là surtout des questions d'espèces, pour chacune desquelles il convient de rechercher le véritable caractère de la solennité.

En principe, les cérémonies légales et religieuses, considérées comme hors du commerce, ne sont pas soumises à la taxe, alors même qu'elles seraient accompagnées de chants religieux donnés sous forme de *concert spirituel.* On aura, par exemple, à l'occasion d'un *salut solennel,*

---

(1) Ordonn. polic. 31 mai 1833 ; — Circ. Préf. police 11 juin et 31 août 1833, 17 avril 1834, 7 septembre 1841 ; — Arr. Préf. Moselle, 1807; Vivien et Blanc, préc. n. 189 ; — Dalloz, *Code des lois adm.*, v° *Commune,* t. I, n. 1586.

(2) Circ. Préf. Vosges, 12 juillet et 16 octobre 1886, préc.

(3) Circul. Min. int. 26 fructidor an X ; — Inst. gén. fin. 20 juin 1859 ; — C. État, 6 juin 1844, préc.

fait appel au concours d'artistes et exigé du public, convoqué par voie d'affiches et muni de cartes pour des places réservées, un prix d'entrée. Il y a donc là, semble-t-il, spectacle et publicité payante, peut-être même but de spéculation. Nombre d'auteurs considèrent, néanmoins, que la cérémonie conserve en son ensemble le caractère religieux; le concert, bien qu'il ait donné une recette, n'est à leurs yeux que l'accessoire de l'acte du culte auquel il se rattache.

Ils invoquent, en outre, l'origine du *Droit des pauvres*, qui, suivant eux, était prélevé en faveur de l'Église, et, d'autre part, l'intérêt qui s'attache au culte et à ses cérémonies, et qui n'est d'un ordre ni moins général ni moins élevé que celui que présentent notamment les Expositions de Beaux-Arts, desquelles on n'exige aucune redevance [1].

Ainsi a pu être exonéré, bien qu'il n'y eût pas là, à vrai dire, de cérémonie religieuse, le fait de montrer, moyennant rétribution, une cloche d'église [2], placée pourtant dans un local autre que l'église elle-même, — en dépit, il est vrai, d'un vœu contraire émis, le 25 novembre 1895, par le *Conseil municipal de Paris* [3].

64. De toute façon, il n'y a certainement pas lieu à perception pour un concert de charité, constituant une réunion essentiellement privée [4].

65. Quelques auteurs estiment cependant que, lorsque l'édifice religieux cesse d'être ouvert gratuitement au

---

(1) Fleury-Ravarin, préc., p. 218; — Pector, préc., p. 155; — Lacan et Paulmier, *Traité de la législ. et de la jurisp. des théât.*, t. I, n. 131; — Affre et Pelgé, *Traité de l'Admin. tempor. des paroisses*, v° *Concerts de charité*; — *Mém. perc.*, 1881, p. 217 et 1883, p. 699; — L. Martin, *Rev. cathol. des inst. et du droit*, préc. 1894, p. 48; — *Nouveau journ. des Cons. de fabr.*, 1886. 33. — V. aussi *Rec. des Lois, Ordonn. et Décr. applicables à l'Assist. pub. de Paris*, p. 257, note 3, qui cite même un arrêt du Conseil d'État du 25 novembre 1806.

(2) La *Savoyarde*, du *Sacré-Cœur de Montmartre*.

(3) *Bullet. munic. offic.*, 26 novembre 1895.

(4) C. préf. Ille-et-Vilaine, 15 février 1884, préc.; — C. État, 20 novembre 1885, préc.; D. 1887. 3. 53 et la note contraire.

public et que les assistants, attirés par le renom d'artistes
en vogue, ne sont admis que moyennant rétribution, qu'il
s'agisse d'un concert spirituel ou d'une audition d'orgues,
la taxe est due : car ce qui doit être couvert par l'immunité, c'est la cérémonie du culte, et non le lieu lui-même
où elle est célébrée, et, dans l'espèce, il s'agit bien, en
réalité, d'un spectacle public.

C'est bien pour cela qu'autrefois, les messes en musique
étaient expressément atteintes [1].

Et c'est dans le même esprit que l'*Assistance publique
de Paris* a perçu un forfait sur deux concerts donnés en
1868 [2] par *Pasdeloup* au *Panthéon*, qui était alors encore
affecté au culte, et qu'elle a déclaré imposables l'ascension
ou la visite, suivant un prix tarifé, de monuments religieux ou autres [3].

66. En tout cas, un concert de charité où le public est
admis en payant est passible de la redevance [4].

67. Il a été jugé qu'un concert-spectacle donné par un
Cercle catholique doit la taxe, alors même que son directeur
annoncerait au public que les billets placés à l'avance et
payés seront remboursés et que le concert est gratuit [5].

68. Un concert étant incontestablement un divertissement, et la loi ne faisant aucune distinction entre les réunions ou représentations organisées dans un but de spéculation et celles qui ont pour objet une œuvre de charité, il y
a lieu d'imposer la recette d'un concert donné par des particuliers au profit d'une œuvre de bienfaisance, bien qu'on
n'y fût admis que sur cartes d'invitation personnelle et

---

(1) *Avis* C. État, 2 novembre 1806, préc.; — Béquet, préc., n. 700 ; —
Salva, préc., p. 48; — Jagerschmidt, préc., p. 8; — Vivien et Blanc,
préc., p. 154 ; — Cros-Mayrevieille, *Le Droit des pauv. sur les spect.
en Europe*, p. 61 ; — *Cons. surv. Assist. pub.*, 21 janv. 1900, p. 273.
(2) Les 7 et 14 août.
(3) *Cons. surveill. Assist. publ.*, 12 juin 1879.
(4) C. préf. Ille-et-Vilaine, 15 février 1884, préc.; — C. État, 20 novembre
1885, préc.; — Dalloz, *Code des lois admin.*, t. 2, VIII, 1530.
(5) C. préf. Rhône, 9 mai 1894, *Cercle cathol. d'Oullins, Monit. judic.
Lyon*, 10 mai 1894.

qu'en ce sens il ne fût pas public. Il suffit que les cartes, remises en blanc à des dames patronnesses par le comité organisateur, aient été délivrées par elles contre espèces à des tiers[1].

69. De même, un concert organisé par une société dans l'intérêt des Écoles primaires libres n'échappe pas à l'impôt, alors même qu'on n'y peut entrer qu'avec une carte délivrée par la société [2].

70. Il en est encore ainsi d'un concert organisé au moyen de souscriptions par une association particulière de bienfaisance [3].

Cependant, le *Conseil général des hospices de Paris* a, naguère, exempté de la taxe les concerts donnés par les *Légions de la Garde nationale* en faveur des indigents de leurs Arrondissements [4].

71. Ont un caractère de publicité qui les assujettit à la perception du Droit, quoiqu'ils soient donnés sur invitation, les concerts dont les cartes d'entrée sont distribuées à tout venant et à des personnes dont les noms ne sont inscrits sur ces cartes qu'au moment même de la remise [5].

72. D'autre part, le concert a un caractère de fête payante, lorsque les personnes munies de cartes ont la faculté de retenir des places réservées, moyennant un versement, même très modique [6].

73. Mais un Conseil de préfecture ne saurait condamner le propriétaire d'une salle, qui soutient l'avoir fournie gratuitement pour un concert, à payer la redevance, avant d'avoir fait décider, contradictoirement avec les signataires des billets d'entrée, s'il a été donné par entreprise et quels sont les entrepreneurs [7].

---

(1) C. État, 27 juillet 1883, préc.; — C. État, 20 novembre 1885, préc.
(2) *Mém. perc.*, 1888. 176.
(3) Décr. 26 novembre 1808, art. 11 ; — C. État, 24 avril 1836, préc.
(4) Arr. 15 janvier 1817.
(5) C. État, 17 février 1899, préc.
(6) C. État, 17 février 1899, préc.
(7) C. État, 18 novembre 1818, *Hosp. de Bordeaux,* Roche et Lebon,

74. Il est évident que les spectacles et réunions dont l'entrée serait gratuite et ne ferait l'objet d'aucune spéculation en vue de bénéfices à réaliser, un concert de société, par exemple, dans le genre de la *Trompette*, échapperaient à la taxe.

Tel est le cas de réunions musicales privées formées par un groupe d'amateurs qui, pour se procurer un délassement et sans espoir de gain, constituent par actions ou par souscription une masse commune, destinée à faire face à leurs dépenses [1].

75. De même, la taxe n'est pas due par les sociétés d'artistes et d'amateurs connues sous le nom de *Sociétés philharmoniques*, qui exécutent des concerts devant des abonnés tenus au paiement d'une cotisation annuelle, bien qu'elles admettent des invités étrangers, — du moment qu'elles n'ont pas un but de spéculation [2].

76. Certains spectacles affectant un caractère d'utilité publique semblent pouvoir également bénéficier de l'exemption.

Tel a été le cas des concerts annuels que, longtemps, a donnés, avec autorisation du Gouvernement, le *Conservatoire de musique*, au profit des familles des membres de cet établissement, décédés dans l'exercice de leurs fonctions [3].

77. On s'est demandé si la surélévation du prix de chaises, rangées autour d'un kiosque qui abrite un orchestre, ne doit pas entraîner le paiement de la taxe sur le produit de la location de ces chaises. Le spectateur goûte certainement ainsi avec plus de commodité les agréments du concert, et le prix qu'il a payé devrait être passible de la redevance ; mais l'usage s'est établi à *Paris* de ne point

---

t. 2. 431 ; Dalloz, *Rép.*, vo *Théâtr.*, n. 337 ; — Durieu et Roche, préc., n. 32.

(1) Trib. comm., Montpellier, 24 juillet 1827, préc.; — Lacan et Paulmier, préc., t. I, n. 131.

(2) Orléans, 24 juillet 1854 (motifs), sous Cass., 16 décembre 1854, préc.; — V. *Journ. des Commiss. de police*, Concerts d'artistes, 1875, p. 272.

(3) Décr. 25 prairial an XIII.

taxer les chaises occupées dans les jardins publics pendant les concerts donnés par les musiques militaires [1].

3° *Cafés-concerts.*

78. Les cafés-concerts, d'abord appelés cafés-chantants, ont pris naissance aux *Champs-Élysées*, vers 1840 [2].

On n'en comptait guère que 150 jusqu'en 1864 ; 43 étaient *contrôlés*, et 60 environ, de moindre importance, étaient *abonnés*. Ils étaient soumis à l'autorisation préalable et à des règlements spéciaux [3], et le *Préfet de police* ne leur permit pendant longtemps de s'établir à *Paris* qu'à la condition de ne percevoir aucun Droit d'entrée, afin d'établir une différence bien marquée entre eux et les théâtres.

De là vint pour eux l'usage de surélever, à l'intérieur, peut-être avec le secret espoir de les soustraire à l'impôt, le prix des consommations.

Ce n'est guère que depuis le Décret du 6 janvier 1864, relatif à la Liberté des théâtres, qu'ils se sont développés.

79. De leur côté, les directeurs de bals et fêtes publiques, suivant cet exemple, stipulèrent qu'une partie des Droits d'entrée perçus serait employée en consommations diverses, avec le même désir d'échapper à la taxe.

Mais la tentative devait avorter.

80. D'une façon générale, en effet, toutes les fois que le prix d'entrée d'un spectacle est plus ou moins déguisé, quel que soit le mode usité dans l'établissement pour percevoir ce prix, l'*Assistance publique* est en droit d'exiger l'impôt.

Peu importe donc que l'entrée d'un café-concert soit, en apparence, gratuite; du moment que le consommateur paye réellement, à l'intérieur, par le prix demandé pour sa con-

---

(1) *Rev. étab. bienf.*, Droit des pauv., concerts dans un jardin public, loc. des chaises, 1887, p. 54.

(2) P. Renard, L'*Eldorado*, p. 8.

(3) Réglem. de 1843, art. 13-17.

sommation, hors de proportion avec la valeur marchande
du produit consommé, le prix même du spectacle, cela
suffit pour l'application de la redevance [1].

81. « Il ne s'agit pas, a-t-il été dit avec raison [2],
d'examiner si l'on consomme ou non dans l'intérieur, mais
bien de constater le produit de chaque billet d'entrée et
de percevoir sur la totalité de la recette qui en est résul-
tée ; c'est au directeur à calculer le prix en conséquence ».

C'est même en s'appuyant sur la Circulaire du 26 fructidor an X que le *baron Dupin* allait jusqu'à demander
qu'on imposât toute la série des consommations prises [3].

Ç'eût été là, sans aucun doute, une exagération ; mais il
va de soi, que l'occupation d'une place dans un café-concert
astreignant à prendre une consommation, dût-on ne pas
l'absorber, il y a bien là, en réalité, un prix d'entrée.

M. *Pector* indique avec précision [4] le motif qui a fait
confondre en un seul le prix de la consommation et le prix
d'entrée : « La consommation offerte n'est qu'un nouvel
attrait, dont le coût rentre dans les frais généraux de l'entreprise ; voilà pourquoi l'intérêt de l'entrepreneur est de
ne pas séparer le prix de la consommation du prix de la
place, dont il devient l'accessoire par son fait ».

82. Le commerçant qui organise, dans le café qu'il
exploite, des concerts quotidiens annoncés dans les journaux ou par voie d'affiches, et dont le prix est englobé dans
celui des consommations, est passible du Droit, sans même
qu'il y ait lieu de déduire la valeur de ces consommations :

---

(1) C. État, 5 août 1831, préc.; — C. État 26 novembre 1852, *Mém.
perc.*, 1860. 245 ; — C. État, 9 décembre 1852, Manon, S. 1853. 2. 428 ; J. P.
adm. chron. ; D. 1853. 3. 21 ; et *Rép.*, v° *Théât.*, n. 116 ; *Pand. chron.*,
t. III, 3. 35 ; Lebon, 1852. 587 ; *Mém. perc.*, 1854. 39 ; — Pocquet, *Essai
sur l'Assist. publ.*, p. 351 ; — P. Renard, préc., p. 39 ; — *Journ. des
Conseill. munic.*, 1887. 29, et 1888. 26 ; — *Jurisp. Cons. préf.*, 1882, 118
et la note ; — *Bullet. munic. offic.*, 30 octobre 1894, quest. de M. *Caplain*.
(2) Circul. 26 fructidor an X.
(3) *Histoire de l'Admin. des secours publics*, p. 197.
(4) Préc., p. 180.

car même lorsque le spectateur ne consomme pas, il est tenu de payer intégralement sa place.

Peu importe que le prix des consommations n'ait pas été élevé à l'occasion des concerts et que l'entrée de l'établissement soit libre [1], ou que le prix des consommations soit le même que dans les établissements similaires qui ne donnent pas de concerts [2], ou encore que les concerts ne soient pas annoncés par voie d'affiches et qu'il n'y soit pas fait de quêtes [3].

83. Mais il serait injuste de prélever la taxe sur les consommations facultatives, dites de *renouvellement*.

Payées à part, elles doivent être considérées comme distinctes du prix d'entrée. La somme versée pour elles ne représente plus que la valeur vénale de la marchandise débitée ; ce n'est pas là une recette imposable, dans le sens légal.

De là vient l'usage, dans les cafés-concerts, de dresser un double tarif : celui qui constitue la recette frappée par l'impôt, et le tarif de renouvellement, dont le produit reste entièrement dans les mains de l'entrepreneur.

« L'établissement, après avoir fonctionné comme concert, redevient simple café [4] ».

84. Toutefois, que l'entrée des cafés-concerts soit libre ou non, les billets de faveur qui ne portent pas la mention : « *Consommation facultative* » doivent être comptés

---

(1) C. État, 20 juin 1884, préc.; — C. préf. Var, 11 février 1890, *Jurisp. Cons. préf.*, 1890. 303 ; — *Consult.* j. *le Droit*, 6 novembre 1890 ; *Rev. étab. bienf.*, 1891. 16.

(2) Dalloz, *Code des lois adm.*, t. 2, VIII. 1526-2°.

(3) C. préf. Marne, 16 juin 1893, Poterlet, *Rev. étab. bienf.*, 1893. 342.

(4) Circul. Min. int. 26 fructidor an X ; — Inst. gén. fin., 20 juin 1859 ; — C. État, 6 juin 1844, préc.; — C. préf. Sarthe, 6 juillet 1866, Aveline ; — C. préf. Seine, 28 février 1882, préc.; — C. préf. Seine, 7 mars 1882, préc. ; — C. État, 20 juin 1884, préc.; — C. préf. Seine, 14 mai 1890, *Concert parisien, Jurisp. Cons. préf.*, 1891. 262 ; *Rev. étab. bienf.*, 1891. 367 ; — C. État, 14 juin 1895, Vidau, S. et J. P. 1897. 3. 106 ; D. 1896. 3. 68 ; *Mém. perc.* 1895. 456 ; *Rec. C. État*, 1895. 497 et 1002 ; *Rev. étab. bienf.*, 1895. 274 ; *Monit. judic. Lyon*, 8 juillet 1895 ; j. *le Droit*, 7 juillet 1895 ; de Watteville, *Législ. charit.*, t. II, p. 216.

comme *billets à droits*, au prix des consommations de renouvellement, c'est-à-dire du tarif ordinaire[1].

85. Il en est de même de ceux qui donnent droit à des consommations à prix réduit : car il n'y a pas là une gratuité sérieuse et réelle [2].

86. Un *Avis* des *Inspecteurs généraux des établissements de bienfaisance*, remontant à une époque déjà lointaine, et qu'il convient de signaler, sans en adopter cependant la théorie (car il semble méconnaître les principes constitutifs du *Droit des pauvres*), décide que l'impôt ne peut être perçu sur les recettes effectuées dans les cafés où se donnent des concerts, quand ces concerts ne sont pas quotidiens, qu'aucun droit n'y est réclamé à l'entrée, que le prix des consommations ne subit, à l'occasion de ces concerts, aucune augmentation, et que la rémunération attribuée aux chanteurs se compose exclusivement du produit de diverses quêtes faites dans l'intervalle des chants. Dans ces conditions, le public ne paie, ni directement ni indirectement, aucun Droit d'entrée : car on ne saurait considérer comme tel les sommes qu'il donne, bénévolement, au moment des collectes [3].

On peut se demander si l'*avis* eût été le même, au cas où les artistes n'auraient été rétribués qu'à l'aide de ces quêtes.

4° *Conférences et matinées littéraires.*

87. On s'est, à l'occasion d'une Conférence sur des questions sociales, demandé s'il était possible d'assimiler les fêtes ou réunions qui ont un but d'éducation littéraire ou scientifique aux divertissements soumis à l'impôt, et le problème a été résolu négativement [4].

---

(1) Régl. de l'*Assist. pub. de Paris* sur le Service de la percept. du *Droit*, du 9 décembre 1898.

(2) *Avis Comité consult. Assist. pub.*, 6 août 1887.

(3) *Avis* du 24 février 1874, *Bur. de bienf. de Bar-le-Duc;* — Guichard, préc., p. 93.

(4) Décis. Min. int. 2 octobre 1895, *Mém. perc.*, 1896, 126; *Rev. étab. bienf.*, 1895. 349.

Déjà, d'ailleurs, en 1835 [1], le *Conseil général des hospices* s'était prononcé en ce sens, en exemptant du Droit les « réunions philosophiques du sieur *Azaïs* », comme étant des séances scientifiques, et non un divertissement; et, dans la pratique, en des cas semblables, l'Administration n'élève aucune prétention [2].

On peut estimer, toutefois, qu'il s'agit bien là de ces lieux de réunions, expressément visés par la Loi budgétaire du 24 mai 1834 (art. 5).

88. En tout cas, il ne saurait y avoir d'exemption pour les Matinées littéraires ou les Conférences qui accompagnent en guise de commentaires certaines représentations dramatiques ou musicales; par exemple, pour les Matinées qu'avait organisées *Ballande* et qui constituaient, au fond, une entreprise théâtrale : car la Conférence ne peut être isolée de la pièce elle-même; le spectateur a payé pour entrer dans la salle, et il n'ira pas, après avoir entendu cette Conférence, payer, une seconde fois, pour assister à la représentation [3].

5° *Courses et exercices de chevaux, taureaux*, etc.

A. *Courses de chevaux.*

89. La Loi du 7 frimaire an V imposant expressément les courses et exercices de chevaux, on ne conçoit guère que l'impôt n'atteigne pas les entrées sur le champ de courses; ce sont bien des courses, en effet, qu'ont établies les Sociétés sportives, fût-ce en vue de l'amélioration

---

(1) *Cons. gén. hosp.*, 23 décembre 1835.

(2) *Rev. étab. bienf.*, 1895. 349.

(3) C. préf. Seine, 17 mars 1875, D. 1876. 5. 432; j. *le Droit*, 19 mars 1875 ; *Jurispr. Cons. préf.*, 1876. 4; — C. préf. Seine, 24 janvier 1878, j. *le Droit*, 13 février 1878; — *Avis Comité consult. Assist. pub.*, 24 avril 1874 et 5 février 1875.

de la race chevaline, et, d'autre part, la Loi du 8 thermidor an V (art. 2), en visant « toutes autres fêtes où l'on est admis en payant », semble bien avoir voulu embrasser, dans la généralité de ses termes, tous les genres de spectacles et divertissements publics pour lesquels un prix est déboursé, quel que soit le but de l'entreprise.

C'est en ce sens, du reste, qu'au début se prononçait la Jurisprudence [1].

Mais elle a changé depuis, et la question est aujourd'hui vivement controversée.

90. *Premier système.* — Les Lois de l'an V, dit-on, ne visent, en réalité, que les cirques, tournois et carrousels, qui étaient alors fort en vogue ; elles n'avaient pas à s'occuper de courses de chevaux établies dans les conditions périodiques des Courses anglaises, qui constituent, non un spectacle ou divertissement public, mais une œuvre d'intérêt national et général, et qui ne datent en *France* que du Décret du 8 fructidor an XIII.

Qu'elles offrent un intérêt général, comment en douter, quand on voit le Gouvernement intervenir dans leur Règlement et désigner lui-même leurs Commissaires ; et, d'autre part, les versements effectués sont si peu le prix d'un spectacle offert au public par les Sociétés hippiques, que les recettes sont toutes statutairement affectées à l'œuvre d'intérêt public, à laquelle elles se sont vouées.

Sans doute, beaucoup de ceux qui fréquentent les champs de courses n'y vont chercher qu'un amusement ou la satisfaction de leur passion pour les jeux de hasard. Mais qu'importe ! Il faut, lorsqu'une institution existe, l'envisager au point de vue auquel s'est placé le législateur pour l'établir, et non avec les caractères que lui prête le public.

(1) C. État, 24 mars 1820, *Hosp. de Bordeaux*, S. c. n., t. 6. 2. 239 ; J. P. adm. chron.; Lebon, t. 2. 674 ; — Dalloz, *Rép.*, v° *Théât.*, n. 107 et 123 ; — H. Lenoble, *Les Courses de chevaux et les paris aux Courses*, 1899, p. 165.

D'ailleurs, depuis la Loi du 2 juin 1891[1], l'autorisation du Ministre de l'Agriculture est nécessaire pour ouvrir un champ de courses, et elle n'est donnée qu'aux Sociétés qui ont pour but exclusif l'amélioration de la race chevaline, et dont les statuts ont été approuvés.

Au surplus, la controverse ne présente plus, désormais, d'intérêt.

La Loi de 1891 (art. 5), en permettant à ces Sociétés d'organiser le *pari mutuel* sur leurs hippodromes, en a subordonné l'organisation à un prélèvement fixe, fait sur les enjeux en faveur des œuvres locales de bienfaisance, et, par là même, a compensé, d'avance, les pertes qu'entraîne l'absence de perception du *Droit des pauvres*. Et, à tout prendre, il suffirait aux Municipalités de s'entendre directement avec les Sociétés de courses[2], pour obtenir d'elles une subvention gracieuse en faveur de leurs pauvres.

Du reste, lors de la discussion de cette Loi de 1891, un amendement de MM. *Demarçay* et *Tony-Révillon* demandait que l'entrée sur le champ de courses fût atteinte par l'impôt, et il n'est, à ce moment, entré dans la pensée d'aucun député de soutenir que le *Droit des pauvres* pouvait, en pareille matière, être exigé en vertu de la législation existante[3].

C'est, enfin, à cette doctrine que s'est ralliée la Jurisprudence, en exemptant de la taxe les Droits d'entrée payés par des personnes qui assistent à des Courses de chevaux,

---

(1) S. et J. P. *Lois annotées*, 1892. 257; D. 1891. 4. 49.

(2) Tel a été le cas, à l'égard des *Hospices de Boulogne*, du *Jockey-Club*, de la *Société des steeple-chases* et de la *Société d'encouragement pour l'amélioration du cheval français de demi-sang*.

(3) C. État, 5-12 juin 1891, préc.; D. 1892. 3. 105; Concl. de M. *Le Vavasseur de Précourt;* — Salva, *Du régime légal des bur. de bienf.*, p. 46 ; — Charton de Meur, *Dict. de jurisp. hippique*, p. 106 ; — Laya, *Comment. de la Loi sur les Courses de chev.*, p. 7 ; — J. *le Droit*, 6 et 30 juin 1891 ; — Fleury-Ravarin, préc., p. 219 ; — *Guichard*, préc., p. 95 ; — *Pector*, préc., p. 43 ; — *Béquet*, préc., n. 697.

quand ces courses ont été organisées, de concert avec l'Administration, dans l'intérêt de la race chevaline, et que la totalité des recettes est, aux termes des statuts, affectée à l'œuvre d'intérêt public [1].

91. *Second système*. — Les Courses peuvent bien, réplique-t-on, avoir pour effet d'exciter l'émulation des éleveurs et pour but de récompenser leurs efforts, tendant à améliorer la race des chevaux ; mais elles ont pour le public un caractère bien différent.

Ce qu'il cherche dans ce spectacle payant, c'est un divertissement ; ce qui l'attire surtout, c'est le désir de participer à des *paris* désormais autorisés légalement.

Quel rapport cela peut-il bien avoir avec l'intérêt public, et ne trouvons-nous pas réunis ici les éléments constitutifs exigés pour la perception de l'impôt : le *spectacle*, la *publicité*, le *prix ?*

Qu'importe, après cela, que la Loi de 1891 ait autorisé un prélèvement en faveur d'œuvres de bienfaisance locales ! Qu'a cela de commun avec l'impôt, établi exclusivement dans l'intérêt des Hôpitaux et Hospices, des Bureaux de bienfaisance et de l'Assistance médicale gratuite !

Et puis, ce Droit de 2 0/0 sur le *pari mutuel,* législativement consacré en 1891, mais qui jusque-là faisait l'objet de simples Arrêtés ministériels, consacrant les accords intervenus entre le Ministre de l'Intérieur et certaines Sociétés de courses, que frappe-t-il ?

Le droit d'entrer sur le champ de courses ? En aucune façon !

Il porte exclusivement sur la recette brute produite par les paris engagés, et c'est cette constatation qui a amené le *Conseil de surveillance de l'Assistance publique* [2] à

---

(1) C. préf. Seine-Inférieure, 25 mai 1871, *Jurisp. Cons. préf.*, 1877. 354 ; — C. État, 13 juin 1873, préc. D. 1873. 3. 93 ; Concl. de M. *David ;* — C. État, 12 juin 1891 ; préc.; — H. Lenoble, préc., p. 167 ; — Dalloz, *Rép.*, *Suppl.*, v° *Courses de chevaux*, n. 5.

(2) Délibération du 2 août 1888.

déclarer qu'il n'y avait pas lieu de percevoir le *Droit des pauvres* sur ce produit, parce que le prélèvement de ces 2 0/0 ne s'effectuait que par application de la Loi du 21 mai 1836 (art. 5) sur les *loteries.*

D'autre part, les fonds du *pari mutuel* sont attribués par le Ministre de l'Intérieur aux seuls Départements qu'il se réserve la faculté de désigner, et qui, de leur côté, les affectent à des œuvres locales indéterminées d'avance, et jamais les mêmes.

Le *Droit des pauvres,* au contraire, ne dérive que de la loi, puisque c'est, chaque année, la Loi des finances qui en provoque l'existence. Il ne pourrait s'appliquer qu'aux entrées sur les champs de courses, et il a pour bénéficiaires exclusifs, toujours les mêmes, les Hôpitaux et Hospices, les Bureaux de bienfaisance, et les Services d'Assistance médicale gratuite [1].

Rien ne s'opposerait donc à la possibilité de percevoir sur les Sociétés sportives deux sortes de redevances, d'ailleurs absolument distinctes l'une de l'autre : 1° sur le produit des entrées aux champs de courses ; 2° sur le produit des paris mutuels ; l'une, au profit des Établissements hospitaliers, des Secours à domicile et des Services d'Assistance médicale gratuite ; l'autre, en faveur des œuvres locales de bienfaisance. Mais le Droit sur le *pari mutuel* ne saurait de toute façon être substitué au *Droit des pauvres* ni, en tout cas, le supprimer : car il n'appartient à un Ministre ni de détourner indirectement un impôt de sa destination légale ni de modifier par des Arrêtés les prescriptions impérieuses de lois existantes ou de décrets ayant force de loi [2].

---

(1) C. préf. Seine-et-Oise, 18 février 1888, préc.; — *Consult.* Cass., 2 janvier 1894, D. 1894. 1. 81 ; — Cros-Mayrevieille, p. 122.

(2) Loi 2 juin 1891 ; — Décr. 7 juillet 1891 ; — Concl. *Le Vavasseur de Précourt,* sous C. État, 12 juin 1891, préc.; — Lett. Min. int. au Préfet Seine-et-Oise, 16 et 23 juillet 1887; *Gaz. trib.,* 20 août 1887, préc.; — *Répert. gén. alph. du Dr. fr.,* v° *Assist. pub.,* n. 250.

Peu importe, au surplus, le but d'utilité générale que poursuivent les Sociétés de courses.

Ce que vise le *Droit des pauvres*, c'est le spectacle public payant. Celui qu'il entend atteindre, c'est, non l'entrepreneur, c'est-à-dire la Société sportive, mais le spectateur, et rien ne serait plus légitime que d'obliger ce dernier à ajouter au prix d'entrée, qu'il est tenu d'acquitter, la taxe des indigents, accessoire obligé de toute somme versée comme prix d'un divertissement ou d'un spectacle public.

Le silence, gardé lors de l'amendement, d'ailleurs rejeté, de MM. *Demarçay* et *Tony-Révillon* n'a, de fait, aucune portée, — la Loi du 2 juin 1891 et les Lois de l'an V se référant à des situations absolument différentes[1].

92. En tout cas, les Sociétés privées, bien qu'autorisées par l'Administration, et alors même qu'elles consacreraient exclusivement leurs recettes au but d'intérêt général qu'elles poursuivent, sont passibles du *Droit des pauvres*, du moment qu'elles n'ont pas été officiellement reconnues d'utilité publique[2].

93. A plus forte raison en est-il ainsi, lorsque les membres des Sociétés sportives sont autorisés, par leurs statuts, à réaliser des bénéfices sur les recettes. Par exemple, une Société de courses, constituée par actions, et dont les statuts n'affectent pas tous les bénéfices à l'œuvre d'utilité publique d'amélioration de la race chevaline, doit acquitter la taxe réclamée par le Bureau de bienfaisance de la Commune sur le territoire de laquelle ont lieu les courses, et la Société qui lui succède ne pourrait se dispenser de payer cet impôt, sous prétexte qu'elle aurait un

---

(1) C. État, 12 juin 1891, préc.; — Dalloz, *Code des lois admin.*, v° *Agriculture*; — Béchet, préc., p. 117 ; — Lenoble, préc., p. 169 ; — Béquet, *Régime et législ. de l'Assist. publ. et privée*; — J. du Tinguy du Pouët, L'Assistance médicale à l'hôpital et à domicile, p. 112.

(2) C. préf. Seine-Inférieure, 25 mai 1871, préc.; — C. préf. Haute-Garonne, 10 mai 1898, préc.; — V. *Bull. des Conseill. munic.*, 1882. 52; — *Gaz. trib.*, 20 août 1887, préc.

caractère, non plus d'exploitation commerciale, mais d'utilité publique, et que l'Arrêté ministériel, qui l'autorise, en
vertu de la Loi du 2 juin 1891, à établir le pari mutuel sur
son champ de courses, a fixé déjà un prélèvement de
2 0/0 au profit du Bureau de bienfaisance sur le produit de
ces paris; et cette perception doit s'effectuer sans conditions d'aucune sorte et n'est pas subordonnée à la question de savoir si l'entreprise a ou non réalisé des bénéfices [1].

94. On s'est demandé à quelle Commune (dans l'intérêt de ses Établissements de bienfaisance) devrait appar-
tenir le produit de la taxe, au cas où une Société sportive,
ayant établi des courses sur un terrain loué à une Commune qui en est propriétaire et s'en sert pour le pâturage
des bestiaux de ses habitants, percevrait un Droit sur les
voitures et piétons qui entrent dans l'enceinte de l'hippodrome, alors que ce terrain fait partie d'une autre Commune?

C'est évidemment à la Commune, sur le territoire de laquelle se font les courses, que l'impôt doit être attribué. La
Commune, propriétaire du terrain, n'a pas plus le droit de
réclamer que ne l'aurait un simple particulier, sauf à
exiger de la Société de courses un certain prix de location
du terrain, en raison de la privation du pâturage [2].

B. *Courses de taureaux.*

95. La taxe des indigents est applicable aux Courses
de taureaux [3].

(1) C. préf. Seine-et-Oise, 18 février 1888, préc.; — Lettre Min. int.
au Préf. Seine-et-Oise, 16 juillet 1887; — V. *Bull. des Conseill. munic.*,
préc. 1882. 52; — *Journ. des Conseill. munic.*, 1888, p. 87 et 125; —
Journ. de dr. admin., t. XX, p. 133, Le *Droit des pauvres* et les Sociétés de courses; — *Journ. de dr. admin.*, t. XXII, p. 266. Les Courses
de chevaux et le *Droit des pauvres*; — V. *infrà*, n. 353.
(2) *Mém. perc.*, 1860. 86.
(3) Circul. de 1890, Préf. Landes, *Rev. étab. bienf.*, 1890, 250

C. *Courses de vélocipèdes.*

96. De semblables Courses, tenues sur des hippodromes ou dans des établissements clos, où le public ne peut
pénétrer qu'en payant, sont de véritables spectacles ou
réunions soumis à l'impôt [1].

6° *Expositions.*

97. En principe, toutes exhibitions ou réunions soumettant le public au paiement d'un prix d'entrée doivent
acquitter le *Droit des pauvres.*

Les premières expositions, dans l'intérêt des Beaux-Arts
ou de l'Industrie, ont été organisées par l'État, sans rétributions d'aucune sorte à la charge du public. Tenues d'a-
bord à des intervalles éloignés, elles avaient fini par devenir annuelles, et la direction de l'entreprise avait été, à
la longue, confiée à certaines Associations.

C'est ainsi qu'a été consentie à la *Société des Artistes
français,* reconnue d'utilité publique par Décret du 11 mai
1883, pour des Expositions d'œuvres d'art, contre une redevance annuelle d'un franc, la location du *Palais de l'Industrie,* d'une valeur locative d'au moins 230.000 francs
par an.

C'est vers 1834, à partir du moment où les Lois de
finances atteignirent les lieux de réunion ou de fête, que
le public des Expositions, devenu public payant, fut enfin
soumis au *Droit des pauvres,* et la mesure s'étendit aux
Expositions de toutes sortes, agricoles, horticoles, cani-
nes, etc. [2].

---

(1) *Cons. génér. hosp.,* 31 juillet 1818 ; — *Pand. franç., Rép.,* v° *Droit
des pauvres,* n. 109. — Au reste, le principe a été récemment consacré,
puisqu'une remise partielle de Droit a été sollicitée et consentie au *Syndicat des Coureurs vélocipédistes* (V. *Cons. munic.,* 24 mai 1897. *Bull.
munic. offic.,* 25 mai 1897.

(2) *Cons. surveill. Assist. publ.,* 24 mars, 19 mai et 27 octobre 1892 ; —
Jagerschmidt. *Droit des pauvres,* Mémoire au Conseil d'État. Dupont,1857,
p. 9.—V. *Avis Comité consult. Assist. publ.,* 27 avril 1855, 19 mai 1892.

98. Les Expositions internationales elles-mêmes n'é-
chappèrent pas, tout d'abord, à la redevance.

Ainsi, il a été décidé que l'*Exposition universelle,* quoique conçue par le Gouvernement dans de grandes vues
d'intérêts nationaux et internationaux, et offrant aux industriels, aux artistes et à une partie des visiteurs des
renseignements utiles et précieux, était, au fond, pour
l'immense majorité du public qui la fréquentait et qui n'y
était admis qu'en payant, un spectacle offert à sa curiosité,
et, à ce titre, passible de la taxe [1].

99. Mais, depuis lors, la Jurisprudence s'est modifiée,
et il a été jugé que la taxe ne s'applique pas aux solen-
nités qui constituent une œuvre exclusivement nationale
ou internationale et d'un intérêt public général, et qui
n'ont qu'accessoirement le caractère de spectacles [2].

Tel est, par exemple, le cas des *Expositions universelles*
ordonnées par décret, et pour lesquelles on estime que les
sommes perçues aux portes d'entrée ne sont pas le prix
d'une fête offerte au public [3].

100. L'idée dominante de l'intérêt public a fait, depuis lors, bien plus de chemin encore.

Par exemple, il a été admis que la taxe ne vise pas les
entrées de l'*Exposition annuelle de peinture et de sculp-
ture,* organisée par une Société reconnue d'utilité publique,
qui, avec les encouragements de l'État, poursuit, en faveur
du développement des Arts, une œuvre d'utilité générale,
alors, d'ailleurs, que les sociétaires ne peuvent réclamer

(1) C. préf. Seine, 14 janvier 1856, *Archives Assist. pub. Paris.*
(2) C. État, 21 février 1890, Coudert, S. et J. P. 1892. 3. 75; D. 1891.
3. 80; *Pand. fr.*, 1890. 7. 52; — Concl. de M. *Le Vavasseur de Précourt,*
Lebon, 1891. 195 et 198; *Rev. gén. d'adm.*, 1890. 1.324; *Rev. étab. bienf.*,
1890. 107, et 1891. 198; j. *le Droit,* 9 mars 1890 ; j. *la Loi,* 3 avril 1890;
j. *Monit. judic. Lyon,* 19 mars 1890.
(3) C. État, 7 mai 1857, J. P. adm. chron.; D. 1885. 3. 78, note 5;
Pand. chron., t. III, 3. 57; Lebon, 1857. 356; Dalloz, *Rép , Supp.*, v°
Théât., n. 31; *Annales Pataille,* 1857. 194 ; *Mém. perc.*, 1857. 245 ; —
Béquet, préc., n. 698; — Salva, préc., p. 47 ; — Fleury-Ravarin, préc.,
p. 219; — Guichard, préc., p. 93.

aucune part des bénéfices réalisés et que ces bénéfices ne doivent recevoir aucune affectation étrangère à l'œuvre poursuivie.

Cela s'impose surtout, ajoute-t-on, en ce qui concerne les *Expositions des Beaux-Arts :* car l'État, à l'époque où il les a organisées, ne payait aucune redevance à l'*Assistance publique*, et, du moment qu'il a confié à une Société reconnue d'utilité publique le soin de les organiser à sa place, elle doit d'autant plus jouir des mêmes immunités, qu'une part des recettes est, en vertu des statuts, consacrée à une œuvre d'assistance, et que des secours sont alloués aux artistes âgés ou nécessiteux [1].

101. La même immunité a été réclamée par la *Société nationale des Beaux-Arts*, qui, fondée par des dissidents de la *Société des Artistes français*, réclame, pour les expositions qu'elle organise au *Champ-de-Mars*, l'exonération dont bénéficie sa sœur aînée [2].

On a conclu de même (mais la solution peut laisser quelque doute) en ce qui concerne tous les Concours publics ouverts par l'Administration dans les diverses branches de l'activité humaine : Beaux-Arts, Industrie, Agriculture, etc., et qui se traduisent par des Expositions où le public est admis moyennant rétribution. Ce sont là, a-t-on dit, des fêtes d'un genre tout différent, par leur caractère et leur but, de ces spectacles offerts au public que les Lois de l'an V ont entendu atteindre [3].

102. C'est en ce sens qu'exemption de la taxe a été

[1] C. préf. Seine, 13 juillet 1888, *Gaz. Pal.*, 1888. 2. 116 ; *Jurisp. Cons. préf.*, 1888. 225 ; *Mém. perc.*, 1888. 513 ; *Rev. étab. bienf.*, 1888. 249 ; j. *le Droit*, 5 juillet 1888 ; — C. État, 7 août 1891, *Soc. des Artistes français*, S. 1893. 3. 99 ; J. P. adm. chron. ; D. 1892. 3. 105 ; *Pand fr.*, 1891. 4. 45 ; *Rec. C. État*, 1891. 603 ; *Jurisp. Cons. préf.*, 1891. 281 et note ; *Rev. étab. bienf.*, 1891. 264 ; j. *le Droit*, 12 août 1891, j. *la Loi*, 11-12 octobre 1891 ; — Blanche, préc., v° *Droit des pauvres*, 2e suppl.

[2] V. *Avis Comité consult. Assist. publ.*, 21 juillet 1898.

[3] C. État, 13 juin 1873, préc. ; Concl. de M. *David ;* — C. État, 12 juin 1891, préc. ; Concl. de M. *Le Vavasseur de Précourt ;* — Dalloz, *Code des lois adm.* t. 2. VIII. 1541 ; — Guichard, préc, p. 93.

accordée à une Société ayant pour objet l'amélioration de
la race canine, et qui avait, « en vue de cette œuvre d'intérêt général », organisé, avec le concours du Gouvernement, des Expositions périodiques, auxquelles étaient affectées toutes les recettes, entrées comprises [1].

103. Nous estimons, pour notre part, qu'il y aurait
lieu de distinguer, dans les Expositions, ce qui est l'œuvre
du Gouvernement, c'est-à-dire l'organisation préparatoire,
et ce qui est l'œuvre des concessionnaires, quels qu'ils
soient, Associations privées ou simples particuliers, c'est-
à-dire la construction ou l'aménagement des édifices
destinés à abriter les objets exposés, et l'exploitation, plus
ou moins fructueuse.

Que l'État se refuse à faire la part des pauvres, lorsqu'il
organise directement une Exposition, parce qu'il prétend
n'agir qu'en vue d'une œuvre d'intérêt général et que les
éléments constitutifs de la redevance exigés par les Lois de
l'an V font ainsi défaut, nous l'admettons à la rigueur,
surtout du moment que l'entrée des Expositions est libre,
comme elle l'a été à l'origine.

Mais que des Sociétés privées, comme la *Société des
Artistes français* ou la *Société nationale des Beaux-Arts,*
fûssent-elles autorisées par l'État et même reconnues d'u-
tilité publique, échappent à l'impôt, le jour où elles organisent elles-mêmes leurs Expositions annuelles, voilà ce
que nous ne parvenons pas aisément à concevoir : car ce
ne sont point elles, il ne faut cesser de le rappeler, qui ont
à acquitter, en réalité, le *Droit des pauvres,* mais bien le
public payant [2].

Il résulte bien, sans doute, des statuts de ces Sociétés,

(1) C. préf. Seine, 13 mars 1894, *Bull. off. Min. int.,* 1894. 99 ; *Gaz.
Pal.,* 1894. 1. 106 ; *Rev. étab. bienf.,* 1894, 109 ; *Jurisp. Cons. préf.,* 1894.
116 ; *Mém. perc.,* 1894. 263 ; *Gaz. trib.* et *J. le Droit,* 16 mars 1894 ; —
Avis Comité consult. Assist. pub., 26 avril 1894 ; — *Cons. surveill. Assist.
pub.,* 10 mai 1894.

(2) *Cons. surveill. Assist. pub.,* 3 août 1888 ; — Béchet, préc., p. 131 ;
— Salva, préc., p. 47.

qu'elles représentent et défendent les intérêts généraux des artistes français et qu'au besoin elles secourent les sociétaires éprouvés par le malheur. Mais tout cela est-il de nature à faire de leur œuvre une œuvre d'intérêt public général, et à donner au public allant admirer les toiles d'un *Puvis de Chavannes* ou d'un *Bastien-Lepage* un privilège, dont ne jouissent pas les auditeurs qui s'en vont applaudir une symphonie de *Beethoven* ou un opéra de *Saint-Saëns?*

D'ailleurs, ce sont moins des secours que des encouragements artistiques que ces Sociétés réservent à leurs membres, et nous ne connaissons guère d'exemples d'artistes tombés dans l'indigence, qui se soient abstenus de frapper, comme les autres malheureux, à la Caisse de l'*Assistance publique,* ou de demander, à l'occasion, un refuge dans des Établissements hospitaliers. Pourquoi, dès lors, ne pas réserver le Droit des indigents, visés par les Lois de l'an V, sur les bénéfices que ces Sociétés parviennent à réaliser dans leur exploitation, en faisant appel au public payant [1]?

104. L'objection tirée de l'absence de perception par l'État de toute redevance lors de l'installation de l'*Exposition industrielle de 1849* n'a point de portée : car il n'a agi, de la sorte, à cette époque, que parce que le Ministre de l'Agriculture et du Commerce avait pris soin d'abandonner intégralement, aux Hospices et aux 12 Bureaux de bienfaisance d'alors, le produit net des entrées payantes (fixées à un franc par personne pour certains jours réservés), des vestiaires, des livrets, et de la vente des objets offerts par les Exposants [2].

105. En tout cas, si le prix d'entrée des *Expositions universelles* échappe à l'impôt, en raison de leur but d'utilité générale, il n'en saurait être de même des redevances perçues dans les différents lieux de plaisir, compris dans l'enceinte même de ces Exposi-

---

[1] *Avis Comité consult. Assist. pub.*, 28 avril 1887, 19 juillet 1888, 21 juillet 1893.

[2] Jagerschmidt, préc., p. 9.

tions : cafés-chantants, théâtres, cinématographes, etc.

La perception en faveur des indigents sur le prix d'entrée spécial, réclamé du public pour ces divers genres de spectacles, est exigible, au même titre que le Droit spécial de patente, que paient les restaurants et cafés, installés dans ces mêmes Expositions [1].

106. Il a été jugé, en ce sens, qu'une Exposition particulière, organisée pour la reproduction de villages exotiques dans l'enceinte d'une *Exposition universelle*, et où le public n'est admis qu'en payant un Droit d'entrée au profit de l'organisateur, est un spectacle passible de l'impôt [2].

7° *Spectacles divers.*

107. Dans tout spectacle où la *publicité* doit jouer le principal rôle, peu importe, pour la perception de la taxe, que le paiement du prix ait lieu à la porte d'entrée ou que l'admission se fasse sur un billet ou une carte d'invitation d'avance achetés ; peu importe aussi le mode d'annonces employé. L'insertion dans les journaux et papiers publics n'est pas une condition nécessaire ; il suffit que le public soit dans l'obligation, pour jouir du spectacle, de payer un prix [3].

Peu importe, enfin, le caractère du divertissement. Toute entreprise, ouvrant à un public payant les portes d'un lieu de réunion quelconque, sans distinction [4], que l'objet de la réunion soit sérieux ou frivole, est, en principe, passible de la taxe [5].

Mais il y aura là, le plus souvent, une question de fait

---

(1) C. État, 12 juin 1891, préc.; Concl. de M. *Le Vavasseur de Précourt;* — Béquet, préc., n. 699.

(2) C. État, 10 mai 1895, *Commune de Villeurbanne*, S. et J. P. 1897. 3. 87; D. 1896. 3. 59; *Pand. fr.*, 1898. 4. 7; *Rec. C. État*, 1895. 309 et 1002; *Rev. étab. bienf.*, 1895. 207; *Journ. des Communes*, 1896. 348; j. *le Droit*, 16 mai 1895; *Monit. jud. Lyon*, 25 mai 1895.

(3) *Avis Comité consult. Assist. pub.*, 1er février 1828.

(4) Loi 24 mai 1834, art. 5.

(5) Jagerschmidt, préc., p. 9.

laissée à l'appréciation du Juge, puisque les lois sur la matière sont simplement *énonciatives*, et non *limitatives*, et que, dans de telles conditions, la Jurisprudence et la Pratique administratives exercent une haute influence.

108. A les étudier de près, on constate, dès l'abord, qu'il faut distinguer, parmi ces spectacles, ceux où le public paie pour entrer, et ceux où, entrant sans payer, avec droit de parcours, il rencontre sur son chemin différents genres de divertissements payants [1].

Ce seront souvent des Séances accidentelles, qui auront dû se munir, au préalable, de l'autorisation de la *Préfecture de police*. Aussi la *Préfecture*, par suite d'un accord intervenu avec l'Administration, avertit-elle, chaque jour, l'*Assistance publique*, pour que celle-ci puisse exercer ses droits.

109. L'*Algérie* est soumise aux mêmes règles. Les fêtes indigènes y sont assimilées aux fêtes où le public est admis en payant, et les recettes auxquelles elles donnent lieu sont assujetties à la taxe [2].

A. *Spectacles à entrées payantes.*

110. Parmi les entreprises jusqu'à présent atteintes par l'impôt, nous citerons :

1° Les assauts, fêtes diverses, séances extraordinaires, acrobates ;

2° Les cabinets de curiosités et d'expériences physiques, musées de personnages en cire, prestidigitations, machines, figures, joûtes et jeux [3] ;

3° Les combats ou expositions d'animaux ;

4° Les chevaux de bois, bascules, chemins de fer circulaires.

5° Les panoramas, dioramas, néoramas, cosmoramas [4];

[1] *Documents pour servir à l'Hist. des hôp. de Paris*, t. II, p. 112.
[2] Loi 7 frimaire an V ; — Décret, 21 août 1806 ; — C. des Comptes, 24 mai 1892 ; *Rev. étab. bienf.*, 1893. 163.
[3] Décis. min., 9 mai 1810 ; — Béquet, préc., n. 694.
[4] Arr. 10 thermidor an XI, art. 2.

6° Les exercices équestres, pantomimes, cirques, hippodromes, vélodromes [1];

7° Les établissements de patinage [2] ;

8° Les exercices de corde raide [3];

9° Les feux d'artifice;

10° Les kermesses ;

11° Les casinos [4];

12° Les jardins ou autres lieux publics à entrées
payantes, où l'on donne des fêtes et concerts [5];

13° Les théâtres pittoresques et mécaniques, et l'exhibition de pièces mécaniques [6];

14° Les troupes ambulantes et spectacles forains.

Mais, depuis l'Arrêté du 27 février 1852 (art. 2 [7]), confirmé en 1878, la perception est supprimée dans *Paris* sur
certains établissements, comme les saltimbanques, physi-
ciens, voitures à chèvres, teneurs de jeux, marionnettes,
dont l'exhibition a lieu dans des baraques fermées, mais
qui stationnent en plein air, dans les *Champs-Élysées,* sur
les boulevards, près la *Barrière du Trône* et autres lieux
non clos ;

15° Les spectacles de curiosités, à qui le Décret du 8 juin
1806 (art. 15) a interdit de porter le titre de théâtres [8];

16° Les ballons captifs ou autres [9];

17° Les fêtes et amusements offerts accidentellement

---

(1) Déc. min. 9 mai 1809; — Lettre *Préfet Seine* au *Cons. gén. des hosp.*,
20 juin 1809; — Lettre Min. int. au *Préf. Seine,* 10 juin 1809; — C. État, 25
avril 1828, préc.; — *Consult.*, Circul. Min. Beaux-arts, 28 avril 1864, D.
1864. 3. 95 ; — Modeste Leroy, *Rapport à la Ch. des députés*, 1897.

(2) C. préf. Seine-Inférieure, 5 juillet 1895, *Rev. étab. bienf.*, 1897,
327.

(3) C. État, 29 octobre 1809, Ribié, S. c. n. t. III. 2. 174 ; *Pand. chron.*,
t. I. 3.24 ; Lebon, t. I. 202; — Dalloz, *Rép.*, vᵒ *Théât.*, n. 119.

(4) *Journ. des Conseill. munic.*, 1885, 266.

(5) Loi 5 thermidor an V; — Arr. 10 thermidor an XI ; — Circul.
26 fructidor an X.

(6) Arrêté 10 thermidor an XI, art. 2; — C. État, 16 février 1832, préc.

(7) V. Décis. min. 1ᵉʳ mars 1855.

(8) Circul. 28 avril 1864, préc.

(9) Ordonn. 8 décembre 1824; — Droin, préc., p. 43.

au public, pour lesquels un prix est payé, sous quelque forme que ce soit [1].

B. *Spectacles à entrée gratuite dans des lieux publics.*

111. Dans les lieux publics où l'en entre sans payer, mais où se trouvent des divertissemement rétribués soit par cachets, soit par abonnements, etc. (jeux, danses, concerts, par exemple), l'impôt atteint le prix payé, sous quelque forme qu'il soit demandé au public, le but de la loi étant de mettre ce genre de divertissements à contribution [2].

C'est par application de ce principe que l'entrepreneur d'un *Jeu de petits chevaux*, installé dans le jardin public d'une station balnéaire avec l'Autorisation administrative, a été imposé sur la recette perçue par lui dans la masse des enjeux, et à chaque tour des petits-chevaux; ce prélèvement est assimilé à un Droit d'entrée pour les personnes qui participent au jeu [3].

Toutefois, le Conseil d'État a annulé cette décision, estimant que l'absence de prix d'entrée dans l'établissement où le jeu était installé et le fait par l'exploitant de se rémunérer uniquement par le prélèvement d'une quote-part sur les enjeux ne permettaient pas l'application de l'impôt, d'une part, parce qu'il n'y a pas là un spectacle; d'autre part, parce que la taxe n'est pas exigible sur les sommes données à titre d'enjeu [4].

112. Mais cette argumentation n'est pas, à notre sens,

---

(1) Circul. 26 fructidor an X ; — V. *Journ. des Conseill. munic.*, 1882, 170.

(2) Décr. 2 novembre 1807, art. 2 ; — Circul. 26 fructidor an X ; — Dalloz, *Code des lois admin.*, t. 2, VIII, 1522.

(3) C. préf. Allier, 9 août 1888, *Rev. étab. bienf.*, 1889, 137 ; — C. préf. Allier, 18 janvier 1889, *Rev. étab. bienf.*, 1889, 138.

(4) C. État, 21 février 1890, préc.; — V. aussi C. État, 12 juin 1891, préc.; — Concl. de M. *Le Vavasseur de Précourt;* — Béchet, préc., n. 116; — Frérejouan du Saint, *Jeu et pari*, n. 147.

de nature à faire échec aux principes déjà exposés par nous.
L'établissement de la perception en de pareils endroits
peut, il est vrai, ne pas être commode ; mais c'est à ceux
qui autorisent ce genre de divertissements à aplanir eux-
mêmes les difficultés, en exigeant des personnes qui solli-
citent les autorisations le versement au comptant, dans la
Caisse de l'Administration, d'une somme fixe, déterminée,
par exemple, dans la proportion des abonnements consentis, au cours des années précédentes, à quelques établissements similaires[1].

C. *Ascenseurs.*

113. Un Ascenseur aérien qui, moyennant une rétribution spéciale perçue au profit de l'entrepreneur, trans-
porte le public au haut d'une tour, en lui procurant, à la
fois, le plaisir d'un mode inusité de locomotion et la vue
du panorama que l'on découvre du sommet, c'est-à-dire
un spectacle naturel, constitue-t-il un divertissement passible de l'impôt? La question est controversée.

Le *Conseil de préfecture de la Seine* s'est, tout d'abord,
prononcé dans un sens favorable à la taxe[2].

114. Mais l'opinion opposée semble aujourd'hui l'em-
porter ; elle n'admet pas que la vue d'une chose naturelle,
telle que le panorama de Paris, procurée en échange d'un
prix au moyen d'un ascenseur, dans l'enceinte d'une exposition, forme un spectacle que l'impôt puisse atteindre.

C'est ainsi qu'il a été décidé, à l'occasion de l'ascenseur
du *Palais du Trocadéro* qui, en vertu d'un traité passé
avec l'État, transportait les visiteurs sur la terrasse de
l'une des tours du monument, que le prix d'entrée ne re-

---

(1) Leguay, *De l'impôt en faveur des indig. sur les spect.* (*Annales
de la Charité*, 1847. 48).

(2) C. préf. Seine, 26 mai 1880, préc. ; — *Avis Comité consult. Assist.
publ.*, 14 juin 1888 et 24 avril 1890 ; — Béchet, préc., p. 132 ; — Béquet, préc., p. 698.

présentait que le prix du transport. Il est vrai que l'ascenseur n'élevait pas seulement le visiteur au sommet de la tour; il le pouvait arrêter aux stations intermédiaires, et, en raison même du contrat avec l'État, il servait aussi au transport des employés et du matériel administratif. De plus, il figurait au nombre des produits exposés, et le concessionnaire de l'ascenseur n'était lui-même pas concessionnaire de la plate-forme où aboutissait l'appareil[1].

§ 3. Théâtres.

A. *Généralités.*

115. De toute l'œuvre du législateur, se dégage cette pensée qu'il faut mettre le plaisir à contribution[2], et, à en juger par la longue série des mesures prises, c'est surtout le plaisir du théâtre qu'il a eu en vue.

116. L'entrée du théâtre est subordonnée à la présentation d'un billet, qui représente, d'ordinaire, à la fois, le prix de la place et celui de la taxe des pauvres.

117. Il existe plusieurs sortes de billets de spectacles :
Les billets ordinaires ;
Les billets d'auteur ;
Les billets de service, dont l'Administration théâtrale dispose, généralement, en faveur de la *claque* ;
Les billets de faveur ou gratuits ;
Les billets à *droits*, que l'entreprise théâtrale a l'habitude de vendre, à prix réduits, en dehors des bureaux du théâtre ;
Les billets de *concession*, qu'elle vend, au début de

---

(1) C. État, 25 janvier 1884, préc.; — C. préf. Seine, 25 janvier 1891, *Ascens. du Palais du Trocadéro. Jurisp. Cons. préf.*, 1891. 57; *Mém. perc.*, 1891. 139; *Rev. étab. bienf.*, 1891. 76; *Journ. du droit admin.*, 1891. 246; *Gaz. trib.*, 8 février 1891; — V. G. Bureau, *Le Théâtre et sa législat.*, p. 271.
(2) Circul. 26 fructidor an X.

l'année, à forfait et au comptant, à un concessionnaire [1].

118. Le *Droit des pauvres* est perçu dans tous les établissements où se donnent des pièces de théâtre.

En 1829, pour le garantir des fraudes, telles que celles pouvant résulter de l'abus de billets en apparence gratuits, la fermeture obligatoire de tous les théâtres clandestins avait été prescrite [2].

119. Les subventions que reçoivent certains théâtres, pour services rendus à l'Art dramatique ou musical, ne sont pas une cause d'exemption de la taxe [3].

120. La redevance atteint tous les billets et entrées, délivrés à prix d'argent au public, à quelque titre et sous quelque forme qu'ils soient détenus [4].

121. Ainsi, les actions d'une entreprise de théâtre qui, tout en n'attribuant à leur possesseur aucun droit dans l'entreprise, lui confèrent, moyennant un prix payé d'avance, une entrée à vie et un droit à un certain nombre de billets, constituent de véritables abonnements, passibles de la taxe [5].

Il n'est pas nécessaire, du reste, pour que la redevance soit perçue, que le prix du billet ait été acquitté en espèces; il suffit que ce prix soit facilement déterminable [6].

122. Le *Droit des pauvres*, étant exigé comme impôt pour les indigents dans un intérêt public, n'est pas dans le commerce; il ne peut être modifié ou détruit par l'effet d'une convention ou de la libéralité de la Direction théâ-

---

(1) Latruffe-Montmeylian, *Précis pour l'Admin. des hosp.*; Huzard, 1829, p. 36.

(2) Ordonn. Préfet police, 31 janvier 1829.

(3) C. État, 16 mai 1879, *Th. du Vaudeville*, D. 1880. 5. 360; *Bull. off. min. int.*, 1879. 144; *Rec. C. État*, 1879. 386; *Mém. perc.*, 1880. 262; *Rev. gén. d'admin.*, 1879. 2. 202; j. le *Droit*, 25 mai 1879.

(4) C. préf. Seine, 25 février 1864, j. le *Droit*, 28 février 1864; de Watteville, *Législ. charit.*, t. III, p. 17.

(5) C. État, 31 août 1828, *Th. du Gymnase*, S. c. n. t. 9. 2. 148; J. P. adm. chron.; Roche et Lebon, 1828. 700; *Mém. perc.*, 1829. 303; Dalloz, *Rép.*, v° *Théât.*, n. 127.

(6) V. *suprà*, n. 53.

trale : d'une part, parce qu'il dérive de la loi, qu'il n'est
pas permis d'enfreindre ; d'autre part, parce que, dépen-
dant du patrimoine des pauvres, il n'est pas à la discrétion
de l'entrepreneur de spectacles.

123. Prélevé *en sus* du prix d'entrée, c'est-à-dire
en dehors de ce prix, indépendamment de lui et *par augmentation*, il en est nécessairement distinct. Il n'entre
pas, à proprement parler, dans les recettes du théâtre.
Chaque entrée porte avec elle un prix destiné au théâtre et
un prix destiné aux indigents ; et, de ce dernier, les directeurs de spectacles ne sont que les percepteurs obligés et
les dépositaires.

Si le produit de l'impôt avait dû se confondre avec les
recettes de l'entreprise, il n'était pas utile que l'Arrêté du
29 frimaire an V chargeât ces directeurs de percevoir la
taxe des pauvres : car on ne s'expliquerait pas qu'un commerçant eût besoin d'être contraint par mesure administrative à faire ses propres recettes.

C'est donc bien là une preuve nouvelle que les représentations théâtrales ne sont que le moyen, l'occasion, et
non la matière de la perception [1].

124. La taxe atteint tous les billets d'entrée, nonobstant les combinaisons qui tendraient à en dissimuler
le prix, soit par leur vente ailleurs qu'aux bureaux du
théâtre, soit par le profit, direct ou indirect, que tenterait d'en
tirer la Direction, en les faisant servir, par exemple, au
paiement des frais, tout en les ayant, en apparence, délivrés gratuitement [2].

---

(1) Latruffe-Montmeylian, *Précis pour l'Adm. des hosp.*, p. 19.

(2) C. préf. Seine, 27 août 1829 ; Roche et Lebon, t. 4. 397 ; *Mém.
perc.*, 1829. 299 ; — C. préf. Seine, 1er juin 1830, *Acad. roy. de musique*; —
C. État, 26 décembre 1830, Ducis, S. c. n. t. 9. 2. 500 ; J. P. adm. chron. ;
Roche et Lebon, 1830. 582 ; Dalloz, *Ré.p*, v° *Théâtre*, n. 126 et 132 ; —
C. État, 8 janvier 1831, Caruel-Marido, J. P. adm. chron. ; *Pand.
chron.*, t. 2. 3. 7 ; Roche et Lebon, 1831. 11 ; *Mém. perc.* 1831. 366 ; *Gaz.
trib.*, 21-22 février 1831 ; Dalloz, *Rép.*, v° *Théâtre*, n. 126 et 135 ; — C. préf.
Seine, 7 mars 1831 ; — C. État, 8 juin 1854, S. 1854. 2. 796 ; J. P. adm.

125. L'œuvre qui organise une représentation, à laquelle on est admis sur des invitations distribuées par les sociétaires, soit en Ville, soit à l'entrée même de la salle, mais avec cette circonstance que le nom du titulaire n'est inscrit sur la carte qu'au moment même où elle lui est remise, et que les personnes munies de cartes ont la faculté de retenir des places de choix moyennant un modique versement, ne donne pas ainsi une représentation privée et gratuite, et le *Droit des pauvres* doit être perçu. La loi veut, en effet, que les pauvres aient leur part dans toute fête, quelle qu'elle soit, où l'on est admis en payant. Il n'y a pas lieu de s'arrêter à la façon dont ce paiement s'opère; il suffit qu'il intervienne sous une forme ou sous une autre [1].

126. Au reste, l'application de l'impôt en matière de théâtres a soulevé de nombreuses discussions, qu'il convient d'aborder maintenant.

B. *Entrées à vie, coupons d'actions, cession de bail.*

127. Les théâtres, dont la formation exige toujours de grands capitaux, sont souvent montés en société, et parfois certains associés, commanditaires ou actionnaires, se font délivrer avec les titres, en échange de leurs versements en espèces, un certain nombre de billets attachés à l'action; ce n'est, au fond, qu'une part de dividende, une sorte d'abonnement acheté moyennant un prix fixe acquitté d'avance. Ces billets sont atteints par la taxe [2].

chron.; D. 1855. 3. 2; *Pand. chron.*, t. 3. 3. 45; *Rec. C. État*, 1854. 552; *Gaz. trib.*, 14 juin 1854; j. le *Droit*, 12-13 juin 1854; Dalloz, *Rép.*, v° *Théâtre*, n. 130; — V. cependant C. État, 5 août 1831, préc.; — Béquet, préc. n. 706.

(1) C. État, 17 février 1899, préc.

(2) C. État, 31 août 1828, préc.; — C. préf. Seine, 27 août 1829, préc.; — C. préf. Seine, 9 décembre 1829, Roche et Lebon, t. 4. 646; — C. État, 14 septembre 1830, Ducis de Saint-Georges, S. c. n. t. 9, 2. 148; J. P. adm. chron.; *Pand. chron.*, t. II. 3. 5; Roche et Lebon, 1830, 426; Dalloz,

128. De même, la taxe est due sur la concession, par le Directeur de théâtre, de stalles d'orchestre, pour toute la durée de son privilège, à des banquiers qui auraient promis — que la combinaison ait abouti ou non ! — de faire faire les avances d'argent nécessaires pour achever la construction de la salle [1].

129. De ce que le *Droit des pauvres* est distinct du prix d'entrée dû au théâtre, il résulte qu'une convention particulière relative aux places réservées ou une transaction sur le prix d'entrée ne peuvent réagir sur l'impôt, qui est essentiellement et doit continuer de rester à la charge du spectateur; le Directeur n'est tenu que de livrer aux actionnaires leurs libres entrées [2].

130. Sont aussi passibles du *Droit* les places, dont le propriétaire d'une salle s'est réservé la jouissance par une clause du bail, du moment qu'elles ne peuvent être considérées comme concédées à titre gratuit; elles représentent alors une partie du loyer; la diminution du prix d'achat ou de location obtenue par le Directeur n'est plus autre chose que l'équivalent d'une recette anticipée [3].

131. Il en est encore de même des places (loges et stalles), pour lesquelles le Directeur perçoit, outre le prix d'entrée prélevé à la porte du théâtre, un Droit de location pour le compte du propriétaire de la salle, en vertu de réserves insérées dans le bail; en ce cas, l'impôt doit être acquitté sur le prix de location ou d'abonnement

---

Rép., v° *Théât.*, n. 127, 129 et 137 ; — *Avis Comité consult. Assist. pub.*, 24 juillet 1828 ; — Béquet, préc., n. 711 ; — *Rev. étab. bienf.*, 1886. 53. Les billets de faveur sont-ils passibles du *Droit des pauvres?*

(1) *Avis Comité consult. Assist. pub.*, 29 décembre 1876.

(2) Seine, 24 février 1844, *Gaz. trib.* et j. *le Droit*, 25 février 1844 ; — Dalloz, *Rép.*, v° *Théât.*, n. 131 ; — Trib. comm. Seine, 28 février 1844, préc.; — V. *infrà*, n. 135.

(3) C. État, 8 juin 1854, préc., réformant une décision contraire du C. préf. Seine, 17 janvier 1852 ; — C. préf. Seine, 28 janvier 1878, D. 1878. 3. 76 ; *Jurisp. Cons. préf.*, 1878. 57 ; — C. État, 16 mai 1879, préc.; — *Avis Comité consult. Assist. pub.*, 19 juin 1830, 10 février 1851, 13 février 1852.

comme sur le prix d'entrée : car ce sont les deux perceptions qui composent, au total, le prix réel de ces places [1].

132. Quoique, dans ces diverses espèces, le spectateur (c'est-à-dire le propriétaire) soit, aux yeux de la loi,
le seul contribuable, l'*Assistance publique* n'en a pas moins
la faculté de contraindre le Directeur à acquitter l'impôt,
sauf le recours que peut exercer ce dernier, pour se faire
rembourser la taxe afférente à la valeur locative des places réservées [2].

133. *Le Comité consultatif de l'Assistance publique de
Paris* avait émis l'*avis* qu'en ce qui concerne les loges réservées par bail au propriétaire, il importe peu, au surplus, pour le recouvrement de la taxe, que le prix en soit
payé en bloc, en une seule fois, ou en détail, et à chaque
représentation [3].

134. Il a, cependant, été jugé, en sens contraire, —
mais ce sont là questions d'interprétation d'intention et de
contrat réservées à la compétence des Tribunaux civils, —
que le Directeur, qui acquitte une partie de son loyer en
loges et en entrées et paie ainsi un prix moins élevé, doit
supporter tout ce qui est l'accessoire de la location des loges et de la concession des entrées.

S'il en était autrement, il y aurait, au préjudice du
bailleur, une diminution du loyer, contraire au sens littéral
des conventions et à la commune intention des parties :
car en se réservant ces places, le propriétaire a entendu
en jouir, sans avoir rien à débourser; il avait dû les estimer, lors du contrat, au prix fixé par le tarif, prix dans lequel se confond la taxe charitable [4].

135. Si, en cas de cession de théâtre, les contractants

(1) C. État, 24 juillet 1862, *Bur. de bienf. de Carcassonne*, D. 1863. 3.
29; Lebon, 1862. 602; *Journ. des Communes*, 1862. 260; J. P. adm. chron.
(2) Trib. Seine, 24 février 1844, préc.; — Trib. comm. Seine, 28 février
1844, préc.; — *Avis Comité consult. Assist. pub.*, 11 juin 1866.
(3) *Avis Comité consult. Assist. pub.*, 6 mai 1829.
(4) Trib. Seine, 17 avril 1844; — Béchet, préc., p. 114; — Lacan et
Paulmier, préc., t. I, n. 139.

ont fait une convention relative au *Droit des pauvres,* et si l'*Assistance publique* a consenti une réduction, cette convention doit recevoir effet [1].

136. Si, par exemple, un Directeur a cédé le bail de son théâtre, en imposant à son successeur l'obligation de laisser les concessionnaires jouir de loges gratuites comme par le passé, le nouveau Directeur a, par cela même, consenti à supporter le *Droit des pauvres* [2].

137. Toutefois, les héritiers d'une personne, à qui une loge a été assurée avec décharge du *Droit des pauvres*, en vertu d'une convention qui modifiait les obligations résultant respectivement pour le propriétaire et le preneur du bail originaire, ne peuvent opposer cette convention au cessionnaire du bail, qui leur réclame le montant de l'impôt qu'il a dû acquitter, depuis lors, lui-même, si cette convention n'a pas été enregistrée et n'a pas acquis date certaine antérieurement à la cession, aux termes de l'article 1328 du Code civil[3].

138. Si, au moment de la cession de son bail, un Directeur a convenu qu'en cas d'abolition, réduction ou modification du *Droit des pauvres* dans certaines circonstances exceptionnelles (dans l'espèce, les événements de 1871), il profiterait de cette réduction jusqu'à une certaine époque et à concurrence d'une somme déterminée, et si effectivement l'impôt est réduit, il ne saurait cependant réclamer du cessionnaire, en vertu d'un tel contrat, le montant de la réduction consentie, dès lors que le contrat spécifie qu'il faut une modification ou une abolition de la taxe résultant d'une loi, d'un décret ou d'une ordonnance, et du moment qu'en fait, la modification survenue ne procède ni d'une loi, ni d'un décret, ni d'une

---

(1) Trib. comm. Seine, 4 avril 1872, *Gaz. trib.* et j. *le Droit,* 14 avril 1872 ; — V. *suprà,* n. 129.

(2) Trib. Seine, 26 juin 1846, *Gaz. trib.* et j. *le Droit,* 27 juin 1846.

(3) Trib. Seine, 12 novembre 1890, j. *le Droit,* 30 octobre et 16 novembre 1890.

ordonnance, mais seulement du malheur des temps et de
la force majeure[1].

C. *Rémunération de services.*

139. Lorsque les services d'une personne sont rému-
nérés en Droits d'entrée, il a été décidé que le *Droit des
pauvres* a été compris dans la fixation de l'évaluation des
services rendus, et que c'est, dès lors, le Directeur du
théâtre qui en doit le montant et en est responsable[2].

140. Il en est de même, suivant nous, des entrées
gratuites, soit temporaires, soit permanentes, que donnent
les Directeurs en échange d'*annonces* et de *réclames*,
puisque c'est encore sur le pied essentiellement primitif
du troc en nature que sont établies aujourd'hui les relations
des théâtres avec ceux qui leur rendent ce genre de services, comme leurs relations avec les *Journalistes* [3].

D. *Représentations à bénéfice, représentations gratuites, représentations extraordinaires.*

141. Le Décret du 9 décembre 1809 (art. 4) exempte[4]
de tous Droits les représentations gratuites et les représentations à bénéfice ; pour ces dernières, l'exemption porte
sur l'augmentation accidentelle mise au prix ordinaire des
places [5].

---

(1) Paris, 27 août 1872, j. *le Droit*, 1er septembre 1872.
(2) Trib. Seine, 25 janvier 1844, j. *le Droit*, 26 janvier 1844 ; — Paris,
8 avril 1845, Chabrier, *Gaz. trib.*, 9 avril 1845 ; j. *le Droit*, 10 avril 1845;
Dalloz, *Rép.*, v° *Théât.*, n. 117 et 131 ; — Trib. Seine, 26 juin 1846, préc.;
— Trib. Seine, 25 janvier 1851. j. *le Droit*, 31 janvier 1851 ; *Gaz. trib.*,
2 février 1851 ; Dalloz, *Rép.*, v° *Théât.*, n. 131 ; — Paris, 3 décembre 1860,
j. *le Droit*, 21 décembre 1860 ; — Dalloz, *Code des lois admin.*, t. 2, VIII,
1548.
(3) de Molinari, *La Liberté des théâtres* et *le Dr. des pauv.*, *Journ.
des économistes*, mars 1869.
(4) *Bullet. des lois*, 1839, p. 173.
(5) Inst. 26 fructidor an X ; — Inst. Min. int., 19 décembre 1809 ; —
C. État, 10 février 1817.

En ce qui concerne les représentations gratuites, la mesure s'explique d'elle-même; la taxe n'est, en effet, établie que sur les recettes, dont elle dérive; or, dans ce cas, il n'y a pas de recettes.

En ce qui concerne les représentations à bénéfice, la raison d'être de l'immunité est dans le caractère de bienfaisance des représentations, qui ont pour but de venir en aide à des artistes malheureux ou âgés.

« Le doublement ou toute autre augmentation du prix des places, — porte l'*Instruction ministérielle* du 19 décembre 1809, envisageant la question à un nouveau point de vue, — est un avantage que le public veut bien assurer aux artistes, pour lesquels le spectacle a lieu; pour cet acte de bienfaisance, il ne serait pas juste qu'il payât, de plus, le *décime par franc* de l'*augmentation* à laquelle il veut bien souscrire. »

142. Mais les représentations au bénéfice des pauvres ou d'établissements de charité autres que les indigents secourus à domicile ou les établissements hospitaliers dirigés par l'*Assistance publique officielle*, seules catégories de malheureux auxquelles la Loi du 8 thermidor an V (art. 3) réserva uniquement le produit du *Droit des pauvres*, avant la Loi de 1893 sur l'Assistance médicale gratuite, restent, en principe, soumises à la retenue, dans les limites du taux ordinaire de perception [1].

La taxe est due, non par l'entreprise théâtrale elle-même, mais par les sociétaires auxquels doivent profiter les recettes.

Il va de soi, d'ailleurs, que cette exemption de pure faveur ne s'applique qu'aux artistes qui ont droit, par leurs engagements, aux représentations à bénéfice, ou qui les obtiennent lors de leur retraite, ou à leurs veuves ou enfants au profit de qui elles sont données, à raison de la position précaire dans laquelle ils se trouvent. Elle n'a

---

[1] Trib. Seine, 11 avril 1851, j. *le Droit*, 2 mai 1851; *Gaz. trib.*, 16 juin 1851; Dalloz, *Rép.*, vº *Théât.*, n. 121.

rien de commun avec les concerts ou autres fêtes publiques que des particuliers donneraient à leur profit et par esprit de spéculation personnelle, ni avec les représentations extraordinaires, où le prix n'aurait été augmenté par autorisation accidèntelle que dans l'intérêt du théâtre [1].

143. Toutefois, dans la pratique, l'*Assistance publique de Paris* a, maintes fois, — (et nous n'oserions pas prétendre que, tout humain que cela semble, ce ne soit pas quelque peu irrégulier), — étendu l'exemption à des représentations données dans un but charitable, soit pour aider d'anciens artistes ou auteurs tombés dans la misère, soit pour secourir des malheureux inopinément frappés par un incendie, une inondation, un désastre, une calamité quelconque [2].

« Il ne faut pas, — fait, d'ailleurs, remarquer *Dalloz* [3], — rigoureusement interpréter cette expression de la loi [4] : *uniquement*. Quand un artiste est indigent, lui enlever le quart de la recette, ce serait lui enlever à peu près tout le bénéfice de la représentation; car il y a des frais indispensables qu'il faut aussi et d'abord prélever ».

Mais n'est-ce pas interpréter un peu trop arbitrairement les textes, et, sous prétexte que la loi parle du produit de la taxe *consacré aux Secours à domicile*, peut-on aller jusqu'à affirmer que, dès qu'un artiste est complètement indigent, le *Droit des pauvres* devient pour lui un véritable Secours à domicile, et qu'on rentre ainsi dans les termes et dans l'esprit de la Loi du 8 thermidor an V ?

E. *Billets de faveur, entrées gratuites.*

144. Sous Louis XVI, une Ordonnance du 2 avril 1780, s'inspirant des Ordonnances antérieures des 11 octobre

---

(1) Inst. Min. int. 19 décembre 1809 ; — C. État, 24 février 1817, *Hospice de Bordeaux*, J. P. adm. chron.; *Bull. des lois*, 1851. 155;— Dalloz, *Rép.*, vº *Théât.*, n. 125. 135.

(2) L. Say, *Dictionnaire des fin.*, vº *Théât.*, art. de M. *Nielly;* — V. *Bull. off. Min. int.*, 1850, t. I, p. 369.

(3) *Répert.*, vº *Théât.*, n. 135.

(4) Loi 8 thermidor an V, art. 3.

1720, 18 janvier 1745, 24 décembre 1769 et 29 mars 1776, défendait d'entrer aux spectacles sans payer.

L'usage des billets de faveur était alors inconnu, et l'on n'avait à redouter d'abus que relativement aux entrées gratuites.

Pour y obvier, il n'était permis d'entrer à l'*Opéra* que si l'on était inscrit sur l'état des entrées gratuites arrêté par les ordres du Roi, et seulement à partir de la quatrième représentation[1].

Les abus ne s'en produisaient pas moins, et un Arrêté du Conseil d'État du 13 mars 1784 (art. 18, § 1) dut chercher à en prévenir le retour.

145. Les billets de faveur n'apparurent guère qu'après l'établissement du *Droit des pauvres* par les Lois de l'an V.

On les peut classer en deux catégories :

1° Ceux qu'on accorde, suivant l'usage, aux trois premières représentations et aux reprises, à toutes les personnes que le devoir professionnel, et non le plaisir, appelle à fréquenter le théâtre : journalistes, auteurs, éditeurs, et ceux qu'on remet, chaque jour, aux personnes auxquelles leurs fonctions imposent l'assistance aux représentations : agents de la *Direction des Beaux-Arts* ou du *Ministère de l'Intérieur*, Autorités civiles et militaires nécessaires au maintien du bon ordre.

C'est ainsi que la *Préfecture de police,* à *Paris*, reçoit journellement, pour l'exercice de sa surveillance, un coupon de loge et deux billets individuels par théâtre [2].

En *province*, des Arrêtés préfectoraux fixaient le nombre d'agents de la police pouvant, chaque jour, avoir librement accès dans les théâtres [3], et l'Ordonnance des 8-21

---

(1) Ordonn. 29 mars 1776, Isambert, *Rec. des anc. lois franç.*, t. 23, p. 520.

(2) *Cons. gén. hosp.*, 5 novembre et 23 décembre 1829 ; — Husson, *Mém. au Cons. de préf. sur les billets d'auteur vendus au public*, 1863.

(3) Un Arrêté du Préfet de la Gironde du 22 avril 1816 fixait ce nombre à seize.

décembre 1824, relative aux théâtres des Départements,
modifiée par l'Ordonnance des 15-28 mai 1831, généralisa
cet état de choses et confia aux Maires « le soin de veiller,
dans l'intérêt des pauvres, à ce qu'il ne soit accordé d'autres entrées gratuites qu'à ceux des agents de l'Autorité
dont la présence est jugée indispensable pour le maintien
de l'ordre et de la sûreté publique [1] ».

Aujourd'hui encore, c'est le Maire qui est chargé généralement, en *province*, de surveiller l'exécution des Lois sur
la perception du *Droit des pauvres* [2].

A *Paris*, du reste, l'*Assistance publique* a toujours usé,
dans l'appréciation de ce genre de billets, d'une large et
équitable tolérance, et il avait même été, un instant, question
qu'elle s'entendît avec l'Administration municipale et les Directeurs de théâtres, pour qu'on déterminât par un Règlement
général les limites de la tolérance, par exemple, en fixant
par avance le nombre des entrées mises gratuitement à la
disposition des Auteurs des pièces nouvelles, etc. [3].

2° Ceux que la Direction théâtrale réserve à certaines
personnes avec lesquelles elle a fait des arrangements
spéciaux (*billets de concession,* billets réservés aux agents
de la *Société des Auteurs dramatiques,* etc.), ou qu'elle
distribue, gratuitement et complaisamment, à nombre de
quémandeurs, qui ne lui rendent d'autre service que de remplir la salle, lorsque, le succès d'une pièce étant sur le point
de s'épuiser ou la température élevée menaçant de faire
le vide, il faut par tous moyens essayer de garder ou de
ramener dans la salle désertée le public payant; d'autant que,
si la tentative réussit, les recettes ne fléchiront pas, et l'on

---

(1) Latruffe-Montmeylian, *Précis pour l'Admin. des hosp.*, 1829 ; —
Thunot, *Réponse de l'Admin. des hôpit.*, au Mém. des Direct. de théât.
de Paris, 1831.

(2) Circul. 16 novembre 1876 ; — Dalloz, *Code des lois admin.*, t. I, VIII,
1984.

(3) Husson, Note (manuscrite) sur l'augmentation apportée par les Directeurs des théâtres de *Paris* dans le prix de leurs places depuis le Décret
du 6 janvier 1864 (10 mars 1869). *Archiv. Assist. publ.*

aura, du même coup, sauvegardé le *Droit des pauvres* [1].

146. Au surplus, dans les années qui suivirent les Lois de l'an V, point de départ du régime actuel, l'*Administration hospitalière* ne percevait l'impôt que sur les recettes brutes effectuées en espèces sur les billets d'entrée et les abonnements payants.

Mais les entrepreneurs de spectacles trouvant, dans ces billets de faveur, un moyen ingénieux d'acquitter une partie de leurs engagements, la profusion de leur distribution, en apparence gratuite, rompit bientôt, au détriment des pauvres, la juste proportion qui devait, au vœu de la loi, exister entre le produit des recettes et le nombre des places occupées. C'étaient, d'ailleurs, principalement les meilleures places qui se donnaient dans les plus larges proportions; ainsi, l'on a pu constater [2] qu'en 1845, dans les théâtres de premier ordre, il entrait deux payants pour deux non-payants; dans les théâtres de genre, trois payants pour un non-payant; dans les théâtres populaires, quatorze payants pour un non-payant, et qu'en 1869 le chiffre des places gratuites s'élevait annuellement à plus de 1.200.000.

Les billets de faveur avaient même fini par devenir l'objet d'un trafic scandaleux, montant à des sommes considérables, et, si les Administrations de théâtres en étaient parfois les victimes, les pauvres en souffraient bien plus gravement encore.

Pour remédier au mal, tandis que, d'une part, les Directeurs tentaient d'imposer aux porteurs de billets gratuits l'obligation de ne pas quitter la salle durant la représentation, et de percevoir pour chaque billet de faveur un Droit de 0,25 centimes, passible, d'ailleurs, de la taxe des indigents [3], un *Avis du Conseil d'État* du

---

(1) Latruffe-Montmeylian, *Précis pour l'Admin. des hosp.*, p. 34.

(2) Procès-verbaux (autographiés) de la *Commission du Droit des pauvres*, de 1869, n. 2, p. 8; 5, p. 3; 6, p. 15 et 16.

(3) Deloche et Barthe, *Mémoire pour les Théâtres de Paris* contre M. Locré de Saint-Julien, 1829, p. 12.

29 thermidor an XIII [1], qui, vu l'époque, avait force de
loi, prescrivait, d'autre part, « les mesures à prendre par
les Autorités locales pour prévenir l'abus des billets gratuits, empêcher les fraudes et assurer la perception de
l'impôt [2]. »

Mais ces mesures étaient encore insuffisantes, et l'*Administration des hospices* se décida à demander au Ministre de l'Intérieur de faire élaborer par le Conseil d'É-
tat un Projet qui taxerait les billets de faveur.

Le Conseil d'État émit, le 4 fructidor an XIII, sur cette
Proposition, un *avis* défavorable, estimant qu'un Décret
n'était pas nécessaire, et que c'était aux Autorités d'aviser [3].

« Si quelques entrepreneurs de spectacles ou fêtes publiques distribuent, — disait-il, — un trop grand nombre
de billets gratuits et privent par là les pauvres d'une partie des droits que la loi a établis à leur profit, cet abus
n'est pas tel, qu'il soit nécessaire de chercher à y apporter
remède par un Décret, et c'est aux Autorités à y pourvoir.
Le mode de comptabilité suivi dans les grands établissements existant à *Paris* ne permet pas les abus dans la distribution des billets ; dans beaucoup de Départements, des
mesures locales ont été prises pour prévenir la fraude et
assurer la conservation du *Droit des pauvres*. En conséquence, le Conseil d'État est d'*avis* qu'il n'y a pas lieu
d'assujettir les billets d'entrée gratis au paiement de la
taxe ».

147. Les Autorités répondirent à cet appel.

Un Règlement du Ministre de l'Intérieur du 25 avril
1807 (art. 17), pour les théâtres de *Paris* et des Départements, défendit les entrées gratuites ; et, de plus, à *Paris,*

---

(1) *Rec. Min. int.*, t. 1. 416.
(2) de Watteville, *Code de l'Admin. charit.*, § 5, p. 54.
(3) Circul. Min. int., 8 fructidor an XIII ; — de Watteville, *Législ. charit.*, t. I, p. 129 ; — Lacan et Paulmier, préc., t. I, n. 141 ; — Pector,
préc., p. 169.

un Décret du 1er novembre 1807 (art. 26) interdit toutes réserves de loges, entrées de faveur et de bienveillance, billets gratis et facilités semblables dans les *quatre grands théâtres*, et, estimant sans doute cette mesure suffisante, sans qu'il fût nécessaire d'en étendre expressément l'application aux autres théâtres, le Décret du 9 décembre 1809 (art. 4) se contenta d'exempter de tout Droit sur l'augmentation mise au prix ordinaire des billets les représentations gratuites et à bénéfice.

Et, depuis lors, les Lois annuelles de finances, en vertu desquelles seules est, désormais établi, le *Droit des pauvres*, sont restées muettes sur la question des billets de faveur.

148. Dans les Départements, également, les billets gratuits furent imposés en plusieurs Villes : *Bordeaux, Lyon, Marseille*, etc.

A *Bordeaux*, par exemple, les billets gratuits payaient l'impôt, comme s'ils avaient été pris au bureau; ils devaient porter en gros caractères le mot : *gratis*, et leurs formes variaient, suivant les places auxquelles ils donnaient droit.

Il y eut, même, un temps où la taxe devait être perçue à l'avance, d'après la durée du titre donnant droit à l'entrée gratuite et d'après la place assignée par ce titre; et le Directeur, à défaut du porteur du titre, était responsable du paiement [1].

A *Lyon*, les porteurs de billets de faveur acquittaient, chaque jour, à la fin du spectacle, l'impôt entre les mains du préposé des Bureaux de bienfaisance, au prix ordinaire des billets achetés aux bureaux du théâtre, et ce mode de procéder fut, plus tard, remplacé par un abonnement annuel payé par les Directeurs [2].

149. Toutes ces mesures n'empêchèrent pas, à un

---

[1] Lettre du Min. de la Police génér. du 22 frimaire an V; — Arr. Commiss. gén. de police du 16 frimaire an IX; — Arr. Préf. Gironde, 16 fructidor an X et 22 avril 1816; — Ordoun. 8 décembre 1824.

[2] Latruffe-Montmeylian, *Précis pour l'Admin. des hosp.*, 1829.

moment donné, le trafic organisé de devenir intolérable. Les billets de faveur se vendaient, parfois, jusqu'aux portes des théâtres.

En 1831, à *Paris*, vingt-quatre bureaux connus s'étaient formés pour l'exercice de cette industrie ; des cafés, des cabinets de lecture avoisinant les théâtres spéculaient sur ce commerce illicite [1], et, à maintes reprises, les *avis du Comité consultatif de l'Assistance publique* durent proposer, à nouveau, d'imposer les billets de faveur [2].

150. Les Directeurs de théâtres, à leur tour, firent, en 1845 et en 1849, de semblables propositions, mais en sollicitant, du même coup, un dégrèvement en compensation [3].

151. Tout récemment, enfin, le *Comité des Directeurs de théâtres de Paris* [4], en même temps qu'il concluait à l'autorisation des *billets à droits*, à la tenue d'un Livre d'entrées, à la non-admission du public aux répétitions générales ou ordinaires, — sauf les Auteurs et leurs familles, — décidait la suppression graduelle des *billets d'affichage* jusqu'à extinction des Traités de publicité, et celle des *billets de faveur*, en dehors des trois premières représentations de chaque Ouvrage.

152. On peut juger, par cet historique, de l'importance de la question des *billets de faveur*.

Doivent-ils ou non être soumis au *Droit des pauvres?*
La controverse n'est pas encore éteinte.

153. *Premier système.* — Le texte et l'esprit de la loi, — dit-on dans un premier système, — exigent que les billets

---

(1) Lettre *Préfet Seine* aux hosp., 3 août 1820.

(2) *Avis Comité consult.*, 19 août 1826, 11 mars et 13 mai 1828, 11 avril 1829 ; — V. aussi Circul. Préfet police, 20 novembre 1850, en ce qui concerne le trafic des billets par intermédiaires ; — Ordonn. police, 22 novembre 1838, en ce qui concerne le trafic sur la voie publique ; — Inst Préf. police, 17 novembre 1829 ; — Circul. Préf. police, 9 mars 1822, 10 décembre 1835, 13 octobre 1836, 30 décembre 1855, en ce qui concerne les fraudes.

(3) Béchet, préc., p. 100 ; — L. Hesse, préc., p. 187.

(4) Délibér. des 15 et 18 mai 1892 ; — V. j. le *Temps*, 30 mai 1892.

de faveur soient exemptés de l'impôt. Le *Droit des pau-*
vres ne peut être réclamé que sur des billets d'entrée et
sur des abonnements payants, produisant un *prix*, une
recette pour le théâtre; il faut donc une vente réelle.

C'est, d'ailleurs, sur les *profits* des spectacles, c'est-à-
dire sur les sommes reçues pour l'entrée, que l'Ordonnance
de 1699 autorisait le prélèvement de la taxe. Sans doute,
la Loi du 8 thermidor an V (art. 1), en édictant que l'impôt
continuera à être perçu *en sus* du prix de *chaque billet*
d'entrée, semble entendre par là : *chaque place occupée*,
sans tenir compte de la recette. Mais l'esprit de la loi ressort de l'article 2 qui, pour les réjouissances publiques
autres que les théâtres, maintient l'assiette de l'impôt sur
les *recettes brutes :* ce qui suppose essentiellement qu'un
prix a été payé [1].

Comment, du reste, les billets de faveur et entrées gratuites pourraient-ils faire partie de la recette [2], puisque,
ces billets ne donnant lieu au paiement d'aucun *prix,* il
n'y a pas de recette [3]?

Dans de telles conditions, ordonner la perception de
l'impôt d'après l'évaluation des billets d'entrée, au lieu de
la faire d'après leur prix, ce serait la calculer non plus sur
une recette réelle encaissée, mais sur une recette fictive.

Or, le Droit de contrôle qui appartient à l'*Assistance pu-*
blique ne s'étend pas au-delà de l'examen de ce qui est
entré dans la Caisse du théâtre.

On ne pourrait décider autrement que si le législateur
se fût expliqué pour les billets de faveur, comme il a fait
pour les abonnements.

Du moment qu'il a exempté les représentations gratuites, pourquoi n'aurait-il pas étendu à un individu isolé
l'immunité qui s'applique à tout un public, dès lors

---

(1) Fleury-Ravarin, préc., p. 222.
(2) Loi 7 frimaire an V, art. 2.
(3) C. État, 5 août 1831, préc. ; — V. Lettre Min. int., 15 nivôse an V ;
— Règl. Min. int., 25 avril 1807 ; — *Rev. étab. bienf.,* 1886. 53, préc.

que la représentation est, pour lui aussi, gratuite (!)!

154. D'ailleurs, la pratique théâtrale confirme singulièrement cette manière de voir.

Sur le *Registre de recettes* des théâtres ne figurent que les produits des billets payés, et non les billets donnés gratis qui ne produisent rien.

Et si les billets de faveur avaient dû, comme les autres, donner ouverture à l'impôt, n'aurait-il pas fallu, par cela seul qu'il s'agissait d'une contribution publique, que l'*Assistance publique* instituât des agents spéciaux pour en percevoir le montant : car les buralistes des théâtres n'ont point qualité pour encaisser le *Droit des pauvres*, dès lors que le prix ne s'en confond pas avec le prix du billet destiné au théâtre lui-même?

C'est bien là la preuve que le législateur a entendu que les billets de faveur échappassent à la redevance.

Du reste, c'est à ce système que s'est ralliée la Jurisprudence.

155. *Second système.* — Avec une semblable théorie, — réplique-t-on, — la délivrance des billets gratuits fait disparaître l'assiette de l'impôt [2].

Le législateur, en autorisant la perception d'*un dixième en sus du prix de chaque billet*, n'a pas entendu ne taxer que les billets payants ni subordonner l'existence de l'impôt au fait que son paiement se confondrait dans le versement en espèces effectué pour le prix d'entrée lui-même : car lorsque le *Droit des pauvres* a été établi, le billet de faveur n'était pas connu et ne pouvait, dès lors, préoccuper le législateur.

La loi, en déterminant la quotité du *Droit* à percevoir, a voulu simplement fixer le mode de calcul de l'impôt que chaque spectateur aurait à supporter.

---

(1) Guichard et Bonnet. *Observ. pour MM. les Acteurs-Sociétaires du Th. Franç.*, 1829; — Guichard père. *Mémoire ampliatif pour les Comédiens-Sociétaires du Th. Franç.*, 1830; — Lacan et Paulmier, préc., t. 1, n. 134-140; — Béchet, préc., p. 100.

(2) Pector, préc. p. 170.

Pourquoi aurait-elle eu un autre but?

Moralement, les billets de faveur doivent être taxés plus encore que les billets payants [1].

Et d'ailleurs, l'impôt, insignifiant pour celui qui paie sa place, ne l'est-il pas plus encore pour celui qui n'a pas à la payer?

Les deux sortes de billets, soit payants, soit gratuits, ne donnent-ils pas droit au divertissement du spectacle?

Or, c'est précisément le plaisir que, toutes les fois que cela est possible, la loi a voulu mettre à contribution, sans qu'on ait à rechercher s'il est vendu ou simplement donné [2], et non le moyen à l'aide duquel on se procure ce plaisir.

La recette du théâtre n'a, au fond, rien de commun avec celle établie au profit des pauvres, et l'on ne saisit pas bien pourquoi, à cette première faveur : *la gratuité du spectacle,* s'en viendrait ajouter une autre : l'*exemption de l'impôt* [3].

Qu'est-ce, en effet, qu'un billet de faveur? Un titre à la possession d'une place, dont la valeur intrinsèque peut être facilement déterminée, puisque le prix de cette place est indiqué par le tarif public de chaque théâtre.

Eh bien! le billet de faveur vaut exactement le prix payé pour une place similaire.

Toute la différence entre une entrée de faveur et un billet payant pris au bureau consiste uniquement dans la manière dont l'un et l'autre sont parvenus aux mains de qui les possède.

Y a-t-il une raison pour que les billets gratuits ne soient pas assujettis à l'impôt, tout comme les édifices communaux affectés à des salles de spectacles ont été assujettis à

---

(1) *Avis Comité consult. Assist. pub.*, 11 avril 1829.

(2) Circul. 26 fructidor an X ; — Latruffe-Montmeylian, *Précis pour l'Admin. des hosp.*, p. 26.

(3) C. État, 22 janvier 1817 ; — C. État, 25 novembre 1828 ; — C. État, 16 décembre 1828 ; — C. État, 8 janvier 1831, préc.

la taxe des biens de mainmorte créée par la Loi du 20 février 1849, alors même qu'ils avaient été concédés gratuitement par les Communes aux entrepreneurs de ces
spectacles [1]?

Dans la pensée du législateur, le véritable objet de
l'impôt, c'est le droit à l'occupation de la place, et la
Loi de frimaire an V, en indiquant que la taxe serait perçue
en sus du prix et proportionnellement au prix de chaque
billet, a entendu simplement, par là, qu'il convenait d'avoir
égard à la valeur connue de la place correspondante au
prix du billet : car il n'eût pas été juste que les places les
plus ordinaires fûssent imposées à l'égal des places les
plus recherchées.

La mention du prix n'a donc, on le voit, d'autre but que
de proportionner la taxe à l'importance de la place occupée;
elle a pour unique objet de graduer la redevance, non sur
le chiffre de la recette encaissée par le théâtre, mais sur
l'ensemble de toutes les places occupées, et c'est uniquement pour régler la quotité de la somme à payer aux indigents que la loi a parlé du prix du billet.

De là vient qu'une fois la base de la supputation de la
taxe déterminée par les Lois de l'an V, il n'a plus jamais
été question du *prix du billet* dans les Lois annuelles de
finances.

D'ailleurs, s'il fallait n'entendre par prix imposable que
le prix réellement et effectivement versé en espèces dans
la Caisse du théâtre, si c'était là l'exclusive condition et
occasion de la perception, ne voit-on pas que la loi aurait
ainsi fourni, elle-même, au Directeur le moyen d'annihiler
le *Droit des pauvres;* et que la taxe se résoudrait en un don
volontaire de sa part, puisqu'il dépendrait de lui qu'elle
fût ou qu'elle ne fût pas. Ce ne serait plus alors un impôt,
et nous verrions réapparaître ces abus que le législateur a
tenté de détruire : la vente, ailleurs que dans les bureaux

---

[1] C. État, 10 mai 1851, Ville de Brest, S. 1851. 2. 592.

ordinaires des recettes, des billets d'entrée, présentés ensuite à la porte sous la forme de billets gratis!

Le Directeur, par ce moyen, au lieu d'être, comme l'a voulu la loi, l'intermédiaire, le percepteur obligé de l'impôt, en deviendrait, au fond, le propriétaire ; il donnerait à qui il lui plairait le billet de faveur, et, comme conséquence, l'impôt lui-même [1]!

156. Et puis, si le *prix* signifiait ici la somme versée dans la Caisse du théâtre, ce ne serait pas le *billet* qui serait taxé (ce qui est le vœu de la loi!), mais bien la Caisse du théâtre elle-même.

Or, « la loi désigne le prix du billet d'entrée, uniquement parce qu'elle considère ce billet comme matière imposable, ayant une valeur absolue, valeur qui n'en existe pas moins, soit que le Directeur en exige le paiement, soit qu'il en fasse la remise [2] ».

157. Sera-ce sérieusement qu'on soutiendra qu'ils n'ont pas de prix, « ces billets gratis que les Directeurs distribuent comme une faveur, qu'ils donnent en paiement aux acteurs ; qui, dans certains théâtres, sont reçus à moitié prix, au *Bureau des suppléments,* en échange d'une place plus élevée ; qui sont l'unique salaire de ces entrepreneurs de suffrages qu'on regarde comme des auxiliaires utiles [3] ? ».

158. On invoque contre ce système le Décret de 1809, qui exempte de l'impôt les représentations gratuites pour tous! Mais eût-il été nécessaire, si tout billet gratuit, à le considérer individuellement, eût pu donner lui-même droit à l'exemption?

159. D'ailleurs, nombreuses sont les raisons d'imposer un traitement différent aux spectateurs de représenta-

---

(1) Thunot, *Réponse de l'Admin. des hôpit.*, 1831, préc.

(2) Latruffe-Montmeylian, *Réplique pour l'Adm. des hosp.*, Huzard, 1829, préc.

(3) Latruffe-Montmeylian, *Précis pour l'Adm. des hosp. civ. de Paris* (21 août 1829), p. 26, Huzard.

tions gratuites et aux porteurs de billets de faveur destinés à des représentations payantes.

Les représentations gratuites sont le plus souvent données par les théâtres subventionnés et à l'occasion de certaines fêtes, et ce sont de petites gens, sans ressources pour
pouvoir fréquenter habituellement le théâtre, qui y assistent. Leur imposer en cette occasion une taxe même minime, ç'eût été priver sûrement les plus pauvres de la
jouissance du spectacle [1] !

160. Au reste, on s'explique, lorsque la représentation
est gratuite pour tous, qu'elle échappe à l'impôt : car personne n'ayant payé pour entrer, il serait impossible de déterminer par comparaison la valeur des places très différentes occupées par les spectateurs, et, par conséquent,
d'appliquer le mode de taxation organisé par les Lois de
l'an V.

161. Enfin, ce qui prouve bien que l'impôt porte sans
distinction sur toutes les entrées gratuites ou payantes,
c'est l'organisation de la Comptabilité prescrite par l'Arrêté
du 29 fructidor an V (art. 2 et 3) pour la perception du
Droit des pauvres.

Le *Bureau central du Canton de Paris* reçoit en com-
munication le relevé, non des *Registres de caisse* du théâtre, mais des *Registres d'entrée;* seuls ils fixent le montant
des versements que l'Administration théâtrale devait faire
entre les mains de l'*Administration des hospices*.

Or, ces registres donnent le nombre des places occupées,
dans la salle, aussi bien par les billets de faveur que par
les billets payants.

N'en doit-on pas conclure que « l'impôt se calcule sur
le plein de chaque salle de théâtre, et non sur celui de la
Caisse [2]? ».

162. C'est dans ce sens qu'il avait été jugé que les

(1) Béchet, préc., p. 100.
(2) Latruffe-Montmeylian, *Précis pour l'Admin. des hosp.*, p. 24,
préc.

billets d'entrée délivrés gratuitement étaient passibles de l'impôt; *à fortiori*, lorsqu'ils l'avaient été avec des combinaisons imaginées en vue de dissimuler le prix, soit par la vente faite ailleurs qu'au bureau du théâtre, soit par l'emploi qu'ils recevaient, en les faisant servir au paiement des frais [1].

Mais, depuis lors, il a été décidé que les billets de faveur, possédés à titre purement gratuit, sont exempts de l'impôt, pourvu qu'aucun profit n'en soit tiré ni directement ni indirectement [2].

163. Les billets purement gratuits portent cette mention : « *Le billet sera déclaré nul, s'il est acheté* ».

164. Dans les cafés-concerts, que l'entrée soit libre ou non, les billets de faveur ne portant pas la mention : « *Consommation facultative* » sont comptés, dans la pratique parisienne (mais en vertu de quels textes, nous l'ignorons !), comme *billets à droits*, au prix des consommations de *renouvellement*.

165. Les billets présentés par le personnel des établissements, au cours de la représentation ou au moment de la reddition des comptes, ne peuvent être, en aucun cas, acceptés comme billets de faveur [3].

F. *Billets de concession, billets à droits.*

166. Dans la pratique, les Agences dramatiques opèrent en louant à l'avance, à leurs risques et périls, un certain nombre de places, dont les concessionnaires versent

---

(1) C. préf. Seine, 22 janvier 1827; — C. préf. Seine, 27 août 1829, préc.; — C. préf. Seine, 1er juin 1830, préc.; — C. État, 26 décembre 1830, préc.; — C. État, 8 janvier 1831, préc., — C. État, 8 juin 1854, préc.; — Béchet, préc., p. 100.

(2) *Avis* C. État, 29 thermidor an XIII; — C. préf. Seine, 7 mars 1831; — C. État, 5 août 1831, préc., — C. État, 11 novembre 1831, J. P. adm. chron.; Lebon, t. 5, 97; Dalloz, *Rép.*, v° *Théâtr.*, n. 336-1°; — C. préf. Seine, 25 février 1864, préc.; — Pector, préc., p. 169.

(3) Régl. de l'*Assist. publ.* sur la perc. du Droit, du 9 décembre 1898.

au comptant tout ou partie de la valeur ; ce sont les *billets de concession*.

Pour déterminer la valeur des places ainsi louées à forfait et à l'année, l'*Assistance publique* prenait les recettes moyennes du théâtre pendant une période de cinq ans, et en tirait la valeur moyenne de chaque catégorie de places. De telles conventions offraient aux entreprises théâtrales un double avantage :

1° En s'assurant pour un temps, quoiqu'à des prix plus bas que si elle avait été faite, aux guichets, en détail, la location d'une partie de la salle, elles ne couraient plus le risque de la voir inoccupée et d'être obligées parfois de combler les vides à l'aide de multiples billets gratuits ;

2° La vente au comptant d'un certain nombre de places à des concessionnaires permettait à ces entreprises de se procurer une avance de capital, souvent indispensable pour couvrir les frais de mise en scène des pièces nouvelles [1].

167. Aujourd'hui, l'*Assistance publique* suit une règle invariable pour la perception de la redevance.

Cette perception a lieu sur la recette brute, réalisée au tarif ordinaire des bureaux pour tous les billets non numérotés et au tarif de la location pour les billets numérotés.

Néanmoins, les *billets de service et de concession*, bien que numérotés, ne sont taxés qu'au tarif ordinaire des bureaux [2].

168. Théoriquement, le *billet à droits* est un billet qui donne droit à un tarif réduit ; mais, en principe, cette faveur est accordée gratuitement.

Les billets portent même tous la mention : « *Ce billet sera déclaré nul, s'il a été vendu* ».

Les Directeurs, dont les salles ont peine à se remplir,

---

(1) Latruffe-Montmeylian, *Précis. pour l'Admin. des hosp.*, p. 36 ; — de Molinari, *Journ. des économ.*, mars 1869, p. 387, préc. ; — Marc-Fournier, étude dans le j. le *Figaro* ; — *Rev. étab. bienf.*, 1886. 53, préc.

(2) *Règl. de l'Assist. pub. sur le Service de la perc. du Droit*, du 9 décembre 1898 (art. 3, 2°, note 1).

quand le succès d'une pièce commence à s'épuiser ou que la saison rend le spectateur payant plus rare, mettent ces billets à la disposition de certains commerçants, en rapports constants avec le public : débitants, coiffeurs, marchands de tabacs, libraires, etc.

Mais c'est abusivement que ceux-ci, dans la pratique, en tirent un profit, en vendant ces billets à leur clientèle.

Le Directeur facilite à ces commerçants le moyen de procurer un avantage à leurs clients, et ceux-ci, en échange, lui fournissent une sorte de publicité.

169. Il y a pourtant des Directeurs qui, ne se contentant pas du placement de billets par intermédiaires, en délivraient eux-mêmes à des conditions différentes de celles du tarif ordinaire[1].

Déjà, en 1831, à l'époque où se faisait le trafic clandestin des billets de faveur, la valeur de ces entrées s'élevait, chaque année, paraît-il, à plus de deux millions[2].

170. Mais si les *billets à droits* sont entrés dans les habitudes des pratiques théâtrales, il convient de constater que l'*Assistance publique de Paris*, qui les a elle-même consacrées en ne percevant l'impôt que sur les sommes réellement encaissées, de ce chef, sur le prix d'entrée, ne reconnaît, toutefois, pas la légalité d'un paiement autre que celui du prix de la place indiquée sur le billet, et qui est le prix payé aux guichets mêmes du théâtre.

Et cela est si vrai, que les directions théâtrales elles-mêmes, au cas où la pièce reprend un peu de vogue, refusent l'entrée aux porteurs de semblables billets, s'il est établi qu'ils ont été acquis à prix d'argent.

G. *Billets d'auteur.*

171. A l'origine, pour leur permettre d'assister avec

(1) Bonnassies, préc., p. 234.
(2) Latruffe-Montmeylian, *Précis. pour l'Adm. des hosp.*, préc.; — Thunot, *Réponse de l'Adm. des hosp.*, 1831, préc.

des parents et amis à la représentation de leurs œuvres,
les Directeurs remettaient aux auteurs des billets de faveur,
que ceux-ci distribuaient gratuitement, et l'Ordonnance
du 13 avril 1826 (art. 69) accordait même aux auteurs de
pièces jouées au *Théâtre Français* un certain nombre de
ces billets valables pour toutes les représentations, et qui
ne pouvaient être vendus.

Mais cet octroi fut bientôt limité aux trois premières représentations, et, dans la suite, l'auteur ne jouit plus que
d'une entrée personnelle.

Ces billets, qui constituaient bien une faveur, à la fois
pour ceux qui les donnaient et pour ceux qui en profitaient,
étaient, comme les entrées personnelles des auteurs,
exempts de l'impôt [1].

172. Peu à peu, s'inspirant de l'Ordonnance de 1826,
dont l'article 69 (paragraphe dernier) permettait aux
Directeurs et aux auteurs de faire des conventions de gré
à gré, l'usage s'introduisit de payer les auteurs, partie en
argent, partie en billets d'entrée, et cette manière de procéder, en même temps qu'elle procurait une économie aux
Directeurs, associait les auteurs aux bénéfices comme aux
pertes et les intéressait plus directement à la réussite de
leurs pièces. On imprima, en conséquence, des billets de
formes et de couleurs différentes, qui furent admis au contrôle au même titre que les billets pris au bureau et portaient la mention : « *Jure emptum* ».

Les billets d'auteur perdaient ainsi tout caractère de
gratuité.

Ils devinrent, de la part de leurs attributaires l'objet
d'un véritable commerce, et des intermédiaires se char-
gèrent de les placer [2].

---

(1) Husson, *Billets d'auteur*, 1863, préc.; — *Gaz. trib.* : *Les billets d'auteur...*, 11 février 1864.

(2) *Arr. Cons. gén. hosp.*, 5 décembre 1823; — *Cons. surveill. Assist.
pub.*, 23 avr. 1863; — *Journ. du dr. adm.* : *Billets d'auteur et Droit
des pauvres*, t. 12, p. 219.

173. Ce système fut généralisé en 1859 [1].

La voie publique était alors interdite aux marchands de contremarques.

Mais du moment que les billets devenaient une des formes de la rémunération des auteurs, la *Commission des Auteurs dramatiques* obtint du *Préfet de police* l'autorisation de les laisser vendre à proximité des théâtres, dans des endroits portés d'avance sur une liste à la connaissance de l'*Assistance publique* [2].

Les marchands firent imprimer, à leurs frais, des billets d'un modèle uniforme, revêtus de leur griffe et de celle de l'auteur. Chaque jour, ils en envoyaient un certain nombre au siège de la *Commission des Auteurs dramatiques*, pour qu'elle y apposât son timbre. Ils se réservaient de n'indiquer qu'au moment de la vente la place que pourrait occuper le spectateur.

Tout billet ainsi vendu était évalué d'après le tarif du bureau, et sa valeur déduite du crédit ouvert à l'auteur pour chacune des représentations de sa pièce [3].

174. Actuellement, dans la pratique, il n'en va plus ainsi.

Les petits théâtres donnent rarement des billets d'auteur, et dans les grands théâtres, en dehors du tant pour cent qu'ils touchent à titre de droits, les auteurs reçoivent une certaine quantité de billets évaluée, d'ordinaire, entre 40 et 150 francs par représentation, selon la pièce et l'établissement.

175. Quoi qu'il en soit, ces billets, représentant désormais pour les auteurs une valeur vénale qui leur tient lieu d'argent et dont ils tirent ordinairement profit, ne sauraient plus être rangés dans la catégorie des billets délivrés gratuitement [4].

---

(1) Décr. 19 novembre 1859.
(2) Husson, *Billets d'auteur*, 1863, préc.
(3) Béchet, préc., p. 109.
(4) C. préf. Seine, 11 févr. 1864, *Gaz. trib.*, 14 février 1864 ; — C. préf.

Les auteurs ont à en tenir compte à la Direction du théâtre, et le *Droit des pauvres* les atteint [1].

176. Autrefois, les Contrôleurs du *Droit des pauvres* relevaient, sur les Registres du théâtre, le montant des sommes précomptées aux auteurs pour la valeur des billets d'entrée, et la taxe était perçue sur le pied du tarif du bureau, sans que l'*Assistance publique* eût à s'inquiéter du prix plus ou moins élevé qu'avait pu obtenir le marchand qui avait vendu le billet d'auteur [2].

177. Actuellement, les choses se passent plus simplement.

Le Contrôleur compte le nombre des billets qui sont rentrés, et perçoit la taxe sur la valeur de ces billets, soit au tarif de la location, soit au tarif du bureau, suivant qu'ils sont ou non numérotés.

178. Il a été jugé que c'est le Directeur de théâtre qui doit acquitter la taxe, les billets compensant une partie de ce qu'il doit comme Droits d'auteur [3].

En vain, pour se soustraire à l'impôt, prétendrait-il que les porteurs de billets d'auteur ne sont admis qu'après le public payant : car, d'une part, ces billets sont numérotés; et, d'autre part, ils font réaliser au théâtre un avantage, puisqu'ils diminuent d'autant la rétribution pécuniaire revenant aux auteurs [4].

Seine, 25 février 1864, préc.;—J. Astruc, *Le Droit privé du théâtre*, p. 124.

(1) C. État, 26 décembre 1830, préc.; — C. État, 5 août 1831, préc.; — *Avis Comité consult. Assist. pub.*, 20 novembre 1863; — *Rev. étab. bienf.*, 1886, 53, préc.

(2) *Arr. Cons. gén. hosp.* 5 décembre 1820; — Husson, *Billets d'auteur*, préc.; — de Watteville, *Législ. charit.*, t. 3. 17; — Bonnassies, préc., p. 240; — L. Hesse, préc., p. 188; — Lacan et Paulmier, préc., t. 1, n. 138; — Vivien et Blanc, préc., n. 160; — Nouguier, *Du Droit des pauvres* au point de vue juridique, J. *la Propriété indust., artist. et littér.*, 1er février 1880, n. 14; — *Gaz. trib.*, 11 février 1864, préc.; — *Journ. du dr. admin.*, t. 12, 219, préc.

(3) C. Paris, 29 juin 1864. *Gaz. trib.*, 30 juin 1864; j. *le Droit*, 8 juillet 1864; — Béquet, préc., n. 707.

(4) Trib. Seine, 9 mars 1861. *Gaz. trib.*, 15 mars 1861; — Trib. Seine, 15 juin 1861. *Gaz. trib.*, 21 juin 1861.

CHAPITRE VI

Perception du Droit des pauvres.

---

§ 1. Règles de perception ; généralités.

179. Les Lois de l'an V ayant remplacé la Loi du 16 août 1790 (titre XI, art. 4), qui, faute d'avoir déterminé la quotité de l'impôt, en rendait le recouvrement à peu près impossible, la perception est soumise, depuis lors, à des règles précises.

Dès que les éléments : *spectacle, prix, publicité*, qui forment la base du *Droit des pauvres*, se trouvent réunis, l'impôt doit être perçu, sans qu'il y ait lieu à déduire aucune dépense [1].

180. Les Droits d'auteur ne doivent être acquittés qu'après que le *Droit des pauvres* a été déduit des recettes journalières [2].

181. Mais l'impôt se calcule-t-il, en additionnant les prix de toutes les places occupées, ou seulement les prix des places acquises contre espèces par le public ?

Dans le premier sens, se sont prononcés les arrêts du Conseil d'État du 26 décembre 1830 [3] et du 8 janvier 1831 [4]; en sens opposé, l'arrêt du Conseil d'État du

---

(1) C. État, 5 août 1831, préc.

(2) Ordonn. 18 mai 1822, art. 43 ; — V. aussi Projet adopté par le *Comité de l'Intérieur* pour la *Comédie Française*, 19 août 1829, art. 39 ; — Décr. 19 novembre 1859, modifiant l'art. 72 du *Décret de Moscou* ; — Bonnassies, préc., p. 265-289.

(3) Ducis. S. et P. adm. chron., préc.

(4) Caruel-Marido. J. P. adm. chron., préc.

5 août 1831 (1), qui proclame l'immunité dont jouissent les billets gratuits.

182. Bien entendu, si les billets n'ont de la gratuité que l'apparence, l'impôt doit être appliqué, et la taxe à percevoir est celle exigée du public pour les places de la catégorie à laquelle ces billets donnent droit (2).

183. En cas de fraude, la recette est évaluée d'après les circonstances ou la valeur des billets frauduleusement délivrés, s'il n'y a pas d'autre moyen d'apprécier le prix réel qu'ils ont été payés.

184. Il en sera de même, toutes les fois qu'une comptabilité mal tenue ne permettra pas à l'entrepreneur de spectacles de justifier de la gratuité ou de la diminution de prix consentie à certaines entrées (3).

185. La recette pourra aussi être calculée, suivant la nature de la représentation, sur le prix total des places ou sur la plus forte recette ordinaire (4).

186. Peu importent le lieu et le mode de rétribution.

Qu'il soit pris au bureau du théâtre ou au dehors, remis contre espèces ou en paiement de frais ou de salaires; qu'il donne ou non droit de consommer dans l'intérieur de la salle, le billet, par cela seul qu'il est payant, est passible de l'impôt (5).

187. Aujourd'hui, la pratique administrative de l'*Assistance publique de Paris* est très clairement résumée dans le *Règlement du 9 décembre 1898 sur le Service de la perception du Droit des pauvres* (6).

Les billets sont numérotés ou non numérotés, suivant qu'ils sont pris au bureau ou en location, sauf ce que

(1) *Th. Français*, J. P. admin. chron., préc.; — V. *suprà*, n. 153.
(2) *Rev. étab. bienf.*, 1886. 53, préc.
(3) Pector, préc., p. 170.
(4) Lacan et Paulmier, préc., t. I, n. 138; — Dalloz, *Rép.*, v° *Théât*, n. 129.
(5) C. État, 26 décembre 1830, préc.; — C. État, 6 juin 1844, préc.
(6) V. p. 6, en note.

nous avons dit déjà en ce qui concerne les billets de *service* et de *concession* [1].

Pour tous les billets non numérotés, la taxe est perçue sur la recette brute, réalisée au tarif ordinaire des bureaux; pour les billets numérotés, elle l'est au tarif de la location, proportionnellement au prix de la place.

Tel est le cas, par exemple, des représentations extraordinaires [2].

188. Si le prix payé par le spectateur est inférieur au prix ordinaire de la place, — et cela se produit pour les *billets à droits* [3], — c'est le prix réellement encaissé qui sert de base à la perception.

Mais le Directeur aura, alors, à justifier qu'il n'a réellement pas encaissé le surplus [4].

189. *Le Comité consultatif de l'Assistance publique* a cependant émis l'*avis* que, lorsqu'un Cercle s'était abonné, moyennant un paiement de 2 francs par membre qui assisterait à la représentation, c'est le prix du tarif ordinaire qui doit être appliqué, et non le prix résultant de cette convention particulière [5] : car s'il est vrai que le Décret du 6 janvier 1864, en proclamant la Liberté des théâtres, ait laissé au Directeur la faculté de fixer le prix des places de son théâtre [6], ce n'est pas le Directeur, qui n'est qu'un intermédiaire, mais le public, qu'atteint l'impôt, et cet impôt ne saurait être arbitrairement modifié par des accords privés dont souffriraient les pauvres.

L'entreprise théâtrale n'a, d'ailleurs, pas lieu de se plaindre, puisque, grâce à cette combinaison d'abonnements, elle a assuré la location d'une de ses loges.

Toutefois, dans la pratique de l'*Assistance publique pa-*

---

[1] V. n. 166 et suiv.
[2] C. État, 24 février 1817. *Hosp. de Bordeaux,* préc.; — C. État, 10 février 1819, S. c. n. 5. 2. 238.
[3] V. C. État, 31 août 1828, préc.; — C. État, 14 septembre 1830, préc.
[4] Pector, préc., p. 168.
[5] *Avis Comité consult. Assist. publ.,* 26 mars 1886.
[6] V. Ordonn. police, 16 mai 1881, art. 79-80.

risienne, il n'est prélevé le onzième que sur le prix réel de l'abonnement.

190. Bien que les places, concédées en vertu de bail au propriétaire d'une salle de théâtre, soient généralement taxées au prix des places prises en location (1), il a été jugé que les stalles et loges, dont ce propriétaire s'est réservé la libre disposition pour toutes les représentations, doivent la redevance au prix ordinaire des places achetées au guichet (2).

191. Lorsque le propriétaire d'une salle s'est réservé, sur certaines places, un droit personnel de location ou d'abonnement, que le public devra acquitter en sus du droit d'entrée payé à l'entrepreneur du spectacle, c'est sur l'ensemble, qui compose le prix réel de la place, que la perception doit se faire (3).

192. Pour les places qui donnent droit à des consommations, l'impôt porte sur le prix intégral : place et consommation (4).

Mais il n'atteint pas le produit de la vente des objets de consommation payés à part et non compris dans le prix des billets d'entrée (5), ni le prix des consommations de *renouvellement,* qui est entièrement distinct du prix d'entrée (6).

193. Par les mêmes raisons, la taxe, dans les *bals publics,* atteint le billet d'entrée et la rétribution perçue pour les danses.

194. De même enfin, l'impôt s'étend aux sommes per-

---

(1) *Régl. Assist. pub.,* 9 décembre 1898 ; — *Avis Comité consult.* 18 mai 1878.

(2) C. État, 8 juin 1854, préc. — C. État, 16 mai 1879, préc.

(3) C. État, 24 juillet 1862, préc.

(4) Circul. 26 fructidor an X ; — C. État 6 juin 1844, préc. ; — C. préf. Seine, 28 février 1882, préc. ; — C. État, 20 juin 1884, préc.

(5) C. préf. Seine, 7 mars 1882, préc. ; — C. préf. Seine, 14 mai 1890, préc.

(6) C. préf. Seine, 28 février 1882, préc.

çues par abonnements, ou par cachets, ou à titre de contribution aux frais du bal [1].

§ 2. **Quotité du Droit.**

A. *Généralités.*

195. Les Lois de l'an V ont établi, au début même du régime nouveau, deux classes principales d'établissements, passibles de l'impôt dans des proportions différentes :

1° Les théâtres, soumis à un *dixième en sus* du prix de chaque billet d'entrée et d'abonnement [2];

2° Les bals, feux d'artifice, concerts, courses et exercices de chevaux, *et autres fêtes où l'on est admis en payant,* qui, d'abord imposés *au dixième en sus*, comme les théâtres, ont été bientôt taxés par la Loi du 8 thermidor an V (art. 2) au *quart de la recette brute,* et ce *quart,* à la différence du *onzième* des théâtres, et probablement à cause de la difficulté que pouvait présenter le contrôle des entrées, revêtait tous les caractères d'un impôt direct [3].

Mais cette perception du *onzième*, uniformément appliquée par la Loi de frimaire à tous les genres de spectacles, constituait une égalité plus apparente que réelle, et l'application d'une taxe identique était, en réalité, plus lourde aux théâtres qu'aux autres établissements.

« Il faut que les théâtres fassent du profit pour qu'ils existent et puissent donner aux pauvres un revenu; il serait à craindre, en voulant accroître imprudemment ce revenu, de décourager les entrepreneurs ou de ruiner le spectacle. Cette vérité a conduit à ne percevoir le Droit auquel ils sont soumis qu'à un taux beaucoup plus faible que celui qui avait été réglé par la loi de son établissement.

(1) C. État, 6 juin 1844, préc.
(2) Loi 7 frimaire an V.
(3) L. Hesse, préc., p. 170.

W.

7

On a reconnu qu'il y en avait peu ou même qu'il n'y en avait
point qui pûssent rapporter une prestation du quart de leur
produit brut; il faudrait pour cela que leur entreprise don-
nât 30 0/0 de bénéfices au-delà de leurs frais annuels et de
l'intérêt du capital mis en dehors, capital qui demande un
haut intérêt, puisqu'il est déboursé avec de grands risques,
outre celui du feu, et que le succès dépend de la bonté des
pièces, de celle des acteurs, de l'affluence des étrangers,
de la guerre, de la politique, de la pluie, du beau temps,
et même de la mode, toutes choses impossibles à prévoir
avec aucune justesse, et pour lesquelles l'entrepreneur doit
se réserver une forte prime d'assurance. On a donc jugé
très sensément qu'il n'y aurait pas de revenus à fonder
sur des spectacles qui ne pourraient pas se soutenir, et on
a réduit au *onzième du produit brut* le Droit à percevoir
sur tous les grands spectacles, mesure étendue, pour la
même raison, aux plus considérables des petits. A ce taux
de perception, ils ne prospèrent pas tous également; mais
tous marchent, et il n'y a guère de différence entre leur
sort que celle qu'y met l'instabilité des goûts du public[1] ».

196. Le Rapport de *Porcher* du 13 fructidor an VII au
Conseil des Cinq-Cents exprime à peu près les mêmes idées:

« La loi, qui établit la perception du *quart* de la recette
sur le produit brut des fêtes, nous a paru infiniment trop
rigoureuse, puisque, dans le cas où cette même recette
atteint à peine, comme il arrive, le montant de la dépense,
le *Droit*, s'il était strictement payé, absorberait non seulement le produit total de ce genre d'industrie, mais encore les capitaux qui l'alimentent ».

197. Aussi jugea-t-on, comme nous l'apprend M. de
Pierrefitte[2], qu'en fixant au *quart* le *Droit* à percevoir,

---

(1) Rapport (manuscrit) de 1811 au *Conseil général des hospices. Archiv. Assist. pub.*

(2) *Étude histor. sur le Dr. des pauv.* (*Rev. de l'Art. dramat.*, 1er et
15 février 1892, p. 20).

la loi n'avait pas interdit, aux Administrations chargées de cette perception, la faculté de consentir à une réduction, lorsqu'ils la jugeraient dans l'intérêt des pauvres.

Et comme le *Préfet de la Seine* lui-même déclarait qu'aucune des entreprises de divertissements publics ne pourrait durer, si elle était assujettie au *quart*, presque toutes obtinrent des réductions.

198. La différence de traitement entre les deux catégories d'établissements imposés se justifie, d'ailleurs, aisément.

La recette du théâtre, qui constitue l'unique source de revenus de l'entreprise, puisqu'elle est l'unique redevance imposée au spectateur, est d'une extrême mobilité ; avec des représentations à peu près quotidiennes, elle peut, à certains moments, donner de bien faibles rendements. Il faut donc, par une taxation modérée, paralyser les effets de cette éventualité.

Et, d'un autre côté, l'Art dramatique a droit à une particulière protection.

Il y a même eu des circonstances où, comme en 1848-1849, le taux de perception a été abaissé jusqu'à 5 et à 3 0/0. Même en abaissant ce taux de près de moitié, on obtient encore un abaissement plus élevé que si on avait substitué le système des *abonnements* à celui du maintien du *contrôle*.

L'*Assistance publique* a pu s'en convaincre elle-même, en comparant les opérations des deux années qui ont suivi les révolutions de 1830 et de 1848. Des *abonnements* avaient été consentis en 1831, et les recettes ont été une fois et demie moins élevées qu'en l'année 1849 où le *contrôle* avait été maintenu[1].

199. Les bals et concerts et autres établissements analogues répondent, au contraire, à des besoins d'un ordre moins élevé ; ils ne durent, d'ordinaire, qu'une saison.

---

[1] Comptes des recettes et dép. de l'*Assist. pub.* pour l'Exercice 1849.

L'entrée, le plus souvent, est libre, ou, quand elle ne l'est pas, le prix perçu n'est qu'une faible partie de la recette totale, et l'entrepreneur intéressé trouve moyen de s'indemniser par la vente de consommations à l'intérieur de la salle ou la tenue de certains jeux.

Il y a donc deux parties distinctes dans la recette :

1° Le prix d'entrée, quand il y en a un d'établi, dont le contrôle est facile ;

2° Le produit des dépenses accessoires faites par le spectateur, dont la vérification exacte est à peu près impossible.

200. Ces deux situations étant différentes, on s'explique qu'en vue d'un juste équilibre, la Loi du 8 thermidor an V, faisant retour au passé, ait élevé, pour les établissements autres que les théâtres, la perception du *onzième* au *quart de la recette brute*, sauf à abaisser, plus tard, comme a fait le législateur, quand il l'a trouvé excessif, le Droit du *quart* au *dixième des billets d'entrée* pour les concerts quotidiens [1], et à réduire même à *5 0/0 de la recette brute,* en vue d'encourager l'Art musical, la redevance établie sur les concerts non quotidiens donnés par les artistes ou les associations d'artistes [2].

201. En présence de cette dualité de Droits, semblant distinguer entre les différentes catégories de spectacles, on s'est demandé quelle était, du *onzième* ou du *quart,* la taxe de droit commun.

I. C'est le *quart,* — dit un premier système.

La Loi du 8 thermidor an V (art. 2) renferme, en effet, une disposition générale, puisqu'à son énumération, simplement *énonciative,* elle ajoute : « *les autres fêtes où l'on est admis en payant* ».

_____

(1) Loi 16 juillet 1840, art. 9, — à la suite d'une Pétition d'octobre 1836, dans laquelle le propriétaire des *Concerts Musard* demandait l'assimilation aux théâtres, par une disposition législative, en ce qui concernait la quotité du Droit, des établissements fixes de concerts ayant lieu, périodiquement, plusieurs fois par semaine.

(2) Loi 3 août 1875, art. 23.

Elle ne fait, d'ailleurs, ainsi, que rétablir le taux perçu avant la Révolution, et ce n'est qu'à l'état d'exception qu'elle maintient le *onzième* sur les spectacles où se donnent des pièces de théâtre [1].

Telle était, du reste, la Pratique administrative jusqu'en 1809, et l'on peut signaler un Arrêté du *Conseil général des hospices* du 28 juin 1809, qui porte (art. 2) que « tous les établissements autres que ceux désignés sont contrôlés au *quart*, sauf les abonnements, qui peuvent être consentis dans la latitude du *quart* au *dixième* ».

Si, par Décision du 9 mai 1809, le Ministre de l'Intérieur a pu conclure en un autre sens, son Arrêté n'a pu légalement modifier la loi, d'autant plus que c'est là une loi d'impôt.

Cet Arrêté, a-t-on dit, est sans force : car il aurait pour effet de modifier les Lois de l'an V qui ont établi l'impôt et il a été, d'ailleurs, abrogé par le Décret du 9 décembre 1809, qui a maintenu définitivement les Lois de l'an V, en n'autorisant la *Régie intéressée* à souscrire des abonnements qu'avec l'approbation du Roi en Conseil d'État.

II. C'est le *onzième*, — répond le système opposé.

La Loi du 7 frimaire an V a posé le principe, et lorsqu'un établissement n'est pas expressément visé par une loi spéciale ou ne peut rentrer dans l'énumération établie par la Loi du 8 thermidor an V (art. 2), c'est le taux du *onzième* qui doit être appliqué.

Telle a été, au surplus, la Jurisprudence du Ministre de l'Intérieur [2].

Interprétant largement ces mots employés par la Loi du 7 frimaire : « *tous les spectacles où se donnent des pièces de théâtre* » et trouvant excessive la perception du *quart* sur des spectacles qui, depuis l'an V, étaient devenus quotidiens, le Ministre a adopté le taux du *onzième*, suivi

---

(1) C. État, 16 juin 1841, *Hosp. de Bordeaux*, S. 1841. 2. 500 ; J. P. adm, chron.; *Pand. chron.* 2. 3. 58 ; Lebon, 1841. 254 ; D. 1841. 3. 475 ; Dalloz, *Rép.*, vº *Théât.*, n. 124 ; — Pector, préc., p. 118.

(2) Décis. 9 mai 1809.

bientôt, en cela, par l'*Administration hospitalière* elle-
même [1].

D'ailleurs, le Décret du 9 décembre 1809, qui a rendu
définitif l'impôt jusque-là temporaire, décide qu'il continuera à être indéfiniment perçu « *ainsi qu'il l'a été pendant le cours de cette année et des années antérieures* ».

Or, quel était à cette époque le taux de perception appliqué? Le *onzième,* précisément en vertu de la Décision
ministérielle du 9 mai 1809.

Et à supposer même qu'en mai 1809, l'interprétation
du Ministre fût contraire aux textes des Lois de l'an V, ce
vice était désormais couvert par le Décret du 9 décembre
1809 et par les Lois annuelles de finances qui, depuis
1817, assurent législativement l'existence de l'impôt.

De plus, les lois antérieures à 1809 n'étaient que des
lois temporaires, non susceptibles, dès lors, de fixer une
règle de principe [2].

202. Telle est, du reste, depuis la Décision ministérielle du 9 mai 1809, la Pratique administrative, qui est
même allée plus loin, puisqu'elle a imaginé une distinction
nouvelle, qui n'est pas dans la loi [3].

Suivant elle, 1° le *quart* s'applique à tous les spectacles
offerts accidentellement au public, en raison même du
peu d'intérêt qu'ils excitent (car les distractions qu'on y
va chercher sont d'un ordre bien peu élevé!), et par ce
fait que, ne durant ordinairement qu'une saison, leurs

---

(1) V. notamment, *Avis Comité consult. Assist. publ.*, 18 décembre
1827 et 15 mai 1830, lorsque les prix du tarif n'ont pas été modifiés par
l'entreprise tréâtrale.

(2) C. État, 24 mars 1820, préc.; — C. préf. Gironde, 11 août 1818 et
24 novembre 1835; — V. Instr. gén. fin., 20 juin 1859; — Delfaux, *Code
manuel des percep.*, p. 373; — Fleury-Ravarin, préc., p. 215; — Durieu
et Roche, préc., v° *Spect.*, p. 746; — L. Hesse, préc., p. 170; — Salva,
préc., p. 45; — Lacan et Paulmier, préc., t. 1, n. 130; — de Pierrefitte,
préc., p. 20; — Béquet, préc., n. 694; — Tardieu, *Traité des contrib.
dir.*, préc., n. 7997.

(3) Béchet, préc., p. 92; — Pector, préc., p. 118.

ressources s'accroissent singulièrement, grâce aux consommations qu'ils font payer au public ;

2° Le *onzième* s'applique aux théâtres et à tous les établissements où se donnent des spectacles *quotidiens* autres que ceux expressément visés par la Loi du 8 thermidor an V, tels que bals, feux d'artifice, concerts, etc.

203. A *Paris*, c'est le *Domaine* (ou plutôt aujourd'hui le *Bureau du Droit des pauvres*) qui est chargé d'établir les propositions budgétaires relatives à l'impôt, que le *Préfet de la Seine* accepte ou rejette, en faisant lui-même d'autres propositions [1].

Le produit présumé de l'impôt est généralement basé d'après la recette constatée au *Compte financier* de l'Exercice précédent [2].

Toutefois, certaines circonstances extraordinaires, l'ouverture de nouveaux théâtres, un succès exceptionnel qui ne semble pas devoir se renouveler, peuvent être la cause de modifications en plus ou en moins.

Mais les Statistiques ne fournissent pas de renseignements très précis sur l'importance du revenu du *Droit des pauvres;* on n'a de données exactes que pour les centres populeux, où la rentrée du *Droit* se fait d'une manière permanente et régulière.

On constatait, en 1867, que la taxe ne produisait guère plus d'un million en *province*, et que la perception sur la recette brute des bals, concerts et fêtes publiques ne donnait environ que le *tiers* de la perception du *onzième* sur l'entrée des théâtres.

Ainsi, sur un produit total de **707.511** francs, les spectacles produisaient **518.308** francs et les bals **189.203** francs seulement [3].

204. Actuellement encore, les petites Villes et les

----

(1) Instruct. pour l'établiss. du Budget hospital., 1875, p. 10.

(2) V. Budget des recettes et dépenses de l'*Assist. pub.* pour l'Exercice 1889.

(3) Rapport de M. *Manceaux*, préc.. p. 33.

Communes négligent cette source de revenus, parce que l'élévation des frais de perception ne serait guère en rapport avec le rendement à espérer ; et pour encourager les entreprises théâtrales, bien des Municipalités renoncent, soit totalement, soit partiellement, à cette redevance pour leurs pauvres.

On cite même jusqu'à neuf Départements, où le résultat de l'impôt est absolument nul [1].

205. A *Paris*, au contraire, les recettes effectives du *Droit des pauvres* se sont élevées de 2.318.409 fr. 99 en 1874 à 3.263.212 fr. 89 en 1894, suivant une progression à peu près régulière, sauf les recettes exceptionnelles réalisées pendant les années d'Expositions de 1878 et de 1889[2], et, suivant le *Projet de Budget de l'Assistance publique pour 1899*, les recettes constatées au *Compte financier de 1897* se sont élevées à 2.980.613 fr. 49 [3].

206. Du reste, la perception s'y fait sur les bases déterminées par un *Arrêté de principe,* que prend, chaque année, le *Préfet de la Seine,* après *avis* du *Conseil de surveillance de l'Assistauce publique,* conformément aux Lois des 7 frimaire an V, 16 juillet 1840, 3 août 1875, et à la Loi annuelle de finances [4].

(1) Béchet, préc., p. 95 ; — V. *suprà,* nº 10, note 2.

(2) Note sur la Comparaison entre les Budgets de l'*Assist. pub.* de 1878 et de 1896 ; Montévrain, 1895.

(3) La Note annexée au Mémoire au *Conseil de surveillance* sur le Projet de Budget de l'Exercice 1900 (p. 22), indique les variations de recettes du *Droit* à *Paris* par tête d'habitant en 1865, 1876, 1886 et 1897, abstraction faite des recettes exceptionnelles des années d'Expositions :

ANNÉES.	POPULATION.	RECETTES.	MOYENNE par habitant.
1865........	1.825.274	1.804.675	0,98
1876........	1.988.806	2.651.812	1,33
1886........	2.344.550	2.989.372	1,27
1897........	2.511.629	2.980.613	1,18

(4) Arr. Préfet Seine, 25 avril 1893 et 23 janvier 1899 ; — *Cons. surveill. Assist. pub.* 10 janvier 1889, 5 février 1891, 18 février 1892, 26 janvier et 28 décembre 1893, 8 juillet 1897, 6 janvier 1898, 5 janvier 1899.

207. La perception sur taux doit être la règle, et l'abonnement l'exception [1].

208. Le taux de perception, tout en sauvegardant les intérêts de l'Administration, doit, selon les vues de l'*Assistance publique de Paris*, permettre de venir en aide, dans certaines circonstances, à des œuvres méritant des encouragements.

Mais il nous semble que c'est aller un peu loin. Sans doute, l'Administration est en droit de consentir des *abonnements;* mais de là à modifier les tarifs de perception, c'est-à-dire une loi d'impôt !

Quoi qu'il en soit, ce taux a été déterminé pour 1900 de la façon suivante [2] :

1° 15 0/0 *de la recette brute* dans les bals publics ;

2° *Le onzième de la recette brute* dans les théâtres, les concerts quotidiens, et les concerts non quotidiens autres que les concerts d'artistes, les jeux, divertissements, etc.;

3° 5 0/0 *de la recette brute* pour les fêtes organisées dans le but de soulager des infortunes publiques ou privées qui n'intéresseraient pas les pauvres de *Paris*, ou des fêtes organisées dans *Paris* par les Municipalités, ou des œuvres des localités suburbaines, et dans les concerts d'artistes ou d'Associations d'artistes;

4° 1 0/0 sur le produit des fêtes données par les Sociétés de pure bienfaisance, Comités et Établissements fondés dans le but de venir en aide aux nécessiteux français et étrangers habitant *Paris*, et aussi par les sociétés de Secours mutuels [3].

Ces Sociétés, Comités, etc., dont les demandes sont soumises à une *enquête préalable*, doivent produire leurs *Statuts* et leurs *Comptes moraux* et *financiers* [4].

5° Lorsqu'un contrôle serait trop long ou trop difficile

(1) *Avis Cons. surveill. Assist. pub.*, 24 juin 1886.
(2) *Avis Cons. surveill. Assist. pub.*, 21 décembre 1899.
(3) *Avis Cons. surveill. Assist. pub.*, 23 janvier 1890.
(4) *Avis Cons. surveill. Assist. pub.*, 9 décembre 1886.

et, par suite, onéreux à *l'Assistance publique*, dans les *fêtes foraines*, notamment, et dans les établissements de peu d'importance (bals-musettes, jeux de quilles, baraques foraines, tirs, etc.), il pourra être prélevé une *somme fixe* se rapprochant autant que possible du taux légal.

Ces abonnements, payables d'avance, peuvent, chaque mois, être révisés.

209. On voit, par là, quel rôle considérable joue, plus ou moins arbitrairement, la pratique administrative dans la fixation du taux de perception, et nous ne croyons pas inutile une revue des différentes solutions, intervenues au cours du temps.

B. *Perception du dixième en sus du prix du billet, ou onzième de la recette brute : 9,09 0/0.*

210. D'après la Législation en vigueur et la Jurisprudence, il convient, — sauf, bien entendu, les modifications qu'introduiraient des lois ou des décisions ultérieures, — de classer dans cette catégorie, digne d'une faveur toute spéciale, parce qu'il s'agit en général d'établissements très fréquentés et restant ouverts presque toute l'année :

1° Tous les spectacles où se donnent des pièces de théâtre, représentations dramatiques, opéras, comédies, etc. [1].

2° Les bals, feux d'artifice, concerts, courses et exercices de chevaux [2], imposés d'abord au *dixième en sus,* mais, depuis lors, au *quart*.

C'est à ce taux du *onzième* qu'étaient frappés le Jardin-concert connu sous le nom de *Tivoli* [3], et, pendant un temps, les bals donnés dans un spectacle [4], les fêtes avec kermesses, bals de l'*Opéra*, etc. [5].

---

(1) Loi 7 frimaire an. V, art. 1 ; — Loi 8 thermidor an V, art. 1 ; — Loi 25 mars 1817, art. 131 ; — Loi 16 juillet 1840, art. 9.

(2) Loi 7 frimaire an V.

(3) Arr. *Cons. gén. hosp.*, 15 septembre 1813.

(4) C. préf. Gironde, 18 février 1815.

(5) Arr. *Cons. gén. hosp.*, 28 juin 1809, art. 2 ; — V. *Contrà* : Circul. Min. int., 26 fructidor an X.

Il en est de même du *Jardin de Paris*, qui, auparavant, était soumis, comme bal public, au taux de *15 0/0*; mais transformé en concert-spectacle, où les danses,.qui ne sont plus publiques, sont exécutées comme les autres parties du programme, par des artistes payés, il est passible de la taxe prélevée sur les concerts quotidiens : ce qui a diminué de 15.000 fr., de ce chef seul, le revenu de l'*Assistance publique* [1].

3° Les cirques qui donnent des scènes équestres et des représentations d'actions héroïques, hippodromes, etc. [2], et notamment l'Établissement équestre de *Franconi* [3], classé au nombre des théâtres secondaires.

On avait tenté d'assimiler aux spectacles de curiosités les représentations de cette troupe en *province;* mais le caractère de théâtre lui avait été conservé, et on lui appliquait le taux du *onzième*.

Quant aux courses et exercices de chevaux, si le Décret de 1809 et les Lois de finances ne les énuméraient plus parmi les établissements imposables au *quart*, c'était en raison des transformations survenues dans le régime intérieur des *Cirques olympiques*, où l'on ne se bornait plus à ce genre de divertissements. On y représentait des scènes dramatiques, formant le cadre dans lequel venaient se placer les exercices équestres. Les cirques étaient, dès lors, considérés comme des théâtres secondaires [4].

4° Les places louées pour un temps déterminé [5].

5° Les entrées et abonnements, sous une forme quelconque, dans tous les spectacles où se donnent des pièces de théâtre[6].

6° Les entrées dans les spectacles [7].

---

(1) Avis *Cons. surveill. Assist. pub.*, 16 mai 1895.
(2) Décis. Min. int., 9 mai 1809, art. 3.
(3) C. État., 24 mars 1820, préc.
(4) C. préf. Gironde, 24 novembre 1835, préc.
(5) Loi 7 frimaire an V, art. 1.
(6) Loi 8 thermidor an V ; — Béquet, préc., n. 711.
(7) Loi 25 mars 1817, art. 131.

7° Les établissements où se jouent des pantomimes [1].

8° Les panoramas, théâtres pittoresques et mécaniques [2], et les tableaux panoramiques [3].

9° Les théâtres de marionnettes [4].

10° Les salles de curiosités ou d'expériences physiques, telles que les musées de personnages en cire, représentations de prestidigitateurs [5].

11° Les expositions d'engins et d'appareils contre l'incendie, les expositions de peinture, le *Théâtre d'application* [6].

12° Les casinos, ménageries, alcazars ou folies, les établissements où l'on exhibe des acrobates, des animaux féroces, etc. [7].

13° Les spectacles et concerts quotidiens [8], qui ont été assimilés aux théâtres, par ce motif qu'ayant lieu régulièrement tous les jours, ils sont, comme eux, exposés à ne faire, en certaines soirées, que des recettes insuffisantes pour couvrir leurs frais. Mais, par suite d'une mauvaise rédaction, l'article 9 § 2 parle du *dixième des billets d'entrée*, au lieu du *onzième* [9].

14° Les concerts quotidiens d'artistes et d'Associations d'artistes [10].

15° Les concerts non quotidiens autres que les concerts d'artistes ou d'Associations d'artistes, expositions, jeux, divertissements, etc. [11].

16° En ce qui concerne les cafés-concerts à entrée libre,

---

(1) Décis. min., 9 mai 1809, art. 3.

(2) Arr. 10 thermidor an XI, art. 2 ; — Avis C. État, 16 février 1832, préc.

(3) *Avis Cons. surveill. Assist. pub.*, 16 mai 1889.

(4) Arr. 10 thermidor an XI ; — *Avis* C. État, 16 février 1832, préc.

(5) Décis. min., 9 mai 1809.

(6) *Avis Cons. surveill. Assist. pub.*, 19 janvier 1888.

(7) Béquet, préc., n. 694.

(8) Loi 16 juillet 1840, art. 9.

(9) Note sur la Compar. entre les Budg. de l'*Assist. pub.* de 1878 et de 1896, préc. p. 20 ; — Feillet, préc., p. 18, note 1; — Béquet, préc., n. 694.

(10) Loi 3 août 1875, art. 23.

(11) *Avis Cons. surveill. Assist. pub.*, 9 décembre 1886, 23 janvier 1890, 18 février 1892 ; — V. cependant *infrà*, n° 211, § 3 et 5.

en présence des difficultés de constater leurs recettes réelles, l'*Assistance publique* augmentait d'*un dixième* le prix de revient des consommations, par abonnements basés sur le montant des recettes justifiées par les Livres de commerce.

Mais, bientôt, ces établissements se transformèrent, malgré les règlements, en petits théâtres, jouant et chantant des opérettes, avec costumes et décors, et, grâce à la tolérance administrative, ils parvenaient à ne payer que 30.522 fr. de Droits en 1869 [1].

Maintenant, sauf pour les petits établissements qui sont *abonnés*, l'*Assistance publique* perçoit le *onzième*, par voie de *contrôle*, comme pour les théâtres.

C. *Perception du quart de la recette brute.*

211. La Loi du 8 thermidor an V a établi, nous l'avons dit déjà, au point de vue de la quotité du *Droit*, une distinction entre les théâtres et les autres divertissements publics qui n'ont pas le caractère de ce genre de spectacles, mais où l'on est admis en payant, et nous savons aussi que l'énumération que fait l'article 2 de cette Loi est purement *énonciative* et s'applique, dès lors, à toutes les fêtes de même genre que celles qu'il cite, à la différence de l'énumération *limitative* que contenait l'article 1 de la Loi du 7 frimaire an V [2].

En cónséquence, sont soumis à la perception du *quart:*

1° Les bals, feux d'artifice, concerts, courses et exercices de chevaux, et autres fêtes où l'on est admis en payant [3].

Il s'agit là des spectacles se composant exclusivement d'exercices de chevaux présentés en liberté ou montés par des écuyers (sauts d'obstacles, haute école, quadrilles, carrousels, etc.), et non des scènes équestres données dans un cirque ou un hippodrome, au cours d'une représentation comportant plusieurs spectacles.

---

[1] Manceaux, préc., p. 31 ; — Bonnassies, préc., p. 202.
[2] C. État, 13 juin 1873, préc.; Concl. de M. *David.*
[3] Loi 8 thermidor an V.

2° Les bals, concerts, danses et fêtes publiques [1].

Le *quart* étant perçu sur les billets d'entrée, peu importe qu'une partie du prix soit employée en consommations [2].

3° Les concerts quotidiens [3].

Par exception, les concerts non quotidiens ne paient généralement que 5 0/0 [4], et l'on peut se demander si les représentations théâtrales non quotidiennes ne devraient pas, elles aussi, être assujetties au *quart* [5].

4° Les bals publics, curiosités, spectacles non quotidiens [6], y compris les bals donnés dans un spectacle [7].

5° Toutes les fêtes (telles que fêtes de gymnastique, montagnes russes, manèges de chevaux de bois, manèges de vélocipèdes, salles de patinage, etc,) et tous les amusements payants, offerts *accidentellement* au public.

Il a été jugé, à ce propos, que les réunions données accidentellement, aux heures et dans les conditions des représentations ordinaires, dans un théâtre où ont lieu des représentations quotidiennes, sont imposables au *quart*. Autrement, ce serait constituer, au profit du théâtre, une sorte de privilège pour les concerts, bals, etc. [8].

Du reste, la Loi annuelle de finances, en assimilant aux théâtres, pour la quotité du *Droit,* les établissements qui donnent lieu à· une perception quotidienne, a confirmé cette façon de procéder.

---

(1) Décr. 9 décembre, 1809.

(2) C. État, 6 juin 1844, préc.; — de La Borie de La Batut, *Des établiss. de bienf.*, p. 164.

(3) Loi 8 thermidor an V; — Décr. 9 décembre 1809; — Loi 16 juillet 1840.

(4) Loi 3 août 1875, art. 23; — V. cependant C. préf. Lot-et-Garonne, 6 février 1895 (Ducourneau), qui a imposé *au quart* trois concerts donnés par une réunion de jeunes gens (*Rev. étab. bienf.*, 1897, 37).

(5) Lacan et Paulmier, préc., t. 1, n. 130; — Béquet, préc. n. 6.

(6) Ordonn. 8 décembre 1824, art. 11 ; — Régl. Min. int., 15 mai 1855, art. 21.

(7) Ordonn. 12 février 1817. *Bull. des lois*, t. 51, p. 155 ; — de Watteville, *Législ. charit.*, t. 1, 293.

(8) C. préf. Seine, 24 décembre 1853; — *Avis Comité consult. Assist. publ.*, 10 juin 1853; — Béquet, préc., n. 694; — Béchet, préc., p. 92.

6° Les lieux de réunion ou de fête où l'on est admis en payant [1] : concerts, jeux et autres plaisirs, soit dans des jardins, soit dans d'autres lieux publics.

L'emplacement est indifférent, puisque la fixation de la quotité est établie à raison du genre de divertissements et du caractère de la fête, et que ce n'est pas l'affectation habituelle du local qui détermine le taux de la redevance.

Aussi n'y a-t-il pas d'exception pour les bals donnés dans une salle de théâtre, où ont lieu des représentations quotidiennes, ni pour les bals masqués [2].

7° Les établissements (jardins ou autres lieux publics où l'on entre sans payer, mais où se trouvent établis des divertissements : danses, jeux et concerts), pour lesquels des rétributions sont exigées ou par voie de cachets ou par abonnements [3].

8° Les courses et exercices de chevaux non quotidiens, les *Cirques olympiques* se bornant à faire des exercices équestres, sans représentation de pièces de théâtre, et constituant, dès lors, de simples spectacles de curiosités [4].

9° Sont aussi passibles, comme divertissements publics : les exercices de corde raide, la traversée de la *Seine* par un baladin [5], le lancement d'un ballon [6], le prix net d'adjudication faite par une Municipalité de l'entreprise de bals donnés à l'occasion de la *Fête patronale* ou du *Car-*

---

(1) Loi 25 mars 1817, art. 131; — Loi 24 mai 1834, art. 5; — Loi 16 juillet 1840, art. 9.

(2) Loi 8 thermidor an V; — Décr. 9 décembre 1809; — C. État, 24 février 1817, préc; — Circul. Préf. Vosges, 12 juillet et 16 octobre 1886. *Rev. étab. bienf.* 1886. 369.

(3) Décis. Min. int. 26 fructidor an X; — C. État, 9 décembre 1852. Manon. S. 1853.2.428; J. P. adm. chron; *Pand. chron.* 3.3.35; D. 1853.3.21; Lebon, 1862.587; *Mém. perc.*, 1854.39; Dalloz, *Rép.*, v° *Théât.* n. 116; — Béchet, préc., p. 92; — Pector, préc., p. 118.

(4) Loi 8 thermidor an V; — C. État, 16 juin 1841, préc.

(5) C. État, 29 octobre 1809, préc.

(6) Dalloz, *Rép.*, v° *Théât.* n. 119.

naval [1], les fêtes dites *Kermesses* données dans un jardin
ou dans une salle [2].

D. *Perception de 15 0/0 de la recette brute.*

212. Il est des cas où une perception du *quart* aurait
entraîné une telle aggravation des frais généraux, que les
bénéfices auraient disparu et que la fermeture des établissements ainsi imposés s'en serait suivie, au détriment des
pauvres.

Aussi l'usage s'est-il établi, à l'*Assistance publique de
Paris*, de consentir des réductions du Droit, conformément à l'*avis du Conseil de surveillance*.

C'est là une mesure de pure bienveillance, qu'aucun
texte n'autorise, mais confirmée désormais, par l'Arrêté
annuel de principe du *Préfet de la Seine*.

Cette mesure, étendue parfois à des spectacles de curiosités non quotidiens, est aussi applicable aux bals publics
ordinaires [3].

E. *Perception de 5 0/0 (1/20) de la recette brute.*

213. Les concerts d'artistes ou d'Associations d'artistes sont les seuls divertissements, à l'occasion desquels la
réduction de la taxe à *5 0/0* ait été expressément visée
par une loi.

D'ordinaire, la Pratique administrative, du moins telle
qu'elle fonctionne à *Paris*, se suffit à elle-même.

La Loi du 3 août 1875 (art. 23, état D. § 2) vise excep-

---

(1) Circul. Préf. Vosges, 12 juillet et 16 octobre 1886, préc.

(2) Circul. min. 26 fructidor an X. — *Contrà* : Arr Cons. gén. hosp.
28 juin 1809, art. 2.

(3) Arr. *Préf. Seine*, 23 janvier 1899 ; — Arr. *Assist. pub.*, 28 décembre 1876 ; — *Avis Cons. surveill. Assist. pub.* 9 décembre 1886, 23 janvier 1890, 18 février 1892 ; — Note sur la Comparais. entre les Budg. de
1878 et de 1896, préc., p. 20 ; — Chautemps, *Rapport au Cons. munic.
sur le Budg. de l'Assist. pub.*, 1886, p. 26, et 1888, p. 28 ; — Béchet,
préc., p. 95.

tionnellement les concerts non quotidiens donnés par les artistes ou Associations d'artistes, et, faisant un pas de plus, l'Arrêté du *Préfet de la Seine* du 23 janvier 1899 semble même ne pas faire de distinction entre les concerts quotidiens et les concerts non quotidiens.

211. On s'est demandé ce qu'il faut entendre par ces mots : *Artistes.*

« Tous les concerts sont donnés par des artistes, dit excellemment M. *Pector* [1], en ce sens que l'orchestre est toujours composé d'artistes. La loi ne concerne évidemment pas tous les concerts non quotidiens. En dehors des cafés-concerts, concerts-promenades ou concerts-bals, non visés, comme l'a fait observer M. *Tirard*, elle n'a entendu favoriser qu'une certaine catégorie de concerts : les concerts du *Conservatoire* et les concerts populaires de *Pasdeloup, Colonne* et *Lamoureux;* il s'agit de concerts régulièrement organisés par des artistes réunis sous une même direction. »

On s'est demandé encore s'il s'agit uniquement des concerts donnés par les artistes à leur profit, ou de ceux donnés aussi au profit d'une œuvre de bienfaisance.

« Il parait résulter, des termes mêmes de l'articles 23 de la Loi du 3 août 1875, dit le Ministre de l'Intérieur [2], qu'il vise uniquement les concerts organisés par des artistes ou des Associations d'artistes à leur profit. Cette interprétation semble bien ressortir également du Discours prononcé par M. *Tirard* à l'*Assemblée nationale,* dans la séance du 3 août 1875 [3], pour soutenir l'Amendement de MM. *Beau* et d'*Osmoy*, qui est devenu le § 2 de l'article 23. Il citait, en effet, comme exemples des concerts en faveur desquels il proposait une exception à la législation antérieure, les *Concerts populaires* et les *Concerts du Châtelet,* dont les benéfices se répartissent entre les membres asso-

(1) Précit., p. 163.
(2) Dalloz, 1887. 3, 53, note 5.
(3) *Journ. offic.*, 4 août 1875, p. 6435.

W.   8

ciés qui les organisent. L'interprétation contraire réduirait à *5 0/0* le *Droit des pauvres* sur les recettes de tous les concerts, puisque tous sont donnés avec le concours d'artistes, et il parait certain que cette conséquence ne serait pas conforme aux intentions du législateur, dont le but semble avoir été de favoriser les artistes. »

215. C'est en ce sens qu'il a été décidé que la réduction à *5 0/0* ne s'applique pas à un concert donné par des artistes au profit d'une œuvre de bienfaisance [1].

Toutefois, il peut sembler rigoureux et singulier que l'absence de toute idée de spéculation entraîne un traitement moins favorable que celui accordé aux artistes dans leur intérêt personnel.

216. L'abaissement de la taxe s'applique aussi bien aux concerts donnés par des artistes amateurs qu'à ceux donnés par des artistes ou Associations d'artistes de profession, à leur profit, — la loi n'ayant établi aucune distinction [2].

217. Profitent aussi de la modération du *Droit* à *5 0/0* :

1° Les fêtes organisées, à *Paris*, dans le but de soulager des infortunes publiques ou privées, et dont les pauvres de *Paris* ne sont pas appelés à bénéficier [3].

Peu importe qu'il s'agisse de pauvres français habitant la *province* ou de pauvres *étrangers* [4].

Tel est le cas de fêtes données par des Sociétés étran-

---

(1) C. État, 20 novembre 1885, préc. ; — V. Inst. gén. fin., 20 juin 1859. — *Contrà*, Pector, préc., p. 163.

(2) C. État, 20 novembre 1896, Ducourneau, S. et J. P. 1898. 3. 124; D. 1898. 3. 22; *Pand. franç. Rép.*, v° *Droit des pauvres*, n. 136; *Rec. C. État*, 1886. 735 et la note; *Rev. établ. bienfais.*, 1897, 37; *Bull. off. Min. int.*, 1897, 80. — *Contrà*, C. préf. Lot-et-Garonne, 6 février 1895, préc. (Trois concerts donnés par une réunion de jeunes gens, dont M. Ducourneau était le mandataire, ont été imposés au *quart*).

(3) Arr. Préf. Seine, 23 janvier 1899 ; — *Avis Cons. surveill. Assist. publ.*, 21 juillet 1892 ; — Béquet, préc., n. 702.

(4) *Avis Cons. surveill. Assist. pub.*, 15 décembre 1892.

gères ou des Comités de bienfaisance étrangers [1]. Le taux avait même, un instant, été modéré à *1 0/0* en faveur des Sociétés de bienfaisance étrangères [2].

Tel est aussi le cas d'œuvres visant un autre but, en même temps qu'elles s'adressent aux pauvres [3].

2° Les fêtes organisées dans *Paris* par les Municipalités ou les œuvres des localités suburbaines [4].

218. L'*Assistance publique* a aussi taxé à *5 0/0*.

1° Une fête militaire donnée à l'*Hôtel Continental* [5];

2° Certains établissements situés dans l'enceinte de l'*Exposition universelle* [6];

3° Les sociétés de Secours mutuels, sur le produit de fêtes qu'elles organisaient [7];

4° Les théâtres, après les Révolutions de 1830 et de 1848, et durant les périodes de crise de 1831 et de 1849.

F. *Modérations du Droit à 12 1/2 (1/8) 1, 2, 3 0/0.*

1° *Généralités.*

219. Depuis de longues années déjà, répétons-le, à *Paris*, l'*Assistance publique* est dans l'usage de consentir des réductions du taux légal [8].

Il lui arrive fréquemment, suivant les circonstances, de percevoir le taux le moins élevé, soit *1 0/0*.

Mais ce taux ne saurait, en principe, être remplacé par une somme fixe [9].

---

(1) *Avis Cons. surveill. Assist. pub.*, 10 juin 1886, 21 juillet et 15 décembre 1892.

(2) *Avis Cons. surveill. Assist. pub.*, 20 mai 1886.

(3) *Avis Cons. surv. Assist. pub.*, 21 juillet 1892.

(4) Arr. *Préfet Seine*, 23 janvier 1899; — *Avis Cons. surveill. Assist. pub.*, 9 décembre 1886, 23 janvier 1890, 18 février 1892; — Note sur la Comparais. entre les Budg. de 1878 et de 1896, préc., p. 20.

(5) *Avis Cons. surveill. Assist. pub.*, 19 janvier 1888.

(6) *Avis Cons. surveill. Assist. pub.*, 3 mai 1888.

(7) *Avis Cons. surveill. Assist. pub.*, 19 juillet 1888, 14 novembre 1889, 9 janvier 1890.

(8) *Avis Cons. surveill. Assist. pub.*, 23 janvier 1890.

(9) *Avis Cons. surveill. Assist. pub.*, 21 février 1889.

Elle a renoncé au système des transactions faites à l'avance, et maintient avec fermeté son droit de prélèvement *ad valorem*.

220. Il faut reconnaître, toutefois, qu'il y a là un inconvénient, et il en résulte que bien des fêtes de bienfaisance ne peuvent avoir lieu, tant la charge semble lourde encore à leurs organisateurs !

Il y a de nombreux exemples de remises partielles du *Droit* accordées, en raison de leur caractère philanthropique, à des œuvres de bienfaisance [1].

L'*Assistance publique* a accepté, par exemple, à titre exceptionnel, une somme fixe de 40.000 francs d'un sieur *Cody*, directeur de la *Buffalo Bill Wild West Company*, pour son installation au *Palais de l'Industrie*, parce qu'il s'agissait d'une installation provisoire et que les représentations ne devaient pas avoir lieu, en cas de refus de l'Administration [2] ; — un abonnement à forfait de 1.500 francs consenti à la *Société nationale des Beaux-Arts*, installée au *Champ-de-Mars* [3] ; — et la somme d'un franc pour une fête où il n'y avait pas de droits d'entrée, mais où l'on était admis sur la présentation d'un billet de *tombola* [4].

221. Les précédents, en matière de réductions de taxe, présentent, du reste, une grande variété, et cela va parfois jusqu'à d'injustifiables inégalités, dont se plaignait déjà le premier Rapporteur de la *Commission du Droit des pauvres*, M. *Mathieu*, qui constatait que les établissements tout-à-fait inférieurs étaient le plus favorablement traités [5].

Ainsi, pendant un temps, les concerts non quotidiens (jusqu'à la Loi du 3 août 1875) et les bals étaient, en vertu de l'autorisation de consentir des réductions résul-

---

(1) *Cons. munic. Paris*, 24 mai 1897, *Syndicat des Coureurs vélocipédistes* (*Bull. munic. offic.*, 25 mai 1897). — V. *infrà*, n. 265.

(2) *Avis Cons. surveill. Assist. pub.*, 1er août 1889.

(3) *Avis Cons. surveill. Assist. pub.*, 14 mai 1891.

(4) *Avis Cons. surveill. Assist. pub.*, 9 décembre 1886.

(5) Procès-verbaux de 1870, n. 4, p. 6, et n. 6, p. 20.

tant du Décret du 9 décembre 1809 (art. 3), non pas *abonnés*, mais *contrôlés* à *12 1/2 0/0*, soit au *1/8* [1].

Les *Jeux chevaleresques*, les *Montagnes russes de Neuilly*, les *Jeux gymniques*, le *Jardin de Tivoli*, étaient taxés au *dixième de la recette brute*.

Plus tard, vers 1835, les *Montagnes de Belleville* ne payaient qu'une redevance annuelle de 90 francs.

Les *Jardins d'Apollon*, le *Jeu du Carrousel*, le *Spectacle de physique amusante à Montrouge* étaient *abonnés* moyennant 8 francs par mois ; le *Jeu des aérofères*, moyennant 25 francs ; le *Pantéorama de Neuilly*, pour 4 francs [2].

222. En *province*, l'Administration peut toujours, avec l'autorisation du Préfet, traiter directement, par voie d'abonnement, avec les entrepreneurs et directeurs, et leur faire telles concessions qu'elle juge convenables [3].

Les traités qu'elle passe doivent avoir pour objet de lui procurer, par l'abonnement, l'équivalent, en moyenne, de ce qu'elle pourrait percevoir sur le produit des recettes de chaque fête ou spectacle, directement encaissées [4].

223. Ainsi, un Maire ne saurait, de sa seule autorité, comme Président de droit du Bureau de bienfaisance, aller jusqu'à faire, au préjudice de ce Bureau, abandon du *Droit* au profit de l'entreprise. Ce serait une aliénation, à titre gratuit, d'un impôt autorisé par la Loi annuelle de finances, et dont cette loi a, en même temps, déterminé le taux, et cet abandon ne pourrait obliger le receveur et couvrir sa responsabilité qu'autant que le Préfet l'aurait autorisé [5].

---

(1) Note (manuscrite) pour l'*Admin. des hosp.* (*Archiv. Assist. pub.*); — Manceaux, préc., p. 31 ; — Bonnassies, préc., p. 202.

(2) Bonnassises, préc., p. 202 ; — de Pierrefitte, préc., p. 23.

(3) Circul. Préf. Vosges, 12 juillet et 16 octobre 1886, préc.

(4) Durieu et Roche, v° *Spect.*, n. 24, préc.

(5) A bien considérer, cette théorie est la vraie. Ne pas s'en tenir à la stricte application des textes, en matière d'impôts, est chose essentiellement délicate, et, alors même que l'Administration ne modifierait la loi, *motu proprio*, que pour en adoucir la rigueur, l'arbitraire ne devrait pas pour cela être plus toléré !

Son seul droit comme Maire est de présider la Commission administrative, lors de ses réunions, et d'assurer l'exécution de ses délibérations.

La Commission administrative elle-même, soit d'un Hospice, soit d'un Bureau de bienfaisance, n'aurait pas le droit de modifier la base de la perception, sous peine d'outrepasser les conditions normales d'administration [1].

2° *Taxe de 3 0/0.*

224. L'*Assistance publique* a, d'elle-même, en 1848, en raison de l'abaissement des recettes provoqué par la crise politique, modéré à *3 0/0* le taux de perception dans les théâtres, pour le relever, d'ailleurs, à *5 0/0* en 1849.

Elle a aussi, à certain moment, proposé de taxer à *3 0/0* les Expositions [2].

3° *Taxe de 2 0/0.*

225. Le *Droit* a été abaissé à *2 0/0*, en raison de la modicité des bénéfices réalisés, pour une fête foraine au profit des victimes des incendies de la *Guyane française* [3].

La même réduction a été consentie, en raison du but poursuivi, à la *Société nationale d'Horticulture de France* [4], qui ne paie même plus actuellement que *1 0/0.*

4° *Taxe de 1 0/0.*

226. La taxe de *1 0/0* constitue une sorte d'*abonnement* ou *forfait,* dont les conditions sont à peu près déterminées à l'avance, afin de soustraire l'*Assistance publique* à d'incessantes sollicitations.

---

(1) Solut. du *Mémor. percept.* 1863. 392.
(2) *Avis Cons. surveill. Assist. publ.*, 24 juin 1886.
(3) *Avis Cons. surveill. Assist. publ.*, 8 novembre 1888.
(4) *Avis Cons. surveill. Assist. publ.*, 21 avril 1887, 24 mars et 27 octobre 1892; — V. *Avis Comité consult. Assist. publ.*, 19 mai 1892.

Outre l'*enquête préalable* à laquelle il est procédé, on n'en peut obtenir, en effet, l'application qu'à une double condition :

1° Le but poursuivi doit être charitable et étranger à toute spéculation ;

2° Les Sociétés et Comités, etc., doivent, pour jouir de cette faveur, produire leurs *Statuts* et leurs *Comptes moraux* et *financiers* [1].

Ces taxations sont, d'ailleurs, révisables chaque mois et payables d'avance, et le montant des prélèvements doit, autant que possible, se rapprocher du chiffre qu'on obtiendrait par voie de contrôle.

227. Sont ainsi soumis à la perception de 1 0/0 :

1° La *Société nationale des Beaux-arts*, qui était, jusqu'en ces derniers temps, installée au *Champ-de-Mars* [2].

2° Les Sociétés de pure bienfaisance, composées de membres désintéressés [3].

3° Les Comités et Établissements fondés dans le but de venir en aide aux nécessiteux français et même étrangers habitant *Paris* [4].

Le taux a même, un instant, été (nous l'avons déjà signalé) abaissé à 1 0/0 en faveur des Sociétés de bienfaisance étrangères [5].

4° Les fêtes organisées par les Sociétés de secours mutuels.

Le taux de perception, d'abord fixé à 5 0/0, a été réduit à 1 0/0, en vue de favoriser le développement de ces Sociétés [6], et cette mesure se justifie amplement : car si

(1) *Avis Cons. surveill. Assist. publ.*, 9 décembre 1886, 23 janvier 1890, 18 février et 21 juillet 1892 ; — Note sur la Compar. entre les Budg. de 1878 et de 1896, préc., p. 20.

(2) *Avis Cons. surveill. Assist. pub.*, 17 avril 1890.

(3) Arr. *Préf. Seine*, 23 janvier 1899 ; — *Avis Cons. surveill. Assist. pub.*, 19 juillet 1888, 14 novembre 1889, 9 janvier 1890.

(4) Arr. *Préf. Seine*, 23 janvier 1899 ; — *Avis Cons. surveill. Assist. pub.*, 15 décembre 1892.

(5) *Avis Cons. surveill. Assist. pub.*, 20 mai 1886.

(6) *Avis Cons. surveill. Assist. pub.*, 23 janvier 1890, 28 mai 1891.

quelques-unes d'elles ne se sont formées que dans un but d'intérêt exclusivement spéculatif, pour constituer des pensions à leurs adhérents, sans s'occuper des malades et des secours effectifs à leur donner, et ne méritent, dès lors, pas d'être traitées avec une faveur spéciale, beaucoup sont des auxiliaires précieux pour l'*Assistance publique* [1].

Mais il ne faudrait pas se laisser aller trop facilement à accorder ce taux *minimum* à certaines de ces Sociétés, notamment à celles qui présentent plutôt le caractère d'une Tontine que celui d'une Société de secours mutuels [2].

G. *Régime spécial des Guinguettes.*

228. Les *Guinguettes* (établissements où l'on se livre à la danse) ont été, dès l'origine, soumises à un régime spécial, en raison même de la difficulté qu'il y avait de déterminer le chiffre de leurs recettes [3].

229. Le *Préfet de police* ne devait leur délivrer l'autorisation de laisser danser qu'à charge, par elles, de verser, préalablement, au comptant, à l'*Administration hospitalière,* une rétribution, sous forme d'abonnement, dont le chiffre était abandonné à son appréciation souveraine, pour tenir lieu du *quart* légal.

La rétribution était, généralement, fixée dans la proportion des abonnements consentis à quelques-uns de ces établissements, dans le cours des années précédentes.

Conformément au Décret du 2 novembre 1807 (art. 2), on les divisait, suivant leur importance, en quatre classes, pour chacune desquelles la quotité de la taxe était fixée, par mois et par établissement, suivant l'évaluation au *quart* de leurs recettes présumées, à 100, 50, 25 ou 15 francs.

---

(1) *Avis Cons. surveill. Assist. pub.* 14 novembre 1889, 23 janvier 1890.
(2) *Avis Cons. surveill. Assist. pub.*, 28 mai 1891.
(3) V. *infrà.*, n. 355.

Il en existait à *Paris* (*intrà* et *extrà muros*) et en *province*.

230. Cette perception figurait dans le prix d'adjudication de la *Régie intéressée du Droit des pauvres*; mais elle ne profitait, en réalité, qu'aux Bureaux de bienfaisance des Communes où les danses avaient lieu [1].

Cependant, elle fut, pendant un temps, détournée de sa destination et consacrée à l'Établissement du *Dépôt de mendicité de Villers-Cotterets* [2].

Mais la perception devenant onéreuse, surtout en hiver, à la *Régie intéressée*, qui n'était qu'un intermédiaire, le recouvrement de l'impôt fut confié au *Préfet de police*, qu disposait de moyens d'exécution plus efficaces [3]. Le Caissier de la *Préfecture* fut chargé, moyennant abandon *d'un dixième* pour ses frais, d'opérer les rentrées et d'en verser le montant à la *Caisse des hospices*, qui avait à le restituer aux Communes, sur le territoire desquelles les danses avaient eu lieu [4].

Ces petits établissements furent, alors, contrôlés, dans la latitude du *quart* au *dixième*, d'après les données qu'on pouvait avoir sur leurs recettes, en tenant compte de la position de chacun d'eux et de la saison, et le *Droit* réduit fut fixé entre 3 et 40 francs par mois.

La perception se faisait sur états mensuels, arrêtés par le Préfet.

231. A partir de 1820, l'intervention de la *Régie intéressée* disparut [5].

Pour éviter d'inutiles complications d'écritures, le Préfet de police dut, alors, remettre lui-même directement au Maire, Président du Bureau de bienfaisance, les fonds revenant à chaque Commune intéressée. Seulement, ceux

---

(1) Décis. Min. int., 7 février 1809; — Arr. *Préf. Seine*, 22 février 1809.
(2) Décis. Min. int., 25 juillet 1809.
(3) Décis. Min. int. 9 mai 1809; — Décr. 9 décembre 1809; — Inst. Min. int. 19 décembre 1809; — *Code admin. des hôpit.*, p. 200, préc.
(4) Décis. Min. int. 23 janvier 1810.
(5) Décis. Min. int., 6 juin 1820; — Leguay, préc.

qui provenaient des recouvrements du quatrième trimestre n'étaient distribués qu'après l'approbation des comptes de l'année par le Ministre et notification au Préfet de police, et sur le vu de l'Arrêté pris par le *Préfet de la Seine*.

De là, des lenteurs bien inutiles.

Aussi cette décision fut-elle rapportée en 1835 [1], et le Préfet de police fut autorisé à prendre, de concert avec le *Préfet de la Seine*, toutes mesures nécessaires pour que le produit annuel de l'impôt fût intégralement distribué avant l'approbation définitive du compte de l'année dans laquelle la perception a été opérée [2].

232. Actuellement, les *Guinguettes*, tant de *Paris* que de *province*, sont soumises à la règle commune, et la perception est exercée, pour compte de qui de droit, par les représentants de l'*Assistance publique*, sous forme d'abonnement.

§ 3. Modes de perception.

A. *Généralités.*

233. L'art. 6 du Décret du 7 frimaire an V portait qu'il serait établi dans chaque Administration communale un règlement pour fixer le mode de perception de la taxe; mais ce règlement n'a jamais été fait.

La perception donna même lieu, dès le début, à des difficultés.

234. Y avait-il un Bureau spécial de perception installé dans chaque établissement soumis à l'impôt?

La question se discute encore.

Mais, en tout cas, dès l'an V, les Directeurs d'entreprises étaient, en général, tenus de percevoir eux-mêmes la redevance, dont le produit constituait un dépôt dans leurs

(1) Ordonn. 1er mars 1835; — Décis. Min. int., 25 mars 1835.
(2) Bonnassies, préc., p. 192, note 1.

mains, et c'était d'après le relevé de leurs Livres que les *Droits* étaient recouvrés par les Administrations charitables.

En même temps, toute liberté était laissée aux Administrations locales pour la perception du *Droit des pauvres* [1].

235. La perception peut s'opérer de trois manières : par la *Mise en ferme*, la *Régie intéressée* ou la *Régie simple*.

236. Quelle que soit la voie adoptée, la perception doit être autorisée par le Préfet, sur la demande des Commissions administratives des Hospices et des Bureaux de bienfaisance [2].

1° *Bail à ferme.*

237. Pour éviter les abus qui se commettaient dans la perception du *Droit*, le *Conseil général des hospices* se décida à l'*affermer*.

Le premier bail fut adjugé à l'enchère pour onze mois, à dater du 1er brumaire an V, et moyennant 400.800 francs, portés à 420.000 francs en 1803, puis réduits à 370.000 francs en 1806 [3].

238. Ce mode de procéder consiste dans l'adjudication pure et simple du *Droit*.

L'Administration passe un traité avec un entrepreneur, moyennant un prix convenu et fixé à *forfait*, soit de gré à gré, soit aux enchères, aux risques et périls de l'adjudicataire, sans partage de bénéfices ni allocation pour frais.

Le *Droit* est mis en *ferme,* d'après les formes, clauses, charges et conditions, que devra approuver le Ministre de l'Intérieur [4].

---

(1) Béchet, préc., p. 137.

(2) Décis. Min. int., 12 septembre 1827 ; — Inst. gén. fin., 20 juin 1859, art. 1066 ; — Delfaux, préc., p. 373 ; — Thorlet, *Administ. et comptab. des bur. de bienf.*, p. 203.

(3) Rapport au *Cons. gén. des hosp.* sur l'état des hôpit., 1816, p. 285 ; — Leguay, préc.

(4) Décr. 9 décembre 1809, art. 2. *Bull. des lois*, t. 39, p. 73.

239. En cas de *bail à ferme*, l'Administration doit se conformer aux prescriptions qui lui sont imposées pour les baux des hospices [1].

240. Le Décret du 9 décembre 1809, en autorisant la *ferme* (comme, du reste, la *régie intéressée*), disposait uniquement pour *Paris*, non pas pour créer un privilège particulier en faveur des hospices parisiens, mais dans le seul but de leur interdire tout autre mode d'administration.

Seulement, comme l'art. 6 de la Loi du 7 frimaire an V permet aux Administrations hospitalières de « *déterminer les mesures qu'elles jugent convenables* », il en résulte que la *ferme*, aussi bien que la *régie intéressée*, pouvait être pratiquée dans les Départements, et il est arrivé que le procédé du *bail à ferme* a été surtout usité dans les Villes autres que *Paris*, qui restaient soumises aux règles générales posées dans l'*avis* du *Conseil d'État* du 7 octobre 1809 [2].

« Le Conseil d'État a pensé, — lit-on dans cet *Avis*, — qu'il était, en général, plus avantageux et plus conforme aux règles d'une bonne administration d'affermer les revenus des établissements de charité que de les laisser régir par eux ; que, cependant, ce principe n'était pas sans exception ; mais que les Administrateurs des hospices et des bureaux de bienfaisance ne devaient exploiter directement aucune de leurs propriétés, sans y être formellement autorisés. Il suit de là que la *mise en ferme* du *Droit*, dans les Villes autres que *Paris*, loin d'établir une exception, tend, au contraire, à rentrer dans la règle générale. »

La *mise en ferme* du *Droit*, en *province*, peut donc être autorisée par les Préfets [3], et, quelquefois, ce sont les Di-

---

(1) V. *Rép. gén· alph. du Dr. fr.*, vº *Assist. publ.*, n. 1792 et suiv.; — J. P. *Rép.*, vº *Théât.*, n. 64 ; — Durieu et Roche, préc., vº *Spect.*, n. 23 ; — Tardieu, préc., n. 8011.

(2) *Avis* Cons. État, 7 octobre 1809, *Mém. percept.*, t. 4, p. 379; — Décis. Min. int., 12 septembre 1827; — Tardieu, préc., n. 8017.

(3) Circul. Min. int., 21 et 31 décembre 1809, *Bull. off. Min. int.*, 1809, 369; — Décr., 31 octobre 1821, art. 15.

recteurs des théâtres eux-mêmes qui deviennent les fermiers de la taxe [1].

241. Le fermier est seul maître de son administration ; il la dirige à sa guise, et, pourvu qu'il tienne un compte régulier des sommes encaissées et exhibe ses Livres, qu'on a droit de contrôler, on n'a rien d'autre à lui demander.

242. Des remises pouvaient lui être consenties à titre d'indemnité, pour pertes par lui éprouvées.

Mais le Conseil d'État avait le droit de les improuver [2].

2° *Régie intéressée.*

243. La *régie intéressée* n'est autre chose qu'un mélange du système de la *ferme* et de celui de la *régie simple.*

Elle consiste à traiter avec un concessionnaire, qui, tenu de produire jour par jour les feuilles du contrôle qu'il exerce sur les établissements soumis à la taxe [3], s'engage à verser à l'Administration, quel que soit le produit de l'impôt, une somme fixe, augmentée d'une part proportionnelle dans les produits qui dépassent le prix principal et la somme allouée pour frais.

Les formes, clauses, charges et conditions de la perception devaient être approuvées par le Ministre de l'Intérieur ; mais, en vertu du Décret de décentralisation du 25 mars 1852, l'approbation est donnée par le Préfet.

Le receveur-comptable de l'Administration et le contrôleur des recettes et dépenses sont spécialement chargés du contrôle de la *régie*, sous l'autorité de la *Commission exécutive des hospices* et sous la surveillance du *Préfet de la Seine* [4] ; mais ils ne peuvent effectuer aucune dépense pour la contre-vérification, qu'ils doivent faire, qu'après en

---

(1) René Brice, *Rapport sommaire à la Ch. des déput. sur la Propos. de loi relative au Droit des pauv. sur les représent. théât.* (29 mars 1878, annexe, n. 555, *Journal officiel*, p. 5329).

(2) C. État, 10 messidor an XIII ; — V. aussi *infrà*, n. 301.

(3) Rapp. de 1816 au *Cons. gén. hosp.*, préc.

(4) Décr. 9 décembre 1809, art. 2.

avoir référé à la *Commission exécutive*, qui en fait elle-même rapport au *Conseil général des hospices*, et c'est ce dernier qui décide si la dépense doit ou non avoir lieu [1].

244. Le *régisseur intéressé* a, naturellement, plus que le *fermier*, l'obligation stricte de consulter ses commettants, notamment lorsqu'il y a lieu à abonnements, et, d'ailleurs, on lui en fait une loi par son Cahier des charges [2].

245. Avant 1806, les marchés et adjudications relatifs à la perception du *Droit des pauvres* étaient faits de concert et en présence de l'*Agence des secours à domicile* de la *Commission administrative des hospices*, sous l'autorisation du *Conseil général des hospices* [3].

Mais la difficulté pour les Administrateurs du bien des pauvres de se charger directement des détails de la perception porta, dès l'origine, l'Administration à mettre le *Droit* en *ferme* ou en *régie*, et l'usage fut enfin légalement consacré par le Décret du 9 décembre 1809, qui maintint ces modes de perception, en les subordonnant aux formes, clauses, charges et conditions qui seraient approuvées par le Ministre de l'Intérieur [4].

Ces modes de perception ont été constamment suivis depuis 1809.

246. En 1806, le *Conseil général des hospices* proposa au *Préfet de la Seine*, comme étant plus conforme aux principes, de mettre la perception en *régie intéressée*, à la place de la *ferme* [5].

Interdiction est faite à l'*Administration des hospices* de se charger elle-même de la perception de la taxe, dans le but, sans doute, d'empêcher certaines violences possibles des agents chargés de recueil-

---

(1) Arr. *Cons. gén. hosp.*, 15 avril 1812 ; — *Code admin. des hôp. civ.*, p. 194.

(2) Rapport (manuscrit) au *Cons. gén. hosp.*, 1811. *Archiv. Assist. publ.*; — Décis. Min. Comm. et Trav. publ., 29 juin 1833.

(3) Arr. *Cons. gén. hosp.*, 13 septembre 1801.

(4) Nouguier, préc., n. 25.

(5) Décis. Min. int., 17 janvier 1807.

lir un impôt, qui ne rentrait, alors, qu'avec difficulté [1].

L'*Administrateur* chargé du *Domaine des hospices de Paris* (qui, de 1810 à 1824, formait la troisième Division, spécialement chargée de la régie et de la surveillance de la perception, et dont les attributions furent, à partir de 1824, réunies à celles du *Service des secours à domicile*, formant la quatrième Division), le *Receveur des hospices* et le *Contrôleur des recettes et dépenses* sont nommés Commissaires et Contrôleurs spéciaux près la *Régie* et chargés, en cette qualité, et sous leur responsabilité, de surveiller la perception [2], avec une allocation annuelle de 3.000 francs pour les frais d'inspection et de bureau [3], et sous l'autorité de la *Commission exécutive des hospices* et la surveillance du *Préfet de la Seine* [4].

243. On se demanda, à cette époque, sous quelle forme le *Droit des pauvres* serait mis en *régie*, et le *Préfet de la Seine*, éclairé déjà par un essai de quelques années, écrivait au Ministre de l'Intérieur : « Si la *régie* est donnée par adjudication, ce n'est plus qu'une véritable *ferme,* sous un autre nom. Chaque année, la *régie,* enlevée aux enchères, passe en de nouvelles mains ; les lumières que donne l'expérience manquent au régisseur ; et, si le prix a été forcé, il se voit obligé d'user avec rigueur d'un droit, qu'il n'est ni dans l'intérêt ni dans les principes d'une Administration paternelle d'exercer dans toute son extension [5]. »

A la suite de ces observations, le dernier *fermier* en exercice, le sieur *Thierry*, fut nommé *régisseur* pour 1807, puis, d'année en année, jusqu'en 1810 [6], et soumis à un *Cahier des charges*.

---

(1) Décr. 7. octobre 1809.

(2) Arr. *Cons. gén. hosp.*, 16 août 1807 et 16 août 1810, art. 1 et 2; — Décis. Min. int., 26 décembre 1807.

(3) Décis. Min. int., 7 février 1809.

(4) Décr. 9 décembre 1809; — Inst. Min. int. au *Préf. Seine,* 19 décembre 1809; — Arr. *Préf. Seine,* 22 décembre 1809.

(5) de Pierrefitte, préc., p. 23.

(6) Arr. *Cons. gén. hosp.,* 17 décembre 1806.

C'était là une sorte d'adjudication mixte.

La *régie* est fixée à 352.000 francs (à 408.000 francs, dans les derniers temps), dont 30.000 francs payés d'avance, par forme de cautionnement, et placés à intérêts, au profit des pauvres, au *Mont-de-piété ;* le surplus, divisé en 24 paiements égaux.

248. En 1809, défense est faite au *régisseur* de *sous-affermer* ou de mettre en *sous-régie.*

Mais il lui est loisible de proposer au *Conseil général des hospices* des *abonnements*, soit pour une seule représentation ou un seul concert, soit au mois ou à l'année[1].

249. A partir de 1810, cependant, il n'est plus tenu compte des anciennes observations du *Préfet de la Seine,* et la *régie* est mise en adjudication au plus offrant et dernier enchérisseur [2].

Mais les danses et fêtes publiques données dans les *Guinguettes,* à *Paris* (*intrà* comme *extrà muros*), sont exclues de l'adjudication, comme appartenant aux Communes environnantes, qui, seules, doivent en bénéficier.

250. En 1811, le cautionnement du *régisseur* est porté à 60.000 francs.

251. A partir de 1812, la *régie* est concédée (les *Guinguettes* toujours exceptées), moyennant 400.000 francs par an, payables par vingt-quatrièmes, pour cinq ans, afin que le *régisseur* puisse compenser les pertes d'une année avec les bénéfices possibles des autres années [3].

Le *régisseur* d'alors, M. *Jacques Du Bief,* — la remise accordée au *régisseur* étant fixée par l'Administration [4], — touche, sur son prix d'adjudication, *4 0/0* (soit 16.000 francs) pour ses frais, plus *6 0/0* de remise sur le produit du *Droit* excédant la somme de 416.000 francs.

Le bail fut renouvelé en 1818, et, plus tard, les produits

---

(1) V. aussi *Cons. gén. hosp.*, 18 février 1835.
(2) Arr. *Préf. Seine,* 23 décembre 1809.
(3) Arr. *Cons. gén. hosp.*, 23 septembre 1812 ; — Décr. 12 décembre 1812.
(4) V. Avis *Comité consult. Assist. pub.*, 26 avril 1829.

dépassant le taux d'adjudication furent partagés, à raison de *5 0/0*, entre l'*Administration des hospices* et l'adjudicataire, par fractions indivisibles, de 1.000 en 1.000 francs, pour les premiers 10.000 francs.

Cette remise du *régisseur* augmentait de *5 0/0* jusqu'à 60,000 francs, somme au-delà de laquelle il n'avait plus droit qu'à *3 0/0* [1].

252. A *Jacques Du Bief* allaient, par la suite, succéder tour à tour *Laprade* [2], *Gibert* [3], et, en 1833, *Mantoux* [4].

253. Dans le Projet de *Cahier des charges de 1823* [5], la *régie* était organisée pour 3, 6 ou 9 ans, à la volonté réciproque.

Un inspecteur ambulant est chargé de surveiller les contrôleurs et autres employés de la *régie du Droit*.

Le prix de ferme est fixé à 500,000 francs, payables en 36 paiements égaux, de dix jours en dix jours, contre quittance du *receveur des hospices*.

Une remise est consentie au *régisseur* sur les produits excédant 500.000 francs, pour l'indemniser de tous frais à sa charge : appointements d'employés, frais de perception, de bureau, de poursuites judiciaires, et de ses émoluments comme Directeur.

Défense lui est faite de *sous-affermer ;* mais il a le droit de consentir des *abonnements* ou des *réductions*, en prévenant l'Administration huit jours avant l'ouverture du spectacle.

Ces abonnements sont versés à la *Caisse* de l'Administration, comme acomptes sur le premier versement à échoir.

Les *contrôleurs* ont le droit d'*alterner*.

Un *inspecteur ambulant*, payé par l'Administration, est sous les ordres immédiats du membre de la *Commission*

---

(1) de Pierrefitte, préc., p. 23 ; — Bonnassies, préc., p. 193, note 1 ; — Leguay, préc.

(2) Pour 435.000 francs.

(3) Pour 440.000 francs.

(4) Lettre Min. int. au *Préf. Seine,* 25 octobre 1855.

(5) 21 août 1822.

administrative chargé de surveiller la perception [1].

254. Ce traité, dénoncé le 22 juin 1825, est remplacé, le 14 décembre suivant, par un nouveau traité de cinq ans passé avec M. *Locré de Saint-Julien*, moyennant 672.000 francs, réduits, peu après [2], à 600.000 francs [3].

La *régie intéressée* continuait, d'ailleurs, à s'entendre avec l'Administration pour fixer le taux auquel devait se faire la perception, même en cas de *contrôle*, afin de s'éclairer sur le prix auquel on pouvait établir les *abonnements* [4], — l'Administration conservant toujours la faculté d'abonner dans la latitude du *quart* au *dixième*, sous réserve du consentement du *régisseur intéressé* [5].

Le *régisseur* versait le montant de ses recettes, tous les trois jours, dans la Caisse administrative, contre quittance du *receveur*, et tout ce qu'il touchait, avant l'expiration de ce délai, au-dessus de 5.000 francs.

Il touchait, sur les premiers 300.000 francs, la remise résultant de l'offre contenue dans la plus basse soumission; *1; 1, 1/4* et *1, 1/2 0/0* pour chacun des 100.000 francs suivants, et *2 0/0* pour le surplus. Les rabais ne portaient que sur les premiers 300.000 francs.

Tous les frais de contrôle et de perception étaient supportés par l'*Administration des hospices*.

Le *cautionnement* était de 10.000 francs.

L'adjudication était donnée pour trois ans [6].

255. De 1833 à 1855, le *Droit des pauvres* ne cessa, à *Paris*, d'être mis en adjudication.

Mais ce mode de perception, offrant à l'entrepreneur de trop grandes chances de pertes ou de bénéfices, soulevait de vives critiques.

(1) *Code admin. des hôp.*, suppl., p. 59.
(2) 22 novembre 1826.
(3) Leguay, préc.
(4) Rapport au *Cons. gén. hosp.* de 1811, préc.
(5) Décis. Min. int., 9 mai 1809.
(6) *Cahier des charges de* 1834; — Décis. Min. Comm. et Trav. pub., 29 juin 1833.

L'Administration pensa qu'un retour en arrière s'imposait et que la *régie directe* serait plus avantageuse. La *régie intéressée*, telle qu'elle fonctionnait depuis 1833, expirait en 1854. Le traité fut prorogé pour un an, afin de ne pas désorganiser le Service de la perception pendant l'année de l'*Exposition*, et, en 1855, fut décidée, à titre d'essai, la perception provisoire de l'impôt par voie de *gestion directe* [1].

3° Régie simple.

256. Par Arrêté du 27 décembre 1855, le Service de la perception est transféré au Chef-lieu de l'Administration et placé dans les attributions du Chef de la troisième Division.

Le Chef du *Bureau du Domaine* est détaché provisoirement du Service de l'Administration centrale et spécialement chargé, avec le titre de *Directeur du Service de la perception du Droit des indigents* ou *Contrôleur principal*, de la *régie du Droit*, au traitement fixe de 5.500 francs, ensuite porté à 8.000 francs, alloués sur les fonds inscrits au Budget pour le Service de la perception de l'impôt.

Son traitement est passible de la retenue au profit de la *Caisse des retraites*.

Il a sous ses ordres immédiats des agents (et, parmi eux, un Contrôleur principal-adjoint), chargés du contrôle et du recouvrement de la taxe.

Il touche, en outre, pour rémunération de ses peines et soins, une indemnité sous forme de remise proportionnelle, ainsi que cela se pratiquait sous le régime antérieur : une allocation de 0.30 centimes 0/0 du produit brut de la recette, et, de plus, une somme fixe de 900 francs pour

(1) *Arr. Assist. pub.*, 8 août et 27 décembre 1855, 21 juillet 1856, 30 juin 1857 ; — Lettre Min. int. au *Préf. Seine*, 25 octobre 1855 ; — Circul. Préf. police, 23 juillet 1857 ; — Davenne, Compte mor. et adm. de l'*Assist. pub.* pour 1855.

frais de bureau, voitures, achat de billets d'entrée dans les spectacles (car il lui est interdit d'assister à une représentation sans payer sa place).

Son cautionnement est porté de 1.000 à 10.000 francs.

Toutes les recettes des agents chargés du contrôle et du recouvrement, qui continuent à fournir un cautionnement, sont centralisées entre les mains du Contrôleur principal, qui en fait, ensuite, chaque jour, le versement en une seule fois dans la Caisse de *l'Administration*.

Le *receveur* de l'Administration et le *Contrôleur des recettes et dépenses* continuent leur surveillance à titre de Contrôleurs spéciaux, conformément au Décret du 9 décembre 1809.

Les dépenses de la *régie simple* sont imputées sur les crédits portés au Budget pour frais de perception du *Droit des pauvres* [1].

257. En 1871, le Service est placé directement sous les ordres du Chef du *Bureau du Domaine* [2].

Ce changement n'eut d'autre conséquence que d'étendre les attributions des Contrôleurs principaux, de faire verser les recettes par les Contrôleurs directement dans la Caisse de l'Administration et de supprimer le contrôle spécial exercé par le Receveur de l'*Assistance publique* et le Contrôleur des recettes et dépenses.

258. Telle est l'économie du régime nouveau, grâce auquel l'*Assistance publique* put acquérir une connaissance plus approfondie des détails de ce Service.

Elle se rendit facilement compte que l'organisation nouvelle présentait, sous le rapport de l'économie, de la promptitude et de la surveillance des opérations, de sérieux avantages, et le Service fut définitivement maintenu, tel à peu près qu'il fonctionne aujourd'hui, par l'Arrêté du *Directeur de l'Assistance publique* du 23 juin 1857, ap-

_____

(1) *Arr. Assist. pub.*, 8 août 1855 et 21 juillet 1856 ; — Décis. Min. int., 25 octobre 1855.

(2) *Arr. Assist. pub.*, 21 octobre 1871.

prouvé par le *Préfet de la Seine* [1], et par celui du 21 octobre 1871.

259. La *régie simple* est, en effet, le système désormais employé à *Paris*.

Un préposé de l'*Assistance publique* (un *Contrôleur principal*, ayant rang de chef de bureau, assisté d'un *Contrôleur principal-adjoint*, ayant rang de commis principal), placé sous la direction et la surveillance immédiate de la Division des hôpitaux et hospices, prélève directement, chaque jour, sur les prix d'entrée, quand il y en a, et après apurement des comptes [2], ce qui revient aux pauvres sur la recette brute encaissée par le Directeur de l'entreprise, qui est tenu de recevoir du public la taxe des indigents en même temps que le prix du spectacle et d'en rendre compte à l'*Assistance publique* [3].

260. Avec ce procédé, d'ailleurs quelque peu coûteux, et qui, dès lors, ne peut guère convenir aux petites Villes de *province*, la taxe est perçue d'après les relevés quotidiens du produit des places, arrêté, à *Paris*, par l'*Administration de l'Assistance publique; en province*, par le Maire, Président né du Bureau de bienfaisance, suivant les indications fournies à cet égard par les entrepreneurs de spectacles et suivant les renseignements donnés soit par les agents de la Police municipale, soit par les Contrôleurs spéciaux du *Droit* [4].

261. Les procédés de perception généralement usités, dans le *bail à ferme* comme dans la *régie simple* ou *intéressée*, sont : le *contrôle* ou perception directe, le paiement d'avance ou *anticipation*, l'*abonnement*.

262. Rappelons qu'à *Paris*, la perception directe est la règle, et l'abonnement l'exception [5].

(1) Arr. *Préf. Seine*, 30 juin 1857.
(2) *Mém. perc.*, 1860. 245.
(3) Latruffe-Montmeylian. *Réplique pour l'Adm. des hosp.*, préc.; — Béquet, préc., p. 98.
(4) C. État, 25 janvier 1884, préc.
(5) *Avis Cons. surveill. Assist. publ.*, 24 juin 1886; — V. Budg. des

263. Il arrive même, mais c'est une exception plus rare encore, qu'il soit prélevé une *somme fixe* à titre de redevance, par exemple, sur les jeux et fêtes donnés par de petits industriels [1].

264. *a) Anticipations.* — Le paiement d'avance est imposé à certains cafés-concerts et à de petits spectacles ambulants, qui n'offriraient, le cas échéant, aucune chance de recouvrement du *Droit* [2].

265. *b) Contrôle.* — A *Paris* surtout, l'impôt est, en général, perçu dans son intégralité, par voie de contrôle sur les spectacles quotidiens et autres.

On distingue les représentations en *journalières* et *extraordinaires*.

Le contrôle s'applique aux théâtres, subventionnés ou non, aux spectacles divers, concerts et cafés-concerts (sauf les petits établissements, qui restent *abonnés*), bals, cirques et vélodromes, expositions, exhibitions, cinématographes, panoramas, dioramas, etc.

Un grand nombre de petits concerts parisiens, autrefois abonnés, ont été, dans ces dernières années, et surtout depuis 1895, soumis à la règle commune du *contrôle* [3].

266. *c) Abonnements.* — Tous les abonnements sont payables d'avance, mensuellement, ainsi que le porte le libellé du contrat d'abonnement.

Dans la pratique, à *Paris*, ils sont perçus dans le courant du mois auquel ils sont afférents.

267. Dès 1762, la perception directe du *Droit* étant devenue difficile, on lui avait substitué des *abonnements* par établissement [4].

---

recettes et dép. de l'*Assist. publ.*, tit. I, ch. I, sect. 2, sous-chap. 9; — Compte financ., sous-chap. 9.

(1) *Avis Cons. surveill. Assist. publ.*, 9 décembre 1886.
(2) V. *suprà*, n. 220.
(3) Note sur la comparaison entre les Budg. de 1878 et de 1896, préc.; — V. *suprà*, n. 260.
(4) Leguay, préc.

Le Décret du 9 décembre 1809, art. 2 et 3 [1], en permettant aux établissements de bienfaisance l'emploi, comme mode de perception, de l'abonnement sur les recettes, déjà autorisé par les Lois des 7 frimaire (art. 6) et 8 thermidor an V, le subordonnait à l'approbation du Gouvernement en Conseil d'État, comme il est fait pour les biens des hospices à mettre en régie, mais après Avis préalable du *Préfet de la Seine*, chargé de veiller aux intérêts des pauvres par la fixation d'un prix assez élevé et de paiements assez rapprochés, et qui devait consulter la *Commission exécutive des hospices* (composée du Membre de la *Commission administrative* ayant le *Domaine* dans ses attributions, du *receveur des hospices* et du *contrôleur des recettes et dépenses*) et le *Conseil général des hospices* [2].

Le *Conseil général des hospices* consultait lui-même le *Conseil municipal* sur les demandes d'abonnement, parce que cette mesure pouvait avoir pour résultat de diminuer les ressources des hospices et, par conséquent, d'accroître les charges que la *Ville de Paris* avait à supporter pour ces établissements [3].

268. Le Décret du 9 décembre 1809 comprend, sous la dénomination *d'abonnements*, à la fois ceux qui sont consentis à *forfait* et ceux qui consistent dans une réduction déterminée du *Droit* sur le produit des recettes brutes.

Dans ce dernier cas, il semble que la sanction souveraine de l'Approbation gouvernementale en Conseil d'État dût paraître d'autant plus nécessaire, qu'il s'agit d'une mesure préjudiciable aux pauvres, tandis que les abonnements à forfait ont principalement pour but d'éviter les difficultés attachées, quelquefois, au contrôle des recettes et peuvent être, à la rigueur, considérés comme de sim-

_____

(1) *Bull. off. Min. int.*, 1850. 1. 369; — *Code admin. des hôp.*, 1824, p. 194.
(2) Décis. Min. fin., 19 septembre 1843.
(3) C. État, 22 février 1832.

ples mesures d'administration, qui ont pour objet de régler le mode de perception du *Droit*, sans altérer le *Droit* lui-même [1].

C'est ainsi que, jusqu'en 1833, des Ordonnances royales ont sanctionné plusieurs abonnements pour des théâtres, sur la demande même de l'*Administration des hospices*.

269. Mais, malgré ce Décret, la faculté d'autoriser les abonnements fut transférée au Préfet.

En effet, de ce que le Décret de 1809 (art. 3) autorise les abonnements avec l'Approbation du Gouvernement en Conseil d'État « *comme pour les biens des hospices à mettre en régie* », et de ce qu'un *Avis* du *Conseil d'État* du *7 octobre 1809* [2] décide que « *les Préfets peuvent autoriser la mise en régie des biens des hospices, dont le revenu ne dépasse pas 1.000 francs* », on conclut que, si tous les abonnements de 2.000 francs et au-dessus doivent être approuvés par le Gouvernement en Conseil d'État, les abonnements n'excédant pas 1,000 francs peuvent être autorisés par le Préfet directement, sur la demande des Administrations charitables [3].

Et, pour appuyer cette large interprétation des textes et approuver ces abonnements à forfait ou avec réduction de la taxe sur le produit des recettes, on invoque les besoins de célérité dans la marche du Service, en ce qui concernerait, notamment, des abonnements à la saison ou à la représentation, et le peu d'importance, en général, des abonnements [4].

270. On répond, il est vrai, que l'Ordonnance du 31 octobre 1821 (art. 15), qui autorise les Préfets à mettre en régie tous les biens des hospices, quel qu'en soit le revenu, détruit implicitement cette interprétation ; sans quoi, si

(1) *Archiv. nation.*, F15, 147.
(2) Précité, *Mém. pero.*, t. 4. 379.
(3) Inst. Min. int., 19 décembre 1809.
(4) Décis. Min. int., 9 mai 1809 ; — Ordon., 31 octobre 1821, art. 15 ; — Circul. Min. int., 12 septembre 1827 ; — Tardieu, préc., n. 8017 ; — Pector, préc., p. 181.

l'assimilation devait être complète, il faudrait admettre que tous les abonnements relatifs au *Droit des pauvres* pourraient, quel qu'en fût le montant, être consentis sur la seule autorisation des Préfets : ce qui est inadmissible et incompatible avec les termes mêmes de l'article 3 du Décret du 9 décembre 1809, qui exige, en certains cas, pour ces abonnements, une décision du Gouvernement rendue en Conseil d'État.

271. Mais, ajoute la *Note manuscrite* à laquelle nous empruntons cette intéressante controverse [1], et dont nous adoptons volontiers l'interprétation doctrinale, « il faut reconnaître qu'alors, il ne sera pas souvent facile de se pourvoir en temps utile de l'autorisation nécessaire, surtout quand il s'agit de bals, concerts, etc., qui n'ont lieu qu'une fois et qui ne sont projetés que quelques jours d'avance, et que le *Droit du quart* pour les danses, concerts et fêtes publiques est bien élevé... C'est dans l'intérêt des pauvres qu'on consentirait des abonnements avec réduction, afin de ne pas tarir la source d'un produit avantageux... On devrait donc accorder à tous les Préfets la faculté d'autoriser provisoirement les abonnements, qui seraient consentis par les Administrations charitables, à la condition de les soumettre collectivement, une ou deux fois par an, à la sanction du Gouvernement. Cette faculté pourrait être limitée aux spectacles, fêtes, bals, concerts, qui ne sont pas fixes et qui sont organisés trop promptement pour laisser le temps de recourir à l'Approbation souveraine..... Quant aux établissements fixes et périodiques, les abonnements ne seraient pas valables sans cette Approbation, qui devrait être immédiatement réclamée... Cela modifierait la perception du *Droit* pour *Paris*, et la faculté de consentir des abonnements pourrait être étendue aux Départements ».

Ces doléances ont été entendues, et c'est en ce sens que se prononce maintenant la Pratique administrative.

---

(1) *Archiv. nation.*, F. ¹⁵, 147.

272. Aux termes de la Décision du Ministre de l'Intérieur du 9 mai 1809 (art. 2), les bals, concerts, danses et fêtes publiques peuvent être *abonnés,* dans la latitude du *quart* au *dixième* de leurs recettes brutes [1].

273. Dans l'organisation actuelle, à *Paris*, c'est le *Directeur de l'Assistance publique* qui statue sur les demandes d'*abonnement.*

Le *Conseil de surveillance* doit, chaque trimestre, les approuver par ses *Avis*, qui sont soumis, ensuite, à l'Approbation préfectorale.

274. Il existe des abonnements à la séance, en cas de Séances accidentelles.

Les abonnements s'appliquent, d'ordinaire, à des représentations dramatiques, aux concerts, petits spectacles et curiosités diverses, bals et fêtes foraines.

Ils représentent la moyenne de ce qui serait perçu d'après les règles ordinaires, étant basés sur l'évaluation des recettes moyennes [2].

Ils peuvent être passés avec tous les entrepreneurs et directeurs d'établissements soumis à la taxe.

275. Mais si, en principe, le traité d'abonnement doit avoir pour objet de procurer l'équivalent, en moyenne, de ce que donnerait le produit de la fête taxé par la voie du contrôle, il convient de ne pas faire obstacle, par une trop grande rigueur, à l'existence même de la matière imposable.

Il y a donc place à appréciation pour le représentant légal des pauvres, d'autant plus que l'approbation nécessaire du Préfet constitue une sauvegarde [3].

276. Suivant M. *Manceaux* [4], la faculté d'abonnement à forfait n'était appliquée à *Paris* que dans les cas suivants :

(1) *Arr. Cons. gén. hosp.*, 28 juin 1809, art. 2.
(2) Guichard, préc., p. 91 ; — Fleury-Ravarin, préc., p. 224.
(3) *Rev. étab. bienf.*, 1886. 52.
(4) Précité, p. 31.

1° A quelques établissements situés dans l'*Ancienne banlieue de Paris*, les *Guinguettes,* par exemple [1] ;

2° A de petits spectacles à recettes minimes, qui absorberaient presque les frais de contrôle ;

3° A des concerts isolés donnés par des artistes, et dont les billets, toujours placés à l'avance, soit à titre gratuit, soit à des prix réduits et variables, ne donnent lieu à aucune recette à la porte ;

4° Aux bals et concerts donnés au profit de certaines œuvres de bienfaisance [2] ;

5° A quelques bals, soit périodiques, soit isolés, tenus chez des restaurateurs, et ne donnant pas lieu à un prix d'entrée [3] ;

6° Aux cafés-concerts, dont le genre exceptionnel et l'exploitation, soumise à une réglementation spéciale et nouvelle, ont motivé, jusqu'ici, le mode de perception tout particulier que nous avons signalé déjà.

Le Décret de 1864 les a, en effet, laissés sous le *régime de l'Autorisation préalable*, et les Arrêtés préfectoraux ne les autorisent qu'à la condition, pour ceux qui les exploitent, de ne percevoir aucun droit d'entrée.

Aussi la base de la perception manque-t-elle, et il est impossible d'établir un contrôle exact et de déterminer, d'après le nombre des spectateurs, le produit du *Droit* à percevoir.

Il a donc fallu recourir à un abonnement, qui a pour base la moyenne des entrées, soit 1/8° du montant de la recette, justifiée par la vérification mensuelle des Livres de l'établissement et par l'inspection de la salle.

On déduit de ce chiffre la valeur des consommations, estimée à *30 0/0* environ, et le *Droit* est fixé, à forfait, dans

---

(1) Décr. 2 novembre 1807, art. 2 ; — Inst. min. 17 décembre 1809; — V. toutefois *suprà*, n. 228 et suiv.

(2) Loi 23 ventôse an VIII; — L. Hesse, préc., p. 170; — *Rev. étab. bienf.*, 1886. 52, préc.

(3) Strauss, *Rapp. au Cons. munic. sur le Budg. de l'Assist. pub.*, 1890. 36.

une proportion équivalente au *dixième* pour le surplus [1].

277. Ajoutons à cette nomenclature : les fêtes organisées soit au profit d'Institutions ou d'Associations de bienfaisance, de prévoyance ou d'intérêt général, soit pour le soulagement d'infortunes publiques et privées [2], et les bals, concerts et réunions de Sociétés, où sont prises des consommations payantes [3].

278. Le but de l'abonnement est de supprimer les règlements de compte minutieux, les immixtions toujours délicates de l'Administration dans les affaires d'une entreprise privée. C'est un véritable forfait ; mais c'est surtout une mesure de circonstance et de fait, qui trouve sa raison d'être bien plutôt dans l'intérêt de l'*Assistance publique* qui perçoit, que dans celui du contribuable [4].

Le contrôle, en effet, serait souvent trop long ou trop difficile, et, par suite, onéreux pour elle et hors de proportion avec le produit à réaliser, et cela suffirait à justifier l'abonnement, puisque l'Administration économise ainsi une notable partie des frais de perception, et que ce mode de procéder lui permet aussi de se laisser parfois guider par des considérations spéciales, dont il lui serait impossible de ne pas tenir compte [5], ou par le peu d'importance du spectacle, qui ne justifierait pas la présence d'un contrôleur permanent, par exemple, pour des théâtres ou cafés-concerts de second ordre, des jeux, installations ou fêtes d'établissements forains : panoramas, ménageries, chevaux de bois, etc. [6].

279. On a pourtant reproché à l'abonnemet de provo-

---

(1) C. État, 6 juin 1844, préc. ; — Husson, *Note sur le Droit des pauvres.* Dupont, 1870, préc. ; — de La Borie de La Batut, préc., p. 164.

(2) *Avis Cons. surveill. Assist. publ.*, 9 décembre 1886.

(3) C. État, 6 juin 1844, préc.

(4) Husson, *Note sur le Droit des pauvres*, préc.

(5) *Avis Cons. surveill. Assist. publ.*, 23 juillet 1891.

(6) *Avis Cons. surveill. Assist. publ.*, 12 juin 1879, 23 janvier 1890, 18 février 1892 ; — Béchel, préc., p. 141.

quer parfois des rivalités et des jalousies [1], par suite d'une inégalité de traitement entre divers établissements similaires.

280. L'abonnement peut être consenti simultanément à tous les directeurs d'établissements où se perçoit l'impôt, pourvu que les conditions de prix et de paiement soient soumises à l'approbation du Préfet [2].

281. Les abonnements sont généralement mensuels : car il est nécessaire de rapprocher les époques de paiement des prix convenus dans les traités, l'Administration n'ayant aucun privilège sur le mobilier du redevable ni sur les objets servant à son exploitation, mais seulement sur les recettes de l'établissement, et l'on a pu se rendre compte que l'exercice de ce privilège devient impossible en matière d'abonnement [3].

282. Le *Conseil de surveillance de l'Assistance publique* a émis, en 1886, l'opinion qu'il fallait suivre une règle général pour l'abonnement, en fixant à 1 0/0 le *Droit* sur les fêtes données au profit des Établissements de bienfaisance, quand il serait complètement prouvé qu'ils poursuivent un but charitable et étranger à toute spéculation, et repousser toute demande d'abonnement, même émanant d'une Société reconnue d'utilité publique, qui n'aurait pas la bienfaisance pour objet, ou d'œuvres charitables organisées en faveur des pauvres étrangers à *Paris* [4].

Mais, depuis lors, elle est revenue, en ce qui concerne ces dernières, à de meilleurs sentiments.

283. Lorsqu'un abonnement a été passé à forfait avec un théatre lyrique, sans distinction entre les représentations lyriques et celles qui ont un autre caractère, cet arrangement s'applique à toutes les représentations ordinai-

---

(1) Husson, *Note sur le Droit des pauvres*, préc.

(2) Béquet, préc., n. 715.

(3) Paris, 24 décembre 1839. *Hosp. de Paris. J.* P. 1840.1.83; D. *Rép.* v^le *privilège* et *hypoth.* n. 562; — *Mém. perc.*, 1840.288; — Trib. comm. Marseille, 4 mars 1843. *Pand. franc. Rép.*, v° *Droit des pauvres*, n. 156; *Mém. perc.*, 1843.147; *Bulletin de la Presse*. 30 avril 1843.

(4) *Avis Cons. surveill. Assist. pub.*, 9 décembre 1886.

res et extraordinaires, alors surtout que le nombre total des représentations ordinaires est inférieur à celui prévu au forfait, et le Bureau de bienfaisance n'est pas fondé à réclamer, en sus de l'abonnement, le *Droit des pauvres*, calculé d'après le tarif général, pour des représentations dramatiques données sur ce théâtre [1].

284. Le fait, par un entrepreneur, de s'abonner n'implique pas qu'il prenne à sa charge les cas de force majeure (incendies, événements politiques, etc.), qui pourraient contrarier le cours des représentations : car, en ce cas, il y a perte partielle de la chose due, et le débiteur qui n'est pas en faute est libéré proportionnellement [2].

285. Cependant, il a été décidé, en sens opposé, que l'abonnement consenti à un Directeur de théâtre pour une période déterminée et substitué au Droit proportionnel sur les recettes doit produire ses effets jusqu'au terme fixé ou jusqu'à la résiliation consentie, malgré la survenance d'événements politiques (tels que la *Révolution de 1848*), qui ont réduit de beaucoup le nombre de représentations et rendu ainsi l'abonnement plus onéreux que l'impôt.

Toutefois, si l'abonnement a été calculé en prévision de représentations quotidiennes, il convient de faire subir au chiffre convenu une réduction, proportionnelle au nombre de représentations qui n'ont pu être données [3].

B. — *Droit des pauvres en Province.*

286. L'abonnement à l'amiable est le procédé généralement employé dans les Départements, mais non tel qu'il

---

(1) C. État. 21 décembre 1888, Campocasso. D. 1889.5.455 ; Lebon, 1888. 1004 ; *Rev. étab. bienf.* 1889. 70.

(2) Pector, préc., p. 181 ; — Fleury-Ravarin, préc., p. 224.

(3) C. État 26 juillet 1854, Sevestre, S. 1855. 2. 220 ; J. P. adm. chron.; D. 1855. 3, 27 ; Lebon, 1854. 707 ; *Gaz. trib.*, 1er août 1854 ; de Watteville. *Législ. charit.*, t. II, 239 ; — Béchet, préc. p. 141 ; — Béquet, préc., n. 716.

est autorisé par le Décret du 9 décembre 1809 [1].

Son chiffre varie au gré des Municipalités et des circonstances.

Il consiste, le plus souvent, dans le prélèvement d'une somme fixe, se rapprochant autant, que possible, du taux légal.

Les conditions de l'abonnement doivent être expressément et préalablement approuvées par le Préfet [2].

287. Il appartient aux *Commissions administratives*, qui traitent par abonnement avec les entrepreneurs de spectacles et fêtes publiques, de déterminer les mesures qu'elles jugent convenables à cet égard [3].

Mais il est des Départements, où s'applique le système du prélèvement proportionnel [4].

« Dans 31 Départements, suivant M. *Manceaux* [5], les Administrations municipales ont adopté le système des abonnements fixes avec les théâtres, s'exonérant ainsi du détail de la perception et des frais de contrôle ; dans 5 Départements, elles ont affranchi de toute redevance les Directeurs de théâtres, mais en s'obligeant elles-mêmes à payer directement aux Hospices et aux Bureaux de bienfaisance une somme annuelle et fixe, dont le chiffre vient en déduction de la subvention qu'elles accordent au théâtre ; dans 9 Départements, la perception est nulle. Il en reste 44, où la perception s'opère par prélèvements proportionnels, dans les conditions expressément définies par la loi ».

Et M. *Manceaux* conclut : « Donc variété de procédés suivis pour la perception, et faiblesse du produit de l'impôt dans les Départements ».

288. Lors de la réunion de la *Commission de 1870* [6],

---

(1) Aussi peut-on adresser aux pratiques de la *province*, les mêmes reproches qu'à celles de *Paris* (V. *suprà*, nº 204).

(2) Ordonn. 31 octobre 1821, art, 15 ; — de Watteville, *Code de l'Admin. charit.*, p. 55 ; — de Pierrefitte, préc., p. 17 ; — René Brice, préc.

(3) Loi 7 frimaire an V. art. 6 ; — Décis. Min. int., 12 septembre 1827.

(4) Bonnassies, préc., p. 204.

(5) Précité, p. 34.

(6) *Procès-verbaux de 1870*, n. 7, p. 3.

s'est agitée la question de savoir quels pouvaient être exactement les droits des Municipalités, en la matière.

Suivant M. *de Lavenay*, les Villes sont libres d'apprécier la mesure dans laquelle elles doivent exiger la contribution de l'impôt, et les arrangements intervenus entre elles et les théâtres sont une sorte de contrat très valable.

Suivant M. *Chamblain,* du moment que la taxe pèse exclusivement sur le consommateur, les Villes n'ont pas le droit de traiter à l'amiable avec les établissements assujettis à l'impôt ; on comprend que l'abonnement ou fermage soit consenti sous forme d'adjudication, mais non sous forme amiable.

289. A *Lyon*, le *Droit des pauvres* paraît avoir été soumis, successivement, à différents régimes.

Lorsque le droit au bail du *Grand Théâtre* était mis en adjudication, l'affiche portait, pour attirer les amateurs ou ne pas les éloigner : « La Ville se charge de payer le *Droit des pauvres* [1] ».

Plus tard, c'est aux Directeurs des théâtres subventionnés eux-mêmes que le *Droit* est affermé, moyennant un prix fixé à forfait, et qui constitue un abonnement tout à fait arbitraire pour les théâtres et les établissements de bals et cafés-concerts situés dans le territoire de l'*Ancienne Ville*. Pour les salles de spectacles, bals et cafés-concerts, établis dans les autres parties du territoire de l'*Agglomération lyonnaise,* la perception s'opère par des fermiers, à leurs risques et périls, moyennant les prix fixés dans leurs traités respectifs, passés avec l'Administration des Bureaux de bienfaisance [2].

290. Suivant certains auteurs, le *Droit* se perçoit au moyen d'un abonnement annuel avec les Directeurs de théâtres, et, avant cet abonnement il se percevait, chaque jour, à la fin du spectacle. Pour en déterminer le total, les

---

(1) H. Martin, *Lettre au j. l'Opinion nationale sur le Droit des pauvres,* 31 juillet 1875.

(2) Mathieu, *Rapport à la Commission de 1870,* p. 9, préc.

billets reçus à la porte d'entrée se déposaient aussitôt dans autant de troncs qu'il y avait de prix différents; leur nombre constaté fournissait le décompte, dont le buraliste acquittait immédiatement le montant.

Les porteurs de billets de faveur ou gratuits acquittaient le même *Droit* entre les mains des préposés des Bureaux de bienfaisance [1].

291. Au surplus, voici comme, relativement à *Lyon*, s'exprime la *Revue des établissements de bienfaisance* [2] :

« Avant 1890, le recouvrement du *Droit* s'effectuait contrairement au principe général de la Comptabilité, qui exige que la constatation des droits de toute nature soit faite par un agent autre que le comptable chargé du recouvrement. Le *receveur* du Bureau de bienfaisance constatait les Droits acquis et recouvrait les Droits constatés, ayant sous ses ordres des agents, qu'il payait en dehors de l'Administration charitable. Le recouvrement opéré, le receveur fournissait, à la *Commission administrative* du Bureau de bienfaisance, puis à la *Cour des Comptes,* un état sommaire dressé par lui, indiquant le nom du débiteur, la date de la représentation, le montant de la somme perçue. Cette pièce, insuffisante comme justification, servait seule à constater le recouvrement du *Droit* par le Bureau de bienfaisance, et ces irrégularités avaient été relevées dans un *Référé* de la *Cour des Comptes* du 14 mai 1889. Pour y remédier, la *Commission administrative* du Bureau de bienfaisance de *Lyon* a adopté un *Règlement* approuvé par le *Préfet du Rhône* [3]. Désormais, la perception du *Droit* s'opère en *régie simple ;* le *Receveur* du Bureau de bienfaisance en est chargé. Le contrôle est fait par des agents placés sous la direction d'un *Contrôleur général,* qui répar-

---

(1) Latruffe-Montmeylian. *Précis pour l'Admin. des hosp.*, 1829 ; — Leguay, préc.

· (2) 1892, p. 381 : *Droit des pauvres,* mode de perception adopté à *Lyon.*

(3) 15 novembre 1889.

tit le service entre eux ; ils sont tous nommés par la *Commission administrative*. Les *Contrôleurs* constatent le nombre des entrées des spectateurs dans tous les établissements ou fêtes publiques, le montant de la recette et la quotité du *Droit* à percevoir. Pour les établissements de moindre importance (fêtes foraines, *vogues,* etc.), dont le contrôle serait difficile ou onéreux, le *Contrôleur général* applique le tarif établi par la *Commission administrative* et approuvé par le *Préfet*. En cas de demande d'abonnement, le taux du *Droit* est fixé par la *Commission administrative,* et la convention, signée du Président, est soumise à l'approbation préfectorale, comme tout traité de gré à gré. Le *Contrôleur général* établit les titres de recettes nécessaires au *Receveur* pour opérer le recouvrement du *Droit;* la *Commission administrative* fixe les honoraires de tous les agents ».

292. Du reste, le Ministre de l'Intérieur a tenu à se renseigner sur les différents modes de perception usités en *province* [1].

Et voici le tableau dressé par certains auteurs [2], qui peut fournir d'utiles indications :

1° Sommes versées par la Ville : *Agen, Nancy, Saint-Brieuc, Lyon.*

2° Produit d'une représentation particulière : *Ajaccio, Chambéry.*

3° Conventions particulières : *Alençon.*

4° Forfait : *Amiens, Arras, Chaumont, Gap, Grenoble, La Rochelle, Meaux, Nantes, Nevers, Niort, Quimper, Toulouse, Tours, Vannes.*

5° Abonnement : *Angoulème* (théâtre), *Aubusson, Bordeaux, Bourges, Clermont-Ferrand, Issoudun, Nice* (sur une moyenne des dix dernières années), *Nîmes, Reims, Tulle, Versailles.*

---

(1) Circul. Min. int. 26 février 1869.
(2) Rapport de M. *Modeste Leroy,* préc., p. 32 ; — de Pierrefitte, préc., p. 27 ; — Cros-Mayrevieille, préc., p. 88.

6° Prix du mètre carré : *Angoulème* (spectacles autres que le théâtre).

7° Régie ; *Avignon, Beauvais, Dijon, Laval, Saint-Étienne, Saumur, Sens, Valence, Vichy.*

8° Le maire traite à forfait : *Cherbourg.*

9° *Droit* fixé par le Maire, à sa convenance : *Épinal, Montauban.*

10° Suivant un tarif : *Lilles, Rennes.*

11° *Droit* payé par la Ville, qui l'a racheté : *Limoges.*

12° *5 0/0* des recettes nettes : *Lons-le-Saulnier.*

13° Facultatif : *Orléans.*

14° Redevance fixée à 20 francs par représentation ordinaire, et variant de 20 à 45 francs, lorsqu'il y a des troupes de passage, en raison de l'augmentation du prix des places : *Le Mans.*

§ 4. Service de la perception ; — Contrôle.

A. *Généralités.*

293. Autrefois, *à Paris*, les Comédiens devaient communiquer leurs Registres de recettes à tous les délégués des Administrateurs de l'*Hôpital Général* et de l'*Hôtel-Dieu*, que désignait une Ordonnance de police pour assister au compte de chaque recette, et en signer la feuille de produits avec l'entrepreneur de spectacles, et payer, sans retard, par leur entremise, le montant du *Droit* aux receveurs de ces hôpitaux [1].

Plus tard, les Comités de bienfaisance nommaient un ou plusieurs de leurs membres, pour surveiller, dans leurs Divisions respectives, les recettes des spectacles et bals [2].

Le contrôle est, en effet, de tout temps nécessaire, et l'on n'a jamais cessé de signaler les fréquents abus que

_____

(1) Ordonn. 20 février 1751, *Invent. H. D. X.* 469 ; — Martin-Doisy, *Dictionn. d'économie charitable,* v° *Bur. de bienf.*

(2) Arr. Préf. police, 23 ventôse an VIII. *Dalloz, Rép.,* v° *Théâtre,* n. 295.

commettaient certaines catégories d'entreprises. Tout récemment, ne révélait-on pas encore au *Conseil de surveillance de l'Assistance publique* [1] la vente directe aux guichets, notamment dans certains théâtres, de cartons d'échange, qui ne devraient être délivrés qu'au *contrôle*, et dont les porteurs se présentaient au moment d'un embarras facile à créer, afin de passer sans être contrôlés, ou la location d'une loge par téléphone ou télégramme, dont la Direction gardait le prix intégral, lorsqu'elle se croyait assurée que le titulaire se présenterait pendant l'absence du contrôleur de l'*Assistance* ou tandis qu'il serait occupé à vérifier ou à surveiller le dépouillement dans le bureau des comptes?

Il est vrai qu'on indiquait, en même temps, l'emploi, par certains Directeurs, mais, cette fois, à leur détriment, d'un système de réclame, consistant à majorer les recettes, pour faire croire à un succès : ce dont, après tout, ne pouvaient que profiter les parts d'auteur et le *Droit des pauvres*.

294. Pour remédier à ces abus, l'*Assistance publique*, d'une part, a réglé jusqu'en ses plus menus détails le *Service de la perception du Droit*, et, d'autre part, la *Préfecture de police* a organisé dans les établissements passibles de la taxe tout un Service de surveillance [2].

295. Un Service d'inspection des hospices sur tous les billets d'entrée, à l'exception de ceux délivrés aux Administrations publiques ou aux Autorités militaires pour service public et de police, avait même déjà été réglementé en 1829 [3].

296. De plus, comme les Séances accidentelles ne peuvent avoir lieu qu'après autorisation préalable de la *Préfecture de police*, des accords spéciaux sont intervenus, qui la chargent d'aviser quotidiennement l'*Assistance publique* des demandes d'autorisation.

---

(1) *Avis Cons. surveill.*, *Assist. publ.*, 7 février 1889.

(2) Circul. Préf. police, 25 février 1873 et 30 mai 1874.

(3) Avertiss. Préfet police au Commissaire du Roi près le *Théâtre Français*, février 1829.

297. Les dépenses auxquelles donne lieu la gestion directe sont imputées sur les crédits portés au Budget de l'Administration pour frais de perception du *Droit des pauvres* [1].

Ces dépenses figurent au *Projet de Budget de l'Exercice 1899* pour 141.500 francs, au lieu de 117.000 francs en 1896 et de 87.300 francs en 1878, comprenant :

128.200 francs, pour le traitement des Contrôleurs et les indemnités pour les Séances quotidiennes et la perception dans les Établissements abonnés ;

9.000 francs, pour les frais de surveillance et indemnités diverses ;

2.500 francs, pour remboursement, par suite de dégrèvements, et frais d'actes divers [2].

1.800 francs, pour imprimés et menues dépenses.

Les frais de recouvrement ont naturellement augmenté, par suite même de l'accroissement du nombre d'établissements soumis à l'impôt [3].

_____

(1) Budget, tit. 2, chap. I, sous-chap. IV, art. 1 ; — V. aussi Compte financier, sous chap. IV, art. 1er.

(2) Il y a lieu, en effet, à restitution, quand le divertissement taxé, un concert, par exemple, n'a pas été donné (*Avis Cons. surveill. Assist. pub., 29 mai 1856*).

(3) *Note sur la Comparais. des Budg.* de 1878 et de 1896, p. 37. — La Note annexe au Mémoire au *Conseil de surveillance* sur le Projet de Budget de l'Exercice 1900 (p. 22) s'exprime ainsi : « En 1897, les recettes du *Droit* ont été de 3.284.217 fr. 40.

Les frais du personnel administratif ont été de 15.596 fr. 60 ; les frais d'imprimés, de 745 fr. 50 ; les frais de perception, de 135.211 fr. 95, — soit 4,60 0/0 de dépenses pour la perception,

... En soumettant au contrôle permanent des établissements qui payaient la taxe du *Droit des pauvres* par voie d'abonnement, on a augmenté légèrement le taux des frais de perception ; — mais si les frais du personnel administratif ont aussi augmenté, puisque la taxe des indemnités aux contrôleurs s'est légèrement accrue en ces dernières années, la dépense s'est à peu près maintenue à un taux très bas et a même un peu diminué, parce que la recette du *Droit* a beaucoup augmenté. »

Un *Diagramme*, qui accompagne la *Note annexe*, établit que le t⁰ᵗᵘᵗ des frais, pour l'*Assistance publique de Paris*, n'est que la 19e partie de

298. Le prélèvement fait, chaque soir, par un contrôleur, du montant des *Droits* sur la recette théâtrale remonte presque à l'origine de l'impôt [1]; mais les théâtres ne payaient la taxe qu'à la fin de chaque mois [2];

299. En même temps que la *Régie intéressée*, furent institués des *contrôleurs de la Régie* [3], définitivement établis par le Décret du 9 décembre 1809, sous l'autorité de la *Commission exécutive des hospices* et sous la surveillance du *Préfet de la Seine*, qui règle leurs fonctions [4].

300. Lorsque la perception directe par voie de *Régie simple* commença à fonctionner, à *Paris*, en 1857, le Service fut transporté au Chef-lieu de l'Administration et confié dans son ensemble à un employé qui prit le titre de *Directeur de la perception du Droit des indigents*, ayant sous

la recette, et que les dépenses du personnel administratif n'en sont que la 199e partie.

En 1865, la moyenne des dépenses par 100 fr. encaissés était :	pour le personnel administratif : 0,77; pour les frais de contrôle : 2 ».
En 1876, la moyenne des dépenses par 100 fr. encaissés était :	personnel : 0,28; contrôle : 2,91.
En 1886, la moyenne des dépenses par 100 fr. encaissés était :	personnel : 0,46; contrôle : 3,18.
En 1897, la moyenne des dépenses par 100 fr. encaissés était :	personnel : 0,48; contrôle : 4,12.

Le Mémoire au *Conseil de surveillance* sur le Projet de Budget de l'Exercice 1900 prévoit une augmentation de dépenses de 30.000 fr. pour assurer le Service de la perception en 1900, pendant l'*Exposition* : « Les lieux de distraction, dit-il, sont devenus de plus en plus nombreux, et les attractions donnant lieu à la perception de la taxe se multiplieront encore à la veille et pendant la période de l'Exposition. De là, une progression de recettes. »

(1) Ordonn. Lieuten. pol., 6 février 1732 ; — Ordonn. pol., 17 mai 1732.

(2) *Code de l'Hôpital Général,* p. 567 ;— Husson, *Observ. de l'Assist. publ.,* 1868.

(3) *Arr. Cons. gén. hosp.,* 17 décembre 1806.

(4) *Arr. Cons. gén. hosp.,* 17 décembre 1806 et 22 décembre 1809 ; — Décis. Min. int., 17 janvier 1807, 19 et 21 décembre 1809 ; — Bonnassies, préc., p. 193, note 1.

ses ordres des agents du contrôle et du recouvrement.

Ce personnel comprenait :

1° *Un contrôleur principal-caissier*, soumis à un cautionnement de 10.000 francs et touchant, outre un traitement de 8.000 francs, des remises calculées à raison de 0 fr. 30 centimes 0/0 du produit brut de la recette, comme indemnité pour frais de bureau, de voitures et d'achat de billets d'entrée dans les spectacles, qu'il était tenu de supporter (1).

Il était chargé de centraliser toutes les recettes, et d'en faire ensuite, chaque jour, le versement dans la Caisse de l'Administration.

2° *Un contrôleur principal-adjoint,* qui l'assistait.

3° Des *contrôleurs* de 1ʳᵉ et de 2ᵉ classes, et un nombre indéterminé de *contrôleurs* de 3ᵉ classe, tous assujettis à un cautionnement.

Le *receveur* de l'Administration et le *contrôleur des recettes et dépenses* continuaient à surveiller l'ensemble des opérations comme Contrôleurs généraux (2).

La taxe était perçue sous leur responsabilité (3).

301. Nous venons de dire que le *Directeur de la perception du Droit* recevait sur les rentrées une remise de 0 fr. 30 0/0 (4).

Elle avait été jugée hors de proportion avec l'importance de ses attributions et la part de travail et de responsabilité qui lui incombait. Aussi fut-elle remplacée par une somme fixe et annuelle de 1.000 francs, à titre d'abonnement, et par d'autres sommes fixes, allouées à titre de remises sur les recettes brutes, à partir d'un million ; 100 francs, pour les premiers 100.000 francs au-dessus d'un

---

(1) Arr. réglem., 30 juin 1857, art. 2.

(2) Décr. 9 décembre 1809, art. 2. *Bull. des lois*, t. 39, p. 173 ; — Décis. min., 9 mai 1809.

(3) Décr. 9 décembre 1809, art. 1 ; — Delfaux, préc., p. 373 ; — Béquet, préc., p. 689.

(4) V. *suprà*, n. 242 et 300.

million .et jusqu'à 200.000 francs ; 200 francs, pour les se-
conds 100.000 francs et jusqu'à 300.000 francs, et ainsi de
suite, et une nouvelle fixation des avantages proportionnels accordés à ce *Directeur* devait être faite, le jour où le
produit du *Droit* aurait atteint 1.600.000 francs [1].

302. Aujourd'hui, des remises sur les sommes perçues
à titre de *Droit des pauvres* seraient interdites, et il a été
jugé que l'allocation au receveur d'un Bureau de bienfaisance, à ce titre, est contraire aux dispositions du Décret
du 27 juin 1876, qui rémunère au moyen d'un traitement
fixe les receveurs des Communes et Établissements publics [2].

303. L'organisation du Service a été successivement
réglementée en 1839, 1843, 1857, 1871 et 1898 [3].

Lorsque la *Direction du Service de perception* fut supprimée, et que le *Droit des pauvres* fut confié à un simple
bureau rattaché à l'Administration centrale, les attributions
du *contrôleur principal* et du *contrôleur principal-adjoint* furent étendues et le nombre des agents augmenté.

Aujourd'hui [4], le Service de la perception du *Droit* dépend de la *Division des hôpitaux, hospices et Droit des
pauvres*.

304. La surveillance du Service est exercée par le
contrôleur principal, ayant rang de chef de bureau de
3ᵉ classe, avec un traitement annuel de 7.000 francs, assisté d'un *contrôleur principal-adjoint*, ayant rang de
commis principal de 2ᵉ classe et traitement de 4.400
francs, et de deux *auxiliaires permanents :* un de 1ʳᵉ
classe, avec traitement de 2,400 francs, et un de 2ᵉ classe,
avec traitement de 2.100 francs.

---

(1) Arr. réglem., 16 juin 1860.
(2) *Cour des Comptes*, 16 janvier 1894. *Mém. perc.*, 1896, 120 ; *Rev.
étab. bienf.*, 1896, 191 ; — V. *Revue des Services financiers*.
(3) Réglem. des 12 juin 1839, 3 mai et 19 septembre 1843 (art. 15),
25 juin 1857, 21 octobre 1871 ; — Arr. *Préf. Seine*, 9 décembre 1898.
(4) Réglem. *Assist. pub.*, 9 décembre 1898.

305. En dehors des employés des Bureaux de la perception, il y a des *contrôleurs du Droit*, formant, autrefois, deux classes, désormais confondus en une seule.

Ils sont au nombre de 115 en exercice [1].

306. Le Contrôleur principal doit s'assurer, ainsi que son adjoint, par de fréquentes visites, — à raison de 8 francs par vacation d'inspection [2], — que les contrôleurs se tiennent à leur poste, vérifier les livres de comptabilité de tous les établissements soumis à la taxe, répartir le service entre les contrôleurs, vérifier et viser les bordereaux, par eux établis avant qu'ils n'effectuent leurs versements à la Caisse de l'*Assistance publique*, viser leurs registres à souches, lors de ses visites de contrôle faites dans les établissements, adresser au Chef de Division un rapport sur les heures de ses visites et les incidents qui ont pu se produire [3].

307. Les contrôleurs touchent un traitement de 1.000 francs environ, calculé au prorata des services effectifs, à raison de 1 fr. 94 par soirée de travail.

Le nombre de soirées rétribuées se trouve ainsi réduit par la maladie, la clôture des théâtres, etc.

Au reste, leur traitement a fait l'objet de nombreux Arrêtés, et un crédit de 24.500 francs pour le relèvement des indemnités qui leur sont allouées figurait au Budget de l'Exercice 1897 [4].

Pour les Séances isolées ou extraordinaires, ils reçoivent : 10 francs, pour toute séance ne finissant pas avant 2 heures du matin, et d'une durée moyenne de cinq heures ; 4 fr. 50, pour toute séance ne finissant pas avant minuit, et d'une durée d'au moins trois heures ; 3 fr. 75, pour

[1] Note sur la Comp. des Budg. de 1878 et de 1896.
[2] Arr. *Préf. Seine*, 8 mai 1897.
[3] Règlem. 9 décembre 1898.
[4] Arr. réglement. 4 juin 1845, 20 novembre 1850, 21 février et 16 juin 1860, 13 août 1875 ; — Arr. *Préf. Seine*, 28 mai 1897 ; — *Avis Cons. surveill. Assist. publ.*, 15 décembre 1892 et 13 mai 1897 ; — V. Navarre, *Bull. munic. off.*, 1er janvier 1898, suppl., p. 13.

toute vacation en matinée, d'une durée de quatre à cinq heures ; 3 fr., pour toute vacation en matinée, d'une durée de quatre heures au maximum ; 1 fr. 50, pour toute vacation de jour ou de soirée, d'une durée de deux heures au maximum.

Un supplément mensuel de 15 à 25 francs, selon les difficultés du service et la durée des séances, continuera d'être alloué aux contrôleurs des cafés-concerts et autres établissements spéciaux.

Les indemnités mensuelles allouées aux contrôlenrs ambulants, chargés des abonnements et des concerts d'artistes, sont portés de 150 à 170 francs, et de 160 à 180 francs [1].

Par une singulière anomalie, bien qu'ils ne touchent point une pension de retraite, ils sont nommés, non par le *Directeur de l'Assistance publique*, mais par le *Préfet de la Seine*, sur la proposition du *Directeur* de l'Administration.

Ils sont absolument indépendants des Directeurs de théâtres.

Sauf exceptions motivées, dont l'état est soumis, tous les six mois, par le *Chef de Division* au *Directeur de l'Assistance publique* qui statue, ils ne peuvent rester plus de quatre mois attachés à un établissement. Ils peuvent alterner [2].

Ils sont à la disposition de l'*Assistance publique* tous les soirs, dimanches et fêtes compris, et sont assujettis à un cautionnement de 2.000 francs [3], qui peut être déposé au *Mont-de-piété de Paris* ou fourni en obligations de la *Ville de Paris* ou du *Département de la Seine*, ou en *rentes sur l'État* [4].

---

(1) Arr. *Préf. Seine*, 28 mai 1897 ; — Règl. 19 septembre 1843.

(2) Réglem., 9 décembre 1898. — *Avis Cons. surveill. Assist. publ.*, 7 février 1889.

(3) Ordon. 6 juin 1830 ; — Circul. 16 août 1831 ; — Arr. réglem. 13 août 1875 ; — *Avis Cons. surveill. Assist. pub.*, 15 décembre 1875.

(4) Arr. réglem. 13 août 1875.

308. Voici, au surplus, les parties essentielles du récent *Règlement sur le Service de la perception du Droit* [1].

Le contrôleur doit empêcher la vente, au bureau du contrôle théâtral, des places et suppléments de place, dont est chargé un buraliste spécial...

Le total de la recette arrêté, il délivre quittance de la somme à percevoir et établit en double expédition des bordereaux, mentionnant le nombre et le produit des places vendues par les buralistes ou cédées à des concessionnaires (service de claque, auteurs, etc.), et de celles prises par location et par abonnement, le montant de la *petite recette* de la veille, réalisée à lare présentation précédente, après la fermeture des bureaux, le maximum de la recette concédée aux auteurs [2], le nombre des billets de faveur et des entrées personnelles, le numéro d'ordre de l'établissement et le numéro de la quittance délivrée, et enfin l'heure de son arrivée à l'établissement, de l'ouverture des bureaux, du commencement et de la fin de ses comptes, et de son départ.

Le lendemain, afin que ses rapports avec l'*Assistance publique* ne soient pas trop rares et qu'il puisse, suivant l'usage, recevoir les communications verbales concernant le Service, le contrôleur doit se présenter en personne à l'Administration, de 8 heures 1/2 à 9 heures 1/2 du matin, y soumettre son bordereau à la vérification des contrôleurs principaux et verser les sommes perçues à la Caisse du *Receveur*.

Ses versements quotidiens sont consignés, pour la *minute*, sur une *feuille rouge*, et, pour *l'expédition*, sur une *feuille blanche*.

Les bordereaux de contrôle adressés au *Service de la*

---

(1) 9 décembre 1898.

(2) V. *Arr. Cons. gén. hosp.*, 5 décembre 1820, aux termes duquel il doit être relevé sur les registres des théâtres le montant des sommes précomptées aux auteurs pour valeur des billets d'auteur et perçu la taxe sur le montant de ces sommes.

perception par le contrôleur peuvent être affranchis à prix réduit, à titre de papiers d'affaires [1].

Mais s'ils renferment une note manuscrite, l'envoi prend le caractère d'une correspondance illégale, constituant une contravention, punie d'une amende de 15 à 200 francs, et, en cas de récidive, de 300 à 3.000 francs [2].

En cas d'infraction, la responsabilité personnelle du contrôleur se trouve directement engagée [3].

309. En vue d'alléger le Service du contrôle, là où la moyenne des prélèvements n'excède pas 100 francs, les versements peuvent être faits périodiquement, tous les cinq jours, sur un seul bordereau détaillé (*feuille jaune*), remis au *Service de la perception* le lendemain de chaque représentation, et sur la présentation de bordereaux récapitulatifs établis en double expédition [4].

Du reste, le contrôleur n'est pas obligé de faire ces versements à plusieurs jours d'intervalle, s'il redoute le surcroît de responsabilité résultant de cette mesure de bienveillance.

Les quittances délivrées par les contrôleurs sont détachées de registres à souches et présentées aux contrôleurs principaux, à toutes réquisitions.

Le contrôleur principal assigne au contrôleur sa place dans les établissements où le contrôle ne peut être fait à la porte; mais, en principe, c'est là qu'il doit se faire, et non dans l'intérieur de la salle [5].

310. Dans les cafés-concerts, où il n'est pas payé de droit d'entrée, les contrôleurs doivent faire le dénombrement de la salle à chaque représentation et exiger que les billets de faveur leur soient présentés par les personnes qui en sont munies.

(1) Arr. 27 prairial an IX.
(2) Lois 22 juin 1854 et 25 juin 1856.
(3) Circul. réglem. 19 juillet 1879.
(4) V. Arr. réglem., 24 juin 1879.
(5) Décis. min. 19 septembre 1843.

311. Les *contrôleurs* ne peuvent se faire suppléer et doivent, en cas de maladie, informer sans délai le *contrôleur principal*.

Il leur est interdit d'intervenir dans une discussion entre le public et le personnel de l'établissement, et de prendre part aux opérations de contrôle autrement que par la surveillance, ni de faire connaître à qui que ce soit le montant des recettes réalisées, d'assister gratuitement aux représentations, d'accepter des billets de faveur pour eux, leurs parents ou amis, sous peine de suspension de fonctions de huit jours à un mois, ou de révocation, en cas de faute grave [1].

312. La suspension de quinze jours au plus est infligée par le *Chef de Division,* sur la proposition du *Contrôleur principal*, et de plus de quinze jours par le *Directeur de l'Assistance publique,* sur la proposition du *Secrétaire général*.

En cas d'urgence, la suspension provisoire est infligée par le *Contrôleur principal*, à charge d'en référer sans délai au *Chef de Division*, qui statue, ou avise, s'il y a lieu, le *Secrétaire général*.

Le *Préfet de la Seine* révoque, sur la proposition du *Directeur de l'Assistance publique*.

313. Un Projet qui proposait, pour les contrôleurs parvenus à 60 ans, après 25 ans de services non interrompus, une allocation de 250 francs, à partir du jour où ils donneraient leur démission, c'est-à-dire l'équivalent de l'admission à l'*Hospice de La Rochefoucauld*, a été repoussé [2].

314. Le contrôle ainsi exercé par l'*Assistance publique* rend de grands services à la *Société des Auteurs dramatiques*, qui se contente, pour fixer les droits dûs à ses membres pour les représentations de leurs pièces, des

---

. (1) V. Régl. 19 septembre 1843, art. 15 ; — Circul. réglem. 22 août 1877.

(2) *Avis Cons. surv. Assist. publ.*, 12 janvier 1893.

feuilles de contrôle du *Droit des pauvres*, et qui n'a, dès lors, pas besoin de plus de quatre ou cinq délégués chargés de veiller à la juste répartition des Droits d'auteur.

Il serait équitable, dès lors, a-t-on dit, qu'une partie des charges de l'*Assistance publique* incombât à cette *Société*[1].

315. Le mécanisme du contrôle dans les théâtres de Paris a été décrit d'une façon très exacte dans un document de l'*Assistance publique,* que nous croyons utile et intéressant de reproduire [2].

« Le bureau du théâtre reste ouvert jusqu'à six heures du soir pour la location des places... L'acheteur reçoit un coupon qui désigne sa place, son numéro, son prix et son nom, s'il le donne. Les mêmes indications sont reproduites sur une feuille, additionnées le soir et remises au caissier ou au directeur avec les fonds, avant la représentation. Le contrôleur du théâtre, à l'aide de cette feuille de location, marque dans la salle chaque place louée et en inscrit le numéro sur les feuilles des ouvreuses. Ce travail fait, les buralistes, de service le soir, reçoivent, pour la vente des places aux guichets publics, des séries de billets imprimés sur cartons et numérotés par catégories de places. Le dernier numéro indique le nombre de billets mis en vente pour chaque catégorie. Lorsque le public se présente pour occuper les places louées, les talons des billets de location sont détachés ou les coupons écornés au contrôle; le spectateur garde l'autre partie pour l'ouvreuse, qui, le spectateur une fois placé, la recueille dans une boîte. Les billets pris au guichet public sont échangés au contrôle contre d'autres un peu différents de forme; ils sont laissés aux mains des ouvreuses, qui les joignent aux billets de location; ceux qui ont été laissés au contrôle sont, de leur côté, immédiatement versés dans une boîte fermée, en présence du contrôleur de l'*Assistance*

---

(1) Alcanter de Brahm, *Sur le Droit des pauvres, Revue philanthrop.,* 1897. 583.

(2) *Cons. surveill. Assist. publ.,* 7 février 1889.

publique, qui a dû contrôler ces diverses opérations.....
Au milieu de la soirée, quand il ne vient plus que de rares
spectateurs, cette boîte fermée est portée au bureau des
comptes, ouverte devant le contrôleur de l'*Assistance
publique* et dépouillée par les employés du théâtre, qui
reclassent les cartons par ordre numérique, de façon à ce
qu'on connaisse rapidement le nombre des billets de
chaque catégorie vendus directement au guichet public.....
Les ouvreuses apportent, alors, leurs boîtes, contenant les
coupons de location et les cartons remis, par le contrôle, en
échange des billets pris aux guichets ; le contrôleur de
l'*Assistance publique* rapproche les coupons de la feuille
de location, vérifie cette feuille, l'arrête et la signe.

« Puis, les buralistes des guichets apportent leurs recettes, un bordereau détaillé, et les billets non vendus. On
compare les chiffres indiqués avec le nombre de cartons
trouvés dans la boîte du contrôle, et les contrôleurs du
théâtre et ceux de l'*Assistance publique* résument le tout
dans un bordereau ».

316. Pour mener à bien sa mission, le contrôleur de
l'Administration doit se rendre à l'établissement désigné
avant l'ouverture des portes au public ; il assiste à toutes
les opérations, et ne quitte l'établissement qu'après la
clôture des comptes (soit après trois heures de présence au
moins), emportant le montant du *Droit des pauvres*, après
avoir délivré une quittance détachée d'un Journal à souches spécial à l'établissement [1].

317. Dans les établissements où il est payé un prix
d'entrée, il est difficile, dès lors, de soustraire à la taxe une
partie importante des recettes, si les contrôleurs de l'*Assistance publique* apportent quelque vigilance dans leur surveillance, se tiennent au contrôle pendant l'entrée du public, surveillent la réception des tickets achetés aux buralistes, des billets de location ou de faveur, etc., et surtout

---

(1) *Cons. surveill. Assist. publ.*, 15 décembre 1892.

s'ils vérifient avec soin les cartons d'échange et les différentes pièces de comptabilité.

Le seul abus à redouter est celui qui peut se produire
lors de l'encaissement de la *petite recette*, provenant des
entrées tardives, postérieures au contrôle exercé par l'*Assistance publique*.

318. Dans les cafés-concerts, à entrée libre, le contrôle
de l'Administration est plus difficile.

Aussi le complément indispensable de tout contrôle,—le
contrôle direct des jetons étant presque toujours inefficace,
quelle que soit l'attention du préposé de l'Administration,
à raison du va-et-vient des garçons, de la facilité qu'il y
a à dissimuler des jetons ou même des consommations,
— consiste-t-il dans le décompte même de la salle par le
contrôleur de l'*Assistance publique*, quand l'entrée du public est à peu près terminée, c'est-à-dire vers les onze
heures du soir.

319. A *Bordeaux*, une *Commission* intermédiaire de
surveillance et d'administration du *Droit des pauvres et
des hospices* sur la recette des spectacles et lieux d'amusements publics, dont le siège est à l'*Hôpital Saint-André*, a été
constituée en 1808. Cette *Commission,* formée pour surveiller et administrer, aux lieu et place des Hospices et du Bureau
de bienfaisance, la perception de la taxe, conformément aux
lois et décrets en vigueur, se compose du Maire de *Bordeaux*, président, et de deux Administrateurs, délégués :
l'un, par l'*Administration des hospices ;* l'autre, par le *Bureau de bienfaisance* [1].

320. Aux termes d'un autre *Arrêté* du *Préfet de la Gironde* [2], les préposés des pauvres et des hospices devaient reconnaître, la veille et le jour même, avant l'ouverture des bureaux, le nombre des billets remis au buraliste par le directeur. Ces billets étaient remis en entrant

---

(1) Arr. Préf. *Gironde*, 4 août 1808.
(2) 22 avril 1816. — V. Latruffe-Montmeylian, *Précis pour l'Admin.
des hosp.*, p. 47, préc.

par les spectateurs aux portiers, qui les remettaient aux préposés des pauvres, et ceux-ci les déposaient dans des boîtes fermées à clef et qui ne devaient être ouvertes qu'au moment où se faisait le compte de la recette, en présence du directeur du théâtre et des deux délégués des Administrations charitables.

Le produit de chaque recette était établi sur les bordereaux signés par les parties, d'après les billets vendus au bureau et la reconnaissance du talon resté dans les mains des buralistes, le montant des suppléments reçus à la porte d'entrée, et le nombre des loges louées pour la représentation du jour.

Le prix de location de ces loges était porté au compte des recettes, en sus des billets d'entrée, d'après le nombre de personnes que la loge pouvait contenir, et non d'après le nombre des personnes qui auraient pu l'occuper.

De plus, il y avait un registre d'abonnement et des cartes individuelles d'abonnés, signées par les préposés des pauvres.

Les billets gratis devaient l'impôt, d'après le prix de la place indiquée par le billet.

Les personnes favorisées d'un droit d'entrée devaient aussi la redevance, d'après la durée du titre d'entrée gratuite et d'après la place assignée par ce même titre [1].

B. *Recouvrement du Droit, comptabilité, enregistrement et timbre.*

321. Il appartient aux Administrations locales de déterminer, avec l'approbation du Préfet, les mesures convenables pour assurer le recouvrement du *Droit des pauvres* [2].

---

[1] Latruffe-Montmeylian, *Précis pour l'Admin. des hosp.*, préc., p. 47.

[2] Loi, 7 frimaire an V ; — Décr. 25 mars 1852 ; — Pector, préc., p. 181 ; — Béquet, préc., n. 713.

W.   11

Déjà, la Loi du 7 frimaire an V déléguait cette mission aux Administrations municipales du Canton, et, dans les Communes où il y avait plusieurs Municipalités, aux Bureaux centraux ; puis, lorsque vinrent les Lois du sixième jour complémentaire an VII et du 28 pluviôse an VIII, qui réorganisèrent l'Administration municipale, des Instructions sur l'Administration des secours publics avaient confié ce soin aux Sous-préfets pour leur Arrondissement communal et aux Préfets pour les Chefs-lieux de préfecture [1].

322. Ce sont donc, à l'exception de *Paris*, où tout le service du *Droit des pauvres* est centralisé à l'*Assistance publique*, les Maires qui ont charge de surveiller l'exécution des lois sur la perception de l'impôt [2].

C'est à eux qu'appartient, en cette qualité et en celle de Présidents des Commissions administratives des Établissements de bienfaisance, le droit de certifier la sincérité de l'état relatif à cette taxe, qui, régulièrement approuvé et rendu exécutoire par le Préfet, constitue, comme pièce justificative entre les mains du comptable [3], un titre légal pour poursuivre le recouvrement [4].

Un Maire se rendrait coupable de gestion occulte, s'il percevait illégalement le produit du *Droit* [5]. Percevoir, en effet, directement, pour l'employer sans crédit ni contrôle, le produit du *Droit* appartenant aux Hospices et aux Bureaux de bienfaisance, cela constitue une immixtion irrégulière dans le maniement des deniers des pauvres, et, en le faisant, le Maire se soumet comme comptable à l'obligation de rendre compte de ses opérations.

323. Toutefois, il a été jugé qu'il ne pouvait être con-

---

(1) Circul. 24 fructidor an VIII.

(2) Circul. Min. int., 16 mai 1876. *Bull. off. Min. int.*, 1876-673 ; — Dalloz, *Code des lois admin.*, vᵒ *Commune*, t. 1, n. 1984, et t. 2, VIII, n. 1603.

(3) Inst. gén. fin , 20 juin 1859, art. 1542, n. 89.

(4) Trib. Cahors, 3 mars 1896, *Gaz. Pal.*, 1896, I. suppl., 38.

(5) *Cour des Comptes*, 17-18 décembre 1879, *Rec. C. État*, 1879. 909.

sidéré comme comptable pour avoir, à ses risques et périls, organisé une représentation dramatique, dont il abandonnait le profit aux pauvres [1].

324. A côté du contrôle communal, s'exerce aussi la surveillance des Établissements charitables.

Il n'y a là, de leur part, que l'exercice d'un droit de contrôle : car, en principe, l'*Assistance publique* n'a pas un droit de perception directe [2].

Le *Droit des pauvres,* en effet, malgré son caractère de contribution indirecte, n'est perçu que par l'intermédiaire de tiers, les Directeurs de spectacles, qui s'interposent entre les établissements de charité auxquels il est destiné et le public qui le paie, et qui le touchent en même temps que leur prix d'entrée, sauf à le restituer à qui de droit [3].

325. C'est l'état, dressé par l'entrepreneur du spectacle et certifié à *Paris* par le *Directeur de l'Assistance publique* et en *province* par les *Maires,* qui sert au comptable de pièce justificative [4].

326. Autrefois, les entreprises théâtrales recevaient, une fois par an, la visite du *receveur* et du *contrôleur de la comptabilité* des établissements de bienfaisance, qui venaient vérifier si les écritures étaient conformes aux bordereaux (signés d'un préposé et visés du régisseur), à l'aide desquels l'Administration charitable avait établi sa comptabilité [5].

Mais, à partir de l'Arrêté du 29 frimaire an V, ce sont les entrepreneurs de spectacles qui, pour justifier du produit de la perception, étaient tenus, à périodes fixes, tous les dix jours (le 1er de chaque décade), d'envoyer le relevé

---

[1] *Cour des Comptes,* 27 avril 1881, *Mém. per.*, 1881. 423.
[2] Arr. 29 frimaire an V, art. 2.
[3] Latruffe-Montmeylian, *Précis pour l'Adm. des hosp.*, préc., p. 24. — Guichard, préc., p. 91 ; —Tardieu, préc., n. 8011.
[4] Inst. gén. fin., 20 juin 1859, art. 1542, n. 89.
[5] Martin-Doisy, préc.

des Registres d'entrée au *Bureau central du Canton de Paris*, qui en pouvait faire vérifier l'exactitude.

En même temps, la surveillance des recettes des théâtres était confiée aux *Comités de bienfaisance,* qui désignaient parmi eux des délégués, chargés d'assister, chaque jour, aux comptes qu'avaient à rendre les buralistes des théâ-tres et les personnes préposées à la vente des billets de suppléments et d'abonnements et à la location des loges [1].

Les états de recettes, certifiés par les caissiers des éta-blissements passibles de l'impôt et par ces délégués, étaient transmis au *Préfet de police*, en même temps que le reçu souscrit par ces caissiers et constatant le montant des som-mes demeurées entre leurs mains à titre de dépôt seule-ment; le *Préfet* centralisait ces feuilles, et, tous les dix jours, en envoyait un état à l'agent comptable chargé d'en poursuivre le recouvrement.

Pour les établissements sans assiette fixe, les délégués percevaient la taxe immédiatement et en versaient le pro-duit dans la Caisse de l'Administration charitable [2].

327. Plus tard, les Commissaires chargés des Secours à domicile eurent mission de surveiller le recouvrement de l'impôt [3].

328. Enfin, en 1843, nouvelle modification [4]. Le re-couvrement du *Droit*, à *Paris*, est assuré par une Commis-sion de surveillance et par un Service de perception.

Cette Commission se compose du membre de la *Com-mission exécutive* chargé du *Domaine,* du *Receveur des hospices* et du *Contrôleur des recettes et dépenses,* sous le titre de *Contrôleurs spéciaux*. Ils doivent donner leur avis sur les propositions d'abonnement, s'assurer de la régula-rité du Service de contrôle et surveiller les établissements

(1) Arr. *Préf. police,* 23 ventôse an VIII
(2) Tardieu, préc., n. 8011.
(3) Lettre *Préf. Seine* à la *Commiss. des hosp.*, 12 janvier 1810.
(4) Décis. Min. fin. 19 septembre 1843.

imposés, tout en n'ayant le droit d'assister aux représentations qu'en payant leur place.

329. Dans nombre de Villes, où le montant annuel du *Droit* a quelque importance, les Administrations charitables, autorisées à prendre les mesures convenables pour en assurer le recouvrement [1], chargent, d'ordinaire, un agent spécial de surveiller les opérations du contrôle des théâtres et de recevoir le montant de la taxe, qui est ensuite versée dans la Caisse du *Receveur.*

Si le produit est trop modique pour justifier l'intervention d'un agent spécial, c'est du contrôle que fait le théâtre sur sa propre comptabilité qu'on se contente, sauf au *Receveur* à contrôler, de temps à autre, par lui-même l'entreprise.

330. Du reste, l'entrepreneur, dépositaire des fonds, n'est pas tenu de les apporter à la Caisse du *Receveur;* c'est à ce dernier à les faire toucher [2].

331. Quant au rôle du *Receveur,* il est absolument différent.

Ses comptes de gestion doivent être appuyés des pièces justificatives de la recette et de la dépense, telles que les déterminent les lois et règlements, et les pièces, classées par chapitres et articles, doivent être détaillées dans les inventaires ou bordereaux qui sont joints au compte [3].

Le *Receveur* doit, sous sa responsabilité, veiller à la rentrée exacte du produit de l'impôt, sans que les frais de recouvrement puissent dépasser *10 0/0* [4], et justifier la recette, dans son Compte de gestion annuelle, en produisant, avec l'extrait de l'Arrêté du préfet, qui détermine, si le produit doit être partagé entre plusieurs éta-

---

(1) Loi 7 frimaire an V, art. 6.
(2) Décr. 9 décembre 1809; — Inst. gén. fin. 15 décembre 1826, art. 773; — *Mém. percept.*, 1832, 302.
(3) Inst. gén. fin. 20 juin 1859, art. 1542; — Delfaux, préc., p. 373.
(4) Décis. Min. int. 23 janvier 1850.

blissements de bienfaisance, la part revenant à chacun d'eux, les états qui constatent l'accomplissement des formalités de contrôle (1).

Il n'a pas à s'immiscer dans la vérification : car ce n'est pas au comptable à déterminer la quotité de la recette ; son rôle se borne à en assurer le recouvrement, sur le vu d'une pièce justificative (2).

332. Son action varie, suivant le mode de perception usité.

I. Si les *Droits* sont perçus en *régie simple*, c'est-à-dire directement sur l'entreprise, au fur et à mesure des recettes (3), le *Receveur* produit, comme justification à l'appui des mandats de l'Ordonnateur concernant les recettes qui proviennent de l'impôt, un état nominatif détaillé, portant liquidation des sommes à percevoir, dressé par le régisseur et certifié par l'ordonnateur des dépenses, c'est-à-dire ou par le *Directeur de l'Assistance publique*, à *Paris*, ou par le Président de la *Commission administrative*, en *province* (4).

II. Si les Droits sont perçus en *ferme*, le *Receveur* doit produire :

A. *Avec le compte de la première année de l'Exercice :*

1° Une copie non timbrée (5) du bail, mentionnant l'approbation préfectorale et l'enregistrement. Le *bail à ferme* est, en effet, soumis au même droit d'enregistrement que

---

(1) Inst. gén. fin. 15 décembre 1826, n. 770 ; — Inst. gén. fin. 17 juin 1840; — Inst. gén. fin. 20 juin 1859, art. 1066-8° ; — *Code des Comptes de gestion*, n. 241 ; — Durieu et Roche, v° *Spectac.*, préc., n. 37 ; — Thorlet, préc., p. 274 ; — Durieu, *Code de l'Admin. et de la comptab. des revenus des établiss. publ.*, p. 136 ; — *Mém. perc.*, t. 17, p. 188, n. 909.

(2) Instr. gén. fin. 20 juin 1859, art. 1542, n. 89 ; — *Rev. établiss. bienf.*, 1886. 120.

(3) Décis. Min. int. 23 juin 1850 ; — Delfaux, préc., p. 372 ; — Pector, préc., p. 181.

(4) Instr. gén. fin. 20 juin 1859, art. 1066.

(5) Durieu et Roche, préc. (v° *Spect.*, n. 37) et le *Mémorial des percepteurs* (t. 17, p. 342) prétendent qu'elle doit être timbrée.

les baux des biens immobiliers appartenant aux bureaux de bienfaisance, soit *0,20 centimes 0/0* [1].

2° Un extrait non timbré des clauses et conditions insérées au Cahier des charges : la somme à payer, les époques de traitement, etc.

3° La justification de la réalisation du cautionnement, par le récépissé ou la copie du bordereau d'inscription [2].

B. *Aux comptes suivants :*

1° La mention du compte, auquel a été jointe la copie du bail.

2° Le certificat du Président de la *Commission administrative*, indiquant les sommes qui étaient à recouvrer pour l'Exercice : ampliations des titres de recettes, certifiés par ledit Président [3].

C. *Au compte final, et après que l'opération a été consommée :*

1° Une expédition sur timbre du bail.

2° Une expédition sur timbre du Cahier des charges, s'il y a lieu, c'est-à-dire s'il n'est pas reproduit dans le bail.

III. Si les Droits sont perçus en *régie intéressée*, il est produit :

A. *A l'appui du premier compte :*

1° La copie non timbrée [4] ou un extrait du Traité approuvé par le Préfet et enregistré.

2° Un extrait non timbré des clauses du Cahier des charges.

3° La justification de la réalisation du cautionnement prévu par le Cahier des charges.

4° L'état des bénéfices partagés avec le *Régisseur*.

Rappelons, d'ailleurs, que le *Régisseur* a seul qualité, par lui ou ses préposés, pour faire le recouvrement de l'impôt [5].

---

(1) Loi 16 juin 1824, art. 1 ; — Thorlet, préc., n. 483.
(2) Instr. gén. fin. 20 juin 1859, art. 1026.
(3) Instr. gén. fin. 20 juin 1859, art. 1543 ; — *Mém. percept.*, 1827, p. 133, 253 et 335.
(4) Timbrée, suivant Durieu et Roche, préc., v° *Spect.*, n. 37.
(5) Trib. Lyon, 26 juin 1846, *Gaz. trib.* et j. *le Droit*, 27 juin 1846.

B. *Avec le compte de chaque Exercice suivant :*

1° Un état des bénéfices partagés avec le *Régisseur.*

C. *En fin de bail et après apurement :*

1° Un état définitif de liquidation des bénéfices.

2° Une expédition (en extraits) sur timbre du Traité.

3° Une expédition (en extraits) sur timbre du Cahier des charges [1].

IV. Si les Droits sont perçus par *abonnement,* il est produit :

1° L'acte d'abonnement sur timbre, ou une expédition de cet acte sur timbre [2].

333. Les traités de *régie simple ou intéressée* sont passibles d'un droit d'enregistrement de 1 0/0 sur le montant du prix stipulé au profit du *Régisseur* ou des remises auxquelles il a droit, calculées sur l'évaluation du minimum des produits pendant la durée de la convention [3].

334. En ce qui concerne les quittances données par les receveurs aux régisseurs du *Droit,* pour le versement du montant de leurs recettes, il faut distinguer :

Si le régisseur n'est que le préposé de l'établissement, un simple intermédiaire entre l'établissement et le débiteur du *Droit,* la quittance délivrée audit receveur est exempte du timbre : car c'est là un acte d'administration intérieure.

Il en est autrement, si le régisseur est fermier du *Droit* et son débiteur direct [4].

335. Les quittances délivrées par les caissiers, trésoriers ou receveurs des Communes et des Établissements publics sont exemptes du timbre de dimension.

Mais elles sont assujetties, pour les sommes de 10 francs

(1) Inst. gén. fin. 20 juin 1859, art. 1542, § 9.

(2) *Mém. perc.,* t. 17, 342 ; — *Code des Comptes de gest.* préc., p. 209; — Thorlet, préc., p. 274 ; — Durieu et Roche, préc., v° *Spect.,* n. 37.

(3) Solut. *Enregistrement,* 1er mars 1826 ; — Thorlet, préc., n. 483.

(4) Solut. *Enregistrement,* 1er août 1832 ; — Durieu et Roche, préc., v° *Timbre,* n. 20.

et au-dessus, à un droit de timbre spécial, acquitté au moyen d'un timbre mobile.

Ce droit, fixé à *0 fr. 20 centimes* par la Loi du 8 juillet 1865 (art. 4), a été élevé a *0 fr. 25 centimes* par la Loi du 23 août 1871 (art. 2).

Les quittances délivrées aux particuliers pour des sommes excédant 10 francs doivent donc être détachées d'un Registre de quittances timbrées [1].

Mais le Décret du 4 messidor an XIII (art. 4) dispensait [2] expressément du timbre les Registres tenus par les Établissements publics pour l'ordre intérieur, et la *Circulaire* de la *Direction générale de la Comptabilité publique* du *14 avril 1872* [3] déclare également dispensés les récépissés des comptables publics, lorsqu'il s'agit de simples virements de fonds ou d'opérations de Trésorerie.

Sont, en conséquence, exemptes du timbre les quittances du *Droit des pauvres* sur les produits des représentations des théâtres, concerts et bals [4].

336. A *Paris*, jusqu'en 1875, il existait une *Caisse spéciale* dite du *Droit des pauvres*, installée près du Service de la perception de cette taxe.

Elle a été supprimée par l'Arrêté du *Préfet de la Seine* du 7 juin 1875, et c'est désormais le *Receveur* de l'*Assistance publique* qui est directement chargé de l'encaissement. Chaque matin, après le visa du *Contrôleur principal*, il encaisse le montant de tous les bordereaux des contrôleurs ambulants, et reçoit, pour ce supplément de travail, une somme annuelle de 1,000 francs, à répartir entre les employés qui en sont chargés.

---

(1) Circul. min. 20 juillet 1863 ; — Circul. Direct. gén. de la Comptab. pub. 27 septembre 1863.

(2) V. aussi Loi 13 brumaire an VII, art. 16.

(3) Nomenclature, n. 14.

(4) Décis. Min. fin. 9 janvier 1843; — Loi 16 juin 1824; — Garnier, *Répert. gén. et raisonné de l'enregist.*, n. 7349-6º ; — *Répert. gén. alphab. du Dr. franç.*, vº *Assist. publ.*, n. 2407 et 2420; — Durieu et Roche, précit. vº *Timbre*, n. 20-2º.

En conséquence, l'emploi du *Contrôleur-principal-caissier*, ayant rang d'économe de 1re classe, a été supprimé, et c'est le *Contrôleur-principal* du Service de la perception du *Droit* qui, à l'exception du Service de caisse, a toutes les attributions de celui qu'il remplace.

337. Les opérations de l'ensemble du Service de la perception donnent lieu à des écritures qui doivent être consignées sur des Registres, dont le *Règlement du 9 décembre 1898* donne l'énumération [1].

1° Des *Livres de comptabilité :*

a) *Registres à souches mensuels*, destinés à enregistrer les recettes effectuées et le *Droit* perçu à chaque représentation, et à délivrer des quittances aux parties versantes. Tenus par mois, ils sont numérotés par feuillets, visés et paraphés par le *Chef de Division*.

b) *Journal général,* tenu par Exercice et destiné à enregistrer, jour par jour, les recettes accusées aux bordereaux établis par les contrôleurs et qui doivent être totalisées par jour et par nature.

c) Le *Grand-Livre*, tenu par exercice et divisé en deux parties : l'une, destinée aux établissements *contrôlés;* l'autre, aux établissements *abonnés* et aux *séances accidentelles.*

Les enregistrements opérés sur le *Journal général* sont immédiatement transportés aux comptes-courants du *Grand-Livre* pour chaque établissement.

Les opérations qui y sont consignées sont totalisées, à la fin de chaque mois.

2° *Des Livres auxiliaires :*

a) *Livre des crédits*, tenu par Exercice, comportant autant de combinaisons qu'il en existe au *Sous-chapitre IV du Budget* (frais de perception et de gestion domaniale, art. 1), donnant la répartition du crédit mis à la disposition du Service, et présentant l'ensemble des dépenses effectuées,

_____

(1) V. aussi, *Code admin. des hôpit., suppl.*, p. 59.

de façon à faire connaître, de suite, le total des sommes disponibles.

b) *Registre des indemnités allouées aux Contrôleurs*, servant au dépouillement des *feuilles de décompte* établies mensuellement par les contrôleurs et indiquant le nombre et le taux des vacations effectuées et le montant de l'indemnité allouée.

c) *Carnet des permissions de police*, servant à inscrire les permissions délivrées par la *Préfecture de police* pour l'ouverture de nouveaux établissements et pour des représentations extraordinaires ou accidentelles.

d) *Livre de dépouillement des registres à souches*, où s'inscrivent les sommes dont la perception est mentionnée aux *registres à souches* et le montant des recettes qui y ont donné lieu.

e) *Carnet d'émargement des registres à souches*, contenant les numéros d'ordre des *registres à souches*, la désignation des établissements auxquels ils sont destinés, l'émargement ou accusé de réception par les contrôleurs des registres qui leur ont été délivrés.

f) *Registre des abonnements et réductions,* registre tenu pour l'inscription des demandes d'abonnement et de réduction adressées par les entrepreneurs de petits spectacles ou les organisateurs de fêtes de bienfaisance, et mentionnant le montant des abonnements consentis et le taux de perception appliqué, ainsi que les dates des Arrêtés préfectoraux approbatifs.

CHAPITRE VII

Attributions et répartition des Droits perçus.

---

§ 1. Attributions.

338. Aux termes des Lois des 7 frimaire an V (art. 2) et 8 thermidor an V (art. 3), comme du Décret du 9 décembre 1809 et de la Loi du 15 juillet 1893, le produit des *Droits* perçus est uniquement consacré aux Secours à domicile, aux besoins des Hospices et à ceux de l'Assistance médicale gratuite.

339. La Loi du 7 frimaire an V (art. 2 et 7) attribuait exclusivement le produit de la recette aux Secours « *aux indigents qui ne sont pas dans les hospices* », c'est-à-dire aux Bureaux de bienfaisance qu'elle venait de créer, et elle voulait, par ce moyen, les doter rapidement.

340. Grâce à cette destination primitive de la taxe, le *Droit des pauvres* fait partie des *recettes ordinaires* des Bureaux de bienfaisance, et c'est, en fait, une de leurs principales ressources.

Aussi l'article 6 de la Loi portait-il que c'était aux Bureaux de bienfaisance à déterminer les mesures qu'ils croiraient convenables pour assurer le recouvrement du *Droit*.

341. Mais bientôt la Loi du 8 thermidor an V attribuait ce produit à la fois aux Bureaux de bienfaisance et aux Hospices.

C'est ce que fait aussi l'article 3 de la Loi du 19 fructidor an VI[1]; de même encore, l'article 3 de la Loi du sixième jour complémentaire an VII : « Le produit des *Droits* perçus sera consacré aux Secours à domicile et aux besoins des Hôpitaux, dans les proportions qui seront déterminées par le *Bureau central* [2], dans les Communes où il y aura plusieurs Municipalités, et, dans les autres, par l'Administration municipale [3] ».

342. De ces textes, il résulte bien que c'est le Bureau de bienfaisance ou l'Hospice, et non la Commune, qui a qualité pour réclamer la taxe, bien que ce soit par l'intermédiaire de la Commune qu'elle soit touchée en *province* [4].

343. Dans les Communes où il existe un Hospice et un Bureau de bienfaisance, le Maire doit avertir le Préfet de la somme qui doit revenir à ces établissements, pour qu'il puisse fixer la part à attribuer à chacun d'eux sur le *Droit des pauvres* [5].

344. D'autre part, le fonctionnement de la Loi du 15 juillet 1893, qui a organisé l'Assistance médicale gratuite dans toutes les Communes, comporte un certain prélèvement sur le produit du *Droit des pauvres*, et il appartient toujours aux Préfets, conformément à la *Circulaire* du 24 fructidor an VIII, de fixer les bases de répartition [6].

C'est ainsi qu'un Arrêté du *Préfet du Lot* du 11 décembre 1894 accorde, dans chaque Commune, sur les produits du *Droit*, un tiers aux Hospices, un tiers aux Bureaux de bienfaisance, un tiers au Bureau d'assistance, et prescrit une répartition par portions égales entre le Bureau de bienfaisance et le Bureau d'assistance, dans les Communes qui ne possèdent pas un Hospice, mais où il existe un

---

(1) *Bull. des lois*, t. 12, n. 1998.
(2) En l'an VII, par les Administrations centrales.
(3) Béchet, préc., p. 147.
(4) C. préf. Rhône, 10 août 1883. Jurispr. Cons. préf., 1884, 19; — Pector, préc., p. 114.
(5) Circul. Préf. Vosges, 12 juillet et 16 octobre 1886, préc.
(6) Circul. min., 24 fructidor an VIII.

Bureau de bienfaisance ; et dans les Communes où il n'existe ni Hospice, ni Bureau de bienfaisance, le produit est intégralement acquis au Bureau d'assistance.

Au contraire, un Arrêté du *Préfet de l'Indre* du 29 décembre 1894 affecte la totalité du produit du *Droit* aux dépenses du Service de l'*Assistance médicale gratuite*.

345. Toutefois, pour l'application de la Loi du 15 juillet 1893, les Préfets peuvent, comme le laisse entendre (mais non, il est vrai, à propos du *Droit des pauvres*) la *Circulaire du Ministre de l'Intérieur* du *18 mai 1894* [1], prendre pour exemple le mode de répartition adopté par les *Bureaux de bienfaisance de Paris*, qui consacrent un cinquième de leurs ressources au Service de l'Assistance médicale gratuite [2].

Aux termes de cette *Circulaire*, le Bureau de bienfaisance, sous peine de ne pas voir son Budget approuvé, doit faire au Service de l'Assistance médicale gratuite une part équitable [3] :

---

(1) *Rev. étab. bienf.*, 1894, 200.

(2) *Dispositions générales*, titre VI, article 30.

(3) La *Circulaire* du Ministre de l'Intérieur du 18 mai 1894, contenant des *Instructions* pour l'exécution de la Loi du 15 juillet 1893, commente en ces termes l'article 27, qui porte que « les communes, dont les ressources spéciales de l'Assistance médicale et les ressources ordinaires inscrites à leur Budget seront insuffisantes pour couvrir les frais de ce Service, sont autorisées à voter des centimes additionnels aux quatre contributions directes ou des taxes d'octroi pour se procurer le complément des ressources nécessaires... » : En première ligne des ressources du Service figure le contingent obligatoire des Communes. Ce contingent sera prélevé, d'abord, sur la part des recettes attribuées aux pauvres (*Droit des pauvres* sur les spectacles, produit des Concessions funéraires, etc.) qu'il paraîtra équitable d'affecter aux soins des malades, » — et la *Circulaire* rappelle, en note, l'article 2 de l'Arrêté du 7 fructidor an VIII, aux termes duquel « le produit du *Droit des pauvres* sur les spectacles continuera à être affecté aux besoins des hôpitaux et aux secours à domicile de chaque Commune, d'après la répartition qui en sera faite par le Préfet sur l'*avis* du sous-préfet (V. aussi le Rapport de MM. *Napias* et *Rondel* sur la Loi du 15 juillet 1893 sur l'Assistance médicale gratuite et ses conséquences administratives, dans : *Congrès national d'Assistance, Lyon*, Waltener, 1894, t. 1, p. 131).

« *A Paris*, dit-elle, où l'Assistance à domicile est pratiquée sous toutes ses formes par les Bureaux de bienfaisance, les dépenses afférentes aux malades et aux accou-
chées représentent un cinquième du total des dépenses [1].
Cette proportion n'est pas élevée. »

346. M. *Fleury-Ravarin*, dans le Rapport qu'il a
soumis au *Conseil supérieur de l'Assistance publique* sur
la *réorganisation des secours à domicile dans la Ville de
Paris*, ne la trouvait pas même suffisante :

« Bien faible, disait-il, est la portion de leurs ressources que les Bureaux de bienfaisance consacrent au service
des malades ; ce dernier est, le plus souvent sacrifié, au
service des indigents et des nécessiteux [2]..... Néanmoins,
la pratique des *Bureaux de bienfaisance de Paris* pourra,
dans la plupart des cas, vous servir d'exemple..... Les
Bureaux de bienfaisance trouveront sans doute que c'est
faire aux indigents valides la part assez large que de
leur laisser les quatre cinquièmes des ressources, et les
Administrateurs se montreront d'autant plus disposés à
abandonner au *Bureau d'assistance* l'emploi du cinquième de ces ressources, qu'ils sont appelés par la loi à
régler eux-mêmes cet emploi, en qualité d'Administrateurs
du nouveau *Bureau d'assistance*..... ».

(1) *Conseil supér. de l'Assist. publ.*, fascicule 40, p. 37 et 38.

(2) *Cons. supér. Assist. publ.*, fascicule 40, p. 105.
Au contraire, dans une discussion qui s'est élevée au sein du *Conseil
de surveillance de l'Assistance de Paris*, dans sa séance du 26 octobre
1899 (V. p. 61-70), M. *Rebeillard*, qui y représente le *Conseil municipal
de Paris*, s'étonnait que l'*Administration*, pour répartir la prévision de
recettes budgétaires de 4,888,000 francs entre les hôpitaux et les bureaux
de bienfaisance et n'attribuer qu'un dixième à ces derniers, se fondât sur
le Décret du 15 novembre 1895.
Il fait justement remarquer qu'aucun article de ce Décret ne détermine
la quotité de répartition à établir sur le produit du *Droit* entre les établissements hospitaliers et le Service des secours à domicile, et qu'il y a
là, dès lors, une répartition tout-à-fait arbitraire, et même illogique, puisque la population indigente secourue à domicile constitue le plus fort
contingent de malheureux, et que le degré d'indigence des individus
inscrits au Bureau de bienfaisance est autrement certain que celui des

§ 2. Répartition.

347. D'après les Lois de l'an V [1], la répartition, dans les Communes où il y avait plusieurs Bureaux de bienfaisance, était faite par l'Autorité municipale, dans les pro-

malades soignés dans les hôpitaux, qui, le plus souvent, sont simplement (ce qui est à vérifier,) dans une situation médiocre et isolée.

Il ajoutait, que les indigents régulièrement inscrits et les nécessiteux ne vont guère dans les hôpitaux et préfèrent, lorsqu'ils sont malades, se faire soigner par les médecins des Bureaux de bienfaisance.

Il en conclut que les Bureaux de bienfaisance devraient recevoir, dans le produit du *Droit*, une part au moins égale à celle qui serait dévolue aux établissements hospitaliers, et qu'on pourrait leur faire une part d'autant plus large, que le Décret de 1895 ne prescrit aucune base de répartition entre le Service hospitalier et le Service des secours à domicile.

L'*Administration* reconnaît que les ressources mises à la disposition des Bureaux de bienfaisance ne sont plus en rapport avec les besoins à satisfaire : car il se produit, à *Paris*, une augmentation annuelle de 25.000 individus, parmi lesquels on compte beaucoup d'indigents et de nécessiteux, sans qu'on puisse constater une augmentation correspondante des ressources.

Mais elle constate que c'est le *Conseil de surveillance* lui-même, dans sa séance du 28 novembre 1895, qui, à propos de l'établissement du régime financier à appliquer aux Bureaux de bienfaisance, en vertu des dispositions du Décret de 1895, a estimé que, pour donner au prélèvement sur le produit du *Droit* un véritable caractère d'équité et de fixité plus grande, ce prélèvement devait être calculé proportionnellement aux totaux respectifs des dépenses des deux Services couverts par leurs ressources propres, et a, en conséquence, fixé l'une à 4.481.320 fr. et l'autre à 406.680 fr., dans le *Projet du budget de 1900*, soit à 12,01 0/0, puisqu'en effet, la part des Bureaux de bienfaisance dans les dépenses correspondant aux revenus immobiliers et mobiliers est de 611.217 fr., tandis que celle du Service hospitalier est de 6.840,668 fr., et, dès lors, la part qui doit revenir aux Bureaux de bienfaisance sur les 4,888.000 fr., produit du *Droit*, doit être réduite à 406.680 fr.

L'*Administration* reconnaît, cependant, que le *Conseil de surveillance* est libre de défaire ce qu'il a fait et d'adopter les bases d'une nouvelle répartition, plus favorable aux intérêts des personnes secourues par les Bureaux de bienfaisance.

— Nous croyons savoir que la question, renvoyée à l'examen d'une *Commission spéciale* du *Conseil de surveillance de l'Assistance publique*, n'a pas abouti, et le *Conseil municipal de Paris* a été saisi d'un Projet de réforme.

(1) Loi 7 frimaire an V, art. 7 et 9. *Bull. des lois*, t. 9, n. 890 ; — Loi 8 thermidor an V.

portions déterminées soit par le *Bureau central,* dans les Communes où il y avait plusieurs Municipalités, soit par l'Administration municipale, dans les autres.

Le Bureau de bienfaisance devait rendre compte, tous les mois, du produit de sa recette à l'Administration, par laquelle il avait été nommé.

Mais, à la suite de la réorganisation de l'Administration municipale par la Loi du 28 pluviôse an VIII (art. 9), il parut nécessaire de désigner expressément les Autorités nouvelles qui, à l'avenir, auraient à faire cette répartition.

Ce droit fut transféré au Préfet, après *avis* des sous-préfets, qui signalaient l'importance et les besoins de chaque établissement [1].

« Il ne s'agit pas, dit la *Circulaire ministérielle* du *24 fructidor an VIII,* d'une répartition à faire directement entre les pauvres de la Commune ou pour quelques dépenses d'hospices ; ce serait mal interpréter la loi. L'administration de ces produits appartient aux Bureaux de bienfaisance et aux Commissions administratives des hospices [2]. Il ne s'agit, en ce qui concerne les répartitions des produits, que de déterminer les portions qui doivent être versées dans la Caisse des Bureaux de bienfaisance, pour être réparties par ces Bureaux en secours aux pauvres de chaque Commune, conformément aux lois qui les concernent, et celles qui doivent être versées dans la Caisse des hôpitaux, pour être employées par les Commissions aux dépenses courantes de ces établissements. L'Arrêté vous chargeant [3] de régler cette proportion d'après l'*avis* des sous-préfets, je vous invite à examiner s'il est utile de diviser les produits et s'il ne serait pas plus convenable de les affecter totalement, soit aux Secours à domi-

---

(1) Arr. 7 fructidor an VIII, art. 2; — Lettre Min. int. au Préf. Aube, 7 janvier 1855 ; — Inst. gén. fin. 20 juin 1859 ; — Béquet, préc., n. 688.
(2) Lois 7 frimaire an V et 11 frimaire an VII.
(3) Le Sous-préfet, pour l'Arrondissement communal, et le Préfet, pour le Chef-lieu de préfecture.

cile, soit aux dépenses des hôpitaux. Le partage de ces droits entre deux Administrations distinctes les rend trop modiques pour chacune d'elles et double, d'ailleurs, la surveillance que vous avez à exercer sur l'emploi que ces Administrations respectives sont chargées d'en faire ».

Et la *Circulaire* du *28 fructidor an X*, relative à la perception sur les objets consommés dans les jardins où l'on est admis en payant, et confirmant la précédente, s'exprimait ainsi : « Quant à l'emploi des produits..., à raison de leur modicité, il est bon d'en assurer la totalité, soit aux Hôpitaux, soit aux Institutions de secours à domicile. C'est ainsi qu'à *Paris*, les *Droits* dont il s'agit font exclusivement partie des ressources des Bureaux de bienfaisance; et comme ces institutions sont plus répandues que les Hôpitaux, je pense que ce qui a été fait pour cette Ville doit être suivi pour les autres Communes [1] ».

348. Depuis l'an VIII, c'est donc le Préfet qui, lors de la répartition du *Droit,* règle le partage [2].

Le Préfet est souverain pour faire la répartition entre les Établissements de bienfaisance [3]. Il n'est pas obligé d'attribuer une partie de la taxe aux Hospices et l'autre aux Bureaux de bienfaisance, ou de faire un partage égal. Il peut, si les circonstances lui semblent l'exiger, appliquer la totalité aux uns ou aux autres ou à un ou plusieurs établissements d'une même catégorie [4].

349. L'Arrêté du 7 fructidor an VIII et l'Ordonnance du 6 décembre 1843 ne donnent pas, en effet, aux Bureaux de bienfaisance ou aux Hospices un droit privatif sur le produit de la taxe.

Sans doute, les recettes doivent être exclusivement af-

---

(1) Circul. Min. int. 26 fructidor an X. *Rec. Min. int.*, t. I, p. 106; — V. Circul. Min. int. 24 fructidor an VIII.

(2) Décis. Min. int. 7 janvier 1855 ; — Ordonn. police 6 juin 1820 et 1ᵉʳ mars 1835.

(3) *Mém. perc.*, 1875. 166.

(4) Béchet, préc., p. 147.

fectées aux Hospices et aux Bureaux de bienfaisance, et aussi, depuis la Loi de 1893, aux besoins de l'Assistance médicale gratuite ; mais leur droit n'a rien d'absolu ni d'exclusif. Rien ne limite la faculté réservée au Préfet d'en faire la répartition, et il peut, sans porter atteinte à aucun droit, attribuer le tout à l'une ou à l'autre de ces catégories d'établissements, en ne tenant compte que de leurs revenus et de leurs besoins respectifs [1].

350. Du reste, l'affectation exclusive par le Préfet de la recette du *Droit* aux Bureaux de bienfaisance est entrée dans la Pratique administrative en bien des Localités, où les Hospices sont plus riches et mieux dotés que les Bureaux de bienfaisance [2].

351. Les Bureaux de bienfaisance, au surplus, sont si peu dotés, qu'il est désirable que le *Droit* leur soit attribué, à l'exclusion des Hospices, ou que tout au moins ils ne soient jamais exclus du partage et obtiennent la moitié de la taxe [3].

352. D'ailleurs, les procédés suivis pour la répartition du *Droit* perçu sont très variés [4] :

« Quatre Départements font un égal partage des sommes perçues entre les Hospices et les Bureaux de bienfaisance [5] ; 39 Départements attribuent la totalité de la perception aux seuls Bureaux de bienfaisance. Dans les autres Départements, une part du produit de l'impôt est affectée aux Bureaux, l'autre aux Hospices, dans des proportions inégales et très variables, dont la résultante

(1) Circul. Min. int. 24 fructidor an VIII. *Bull. off. Min. int.*, t. 1, p. 106 ; — Loi 28 pluviôse an VIII, art. 9 ; — Décis. Min. int. 7 août 1865 et 28 octobre 1874 ; — *Rev. étab. bienf.*, 1885, 249 ; — Béquet, préc., n. 722 ; — Dalloz, *Code des lois admin.*, t. 2, VIII, n. 1622.

(2) Décis. Min. int. 7 août 1865 et 28 octobre 1874 ; — Arr. 7 fructidor an VIII. *Bull. des lois*, t. 5, n. 259 ; — Fleury-Ravarin, préc., p. 142 ; — Béchet, préc., p. 147 ; — Pocquet, préc., p. 351.

(3) Martin-Doisy, *Dictionn. d'éconam. charitable*, vᵒ *Capit. et revenus de la Charité*, préc., t. 2, p. 604.

(4) Manceaux, préc., p. 34.

(5) Exemple : Le Mans (Arr. Préf. Sarthe, 14 décembre 1865).

accuse cependant un avantage marqué en faveur des Bureaux de bienfaisance ».

353. Une Société sportive a passé, dans une Commune où se trouve un champ de courses, un traité par lequel elle s'engage à verser annuellement et à forfait une somme déterminée au Bureau de bienfaisance de cette Commune.

Le droit de la Commune, se fondant sur la Loi du 8 thermidor an V (art. 2), était absolument légitime, que l'entrepreneur des courses eût ou non réalisé des bénéfices, et il a été jugé que la Société qui succède à celle qui a passé un pareil traité ne peut se dispenser de payer le *Droit des pauvres,* sous prétexte qu'elle aurait un caractère, non d'exploitation commerciale, mais d'utilité publique, et que l'Arrêté municipal, qui l'autorise à établir les paris mutuels sur le champ de courses, fixe un prélèvement de 2 0/0 sur le produit de ces paris au profit du Bureau de bienfaisance[1].

354. S'il s'agit d'une représentation théâtrale donnée spécialement par ses organisateurs au profit des pauvres, le produit de la recette appartient exclusivement au Bureau de bienfaisance.

Il ne s'agit plus, ici, de la perception réglementaire du *dixième en sus* de la recette brute ; c'est la recette tout entière qui, par l'effet de la volonté de ceux qui ont offert le spectacle, est acquise aux pauvres, et, par là, au Bureau de bienfaisance, qui les représente.

Il n'est pas là question du *Droit des pauvres* perçu, mais d'une aumône faite [2].

Il appartient à l'organisateur (simple particulier ou Association) d'une fête ou d'une représentation théâtrale au profit des pauvres, due à son initiative privée, de répartir le produit comme il le juge convenable entre les divers établissements bénéficiaires [3].

---

(1) C. préf. Seine-et-Oise; 18 février 1888, préc. — V. *suprà*, n. 93.
(2) Arr. 7 fructidor an VIII, art. 2 ; — *Mém. perc.*, 1842. 128.
(3) *Mém. perc.*, 1875, 166.

355. Rappelons ici que le *Droit* perçu sur les *Guinguettes* appartient aux Communes, dans lesquelles les danses ont lieu [1].

356. A *Paris* et dans quelques grandes Villes, l'impôt est touché directement par l'*Assistance publique*, quand elle a une organisation propre [2].

Déjà l'Arrêté du 2 fructidor an V faisait répartir par le *Bureau central* du *Canton de Paris* le produit de la taxe entre les Hospices et les Comités de bienfaisance.

En 1801, la perception faite par le *Receveur des hospices* était partagée, entre les Hospices et les secours à domicile, dans les proportions suivantes, établies par le *Bureau central* :

1° La totalité des *Droits sur les spectacles*, pour les Secours à domicile ;

2° Les *Droits sur les bals, fêtes, concerts :* trois cinquièmes aux Hospices, et deux cinquièmes aux Secours à domicile.

La *Commission des hospices* et l'*Agence des secours* avaient un droit de contrôle commun sur cette recette [3].

357. Actuellement, les proportions sont renversées.

Conformément aux *Avis* du *Conseil de surveillance de l'Assistance publique* et du *Conseil municipal*, la part revenant à l'ensemble des 20 Bureaux de bienfaisance dans le total du produit du *Droit* [4] a été calculée proportionnellement aux totaux respectifs des dépenses des deux Services de l'*Assistance* (Établissements hospitaliers et Bureaux de bienfaisance), couverts par leurs ressources propres.

La part des hôpitaux est ainsi de 4.481.320 francs, et celle des bureaux de bienfaisance de 406.680 francs seulement [5].

---

(1) Décis. Min. int. 19 décembre 1809. — V. *suprà*, n. 228.

(2) Pector, préc., p. 114.

(3) *Arr. Cons. gén. hosp.* 13 septembre 1801.

(4) Qui est de 3.420.000 francs dans le Budget de 1899.

(5) Compte financier de l'*Assist. publ.* ; — V. *suprà*, p. 175, note 2.

CHAPITRE VIII

Contentieux ; poursuites.

---

§ 1. Généralités.

358. La loi, après avoir établi une surveillance sur les entreprises théâtrales, destinée à empêcher les fraudes [1], a cherché à organiser les moyens d'assurer le recouvrement du *Droit*.

A cet effet, l'Arrêté du 29 frimaire an V impose aux entrepreneurs de spectacles l'obligation d'envoyer, le premier de chaque décade, le relevé de leurs *Registres d'entrée* au *Bureau central* du *Canton de Paris*, pour justifier du produit de la perception.

C'est sur ce relevé que l'agent chargé du recouvrement, au cas de *régie simple* ou *intéressée* aussi bien qu'au cas de *bail à ferme*, établit le montant de la cote du débiteur et lui adresse un avis aux fins de paiement ; mais, bien entendu, il n'en va pas ainsi, quand la taxe est perçue par *abonnement* [2].

359. C'est l'état relatif à la taxe, dressé par le Maire en sa qualité de Président de la Commission administrative des Établissements de bienfaisance, régulièrement approuvé et rendu exécutoire par le Préfet, qui constitue le titre légal pour poursuivre le recouvrement [3].

---

(1) Durieu et Roche, préc., v° *Spect.*, n. 26 *bis*.
(2) Tardieu, préc., n. 791.
(3) Trib. Cahors, 3 mars 1896, précité.

360. Les poursuites sont exercées suivant le mode spécial au recouvrement des contributions publiques [1].

Les contestations sont jugées comme en matière de contributions directes [2], et leur sont, par conséquent, assimilées au point de vue du contentieux.

Ainsi, il y a lieu à la confection d'un rôle soumis à l'homologation du Préfet, qui seul a qualité pour le revêtir de la forme exécutoire [3].

On peut, tout au moins, assimiler à l'émission d'un rôle l'Arrêté préfectoral qui rend exécutoires les contraintes décernées contre l'entrepreneur de spectacles pour le recouvrement de la taxe [4].

361. Le Préfet transmet ce rôle au Percepteur, lequel procède par voie d'avertissement.

Tel est, du moins, le procédé désormais employé à *Paris*, et qui a été substitué à l'état exécutoire, à la suite d'une *Circulaire* de la *Direction de la Comptabilité de la Préfecture de la Seine* du *8 septembre 1890*.

Il convient d'ajouter que l'Administration a rarement à exercer son recours, à raison du peu d'importance actuelle des abonnements.

362. S'il y a refus de payer la taxe, les contrôleurs du *Droit* doivent d'abord le faire constater par le Commissaire de police de service au théâtre et en informer, le lendemain, le *Contrôleur principal* [5].

363. Les poursuites en recouvrement se faisaient, autrefois, par voie de contrainte administrative, décernée par le régisseur ou le fermier et rendue exécutoire par le Préfet ou le sous-préfet, sans que son effet pût être arrêté par l'Autorité judiciaire).

---

(1) Décr. 10 thermidor an XI ; — Décr. 8 fructidor an XIII ; — Décr. 2 novembre 1807, art. 3.

(2) C. État, 13 juin 1873, préc.; — C. État, 27 juillet 1883, préc.

(3) *Mém. perc.*, 1894, 140.

(4) C. État, 11 novembre 1831, préc.

(5) Réglem. *Assist. publ.*, 9 décembre 1898, art. 8.

(6) Inst. gén. fin. 20 juin 1859, art. 1056 ; — *Mém. perc.*, 1869, 281.

364. En cas de *régie simple* ou d'*abonnement,* les poursuites sont suivies par le receveur ; la contrainte est délivrée à sa demande et exercée à sa diligence.

En cas de *bail à ferme* ou de *régie intéressée*, le régisseur ou le fermier a seul qualité, par lui ou ses préposés, pour recouvrer la taxe.

Et si, par exemple, lorsqu'un Maire a affermé le champ de *vogue* à des marchands, bateliers et saltimbanques, le régisseur n'a fait aucune diligence pour exercer ses droits contre les entrepreneurs de spectacles publics, il ne peut, la fête passée, rien réclamer au Maire, alors qu'il n'est pas établi que le Maire se soit chargé de percevoir l'impôt, en même temps que le prix de location des emplacements occupés[1].

365. Si le montant du *Droit* est attribué aux Bureaux de bienfaisance, c'est à eux qu'il appartient d'agir en justice pour assurer sa rentrée, et le percepteur qui poursuit, en tant que receveur d'un Bureau de bienfaisance, une somme due à titre de *Droit des pauvres,* doit indiquer, sur les actes de poursuites, la qualité en laquelle il agit [2], sous peine de nullité des actes d'exécution [3].

366. Du reste, le *Droit des pauvres* étant une partie de la recette encaissée par l'entrepreneur de théâtre, le recouvrement ne peut s'en poursuivre que contre l'entrepreneur en exercice même [4].

Si la direction change de main, l'*Assistance publique* n'a point d'action contre le nouveau Directeur, qui ne peut être réputé dépositaire et responsable d'une somme qu'il n'a pas touchée [5].

---

(1) Trib. Lyon, 26 juin 1846, préc.

(2) Aix, 13 juin 1893. *Mém. perc.,* 1894, 136.

(3) Trib. Apt, 13 juin 1893, sous Nîmes, 5 février 1894. *Gaz. Pal.,* 1894. 1. 245 ; *Rev. étab. bienf.,* 1894, 105 ; *Rec. périod. Proc. civ.,* 1894, 196 ; *Gaz. trib.,* 23 février 1894.

(4) Trib. Seine, 11 avril 1851, préc.; — Brousse, *De l'Assistance publique,* p. 274.

(5) Lacan et Paulmier, préc., t. 1, n. 143 ; — Dalloz, *Code des lois adm.,* t. 1, VIII, 1552.

§ 2. Saisie ; mainlevée.

367. Le fermier du *Droit* ou le receveur, suivant le régime adopté, peuvent, en attendant le *visa* de la contrainte par le Préfet, qui demande toujours un certain temps, faire opérer par huissier une saisie provisoire, en cas de refus de paiement de l'entrepreneur [1].

Ils auront, de la sorte, au moins un gage qui réponde de l'acquittement de la taxe, et pourront assurer l'exercice du privilège du *Trésor* en matière de contributions directes, par application de la Loi du 12 novembre 1808.

368. Le *Droit des pauvres* étant prélevé sur la recette (« *en sus du prix de chaque billet*, » suivant la Loi du 7 frimaire an V), mais n'en faisant point partie, appartient aux Bureaux de bienfaisance et aux Hospices, ou au Service d'Assistance médicale gratuite, et non au Directeur de théâtre, qui n'en est que le dépositaire.

Ne se confondant que matériellement et momentanément avec la recette du théâtre, il n'est pas la propriété de l'entreprise, et, par suite, ne saurait être saisi par les créanciers de cette entreprise [2].

369. L'*Assistance publique* peut saisir cette somme directement, sans comparaître à la faillite de l'entrepreneur, au cas où elle aurait été prononcée.

Son privilège lui permet de ne pas observer, pour qu'il soit poursuivi et réalisé, les délais et les formalités exigés par la loi en matière de faillite [3].

370. Si la saisie a lieu le soir, les poursuites ne sont pas nulles (art. 1037, C. proc. civ.) ; mais l'huissier est passible d'une amende.

---

(1) Décr. 8 fructidor an XIII ; — Décis. Min. int. 1856, n. 55, *Bull. off. Min. int.*, 1856, 197 ; *Journ. du droit adm.*, t. 7, p. 112 ; — *Mém. perc.*, 1857, 197 ; 1858, 52 et 197 ; 1897, 306.

(2) Trib. comm. Marseille, 4 mars 1843, préc. ; — Dalloz, *Code des lois adm.*, t. 2, VIII, 1551.

(3) Trib. comm. Marseille, 4 mars 1843, préc.

« Qui la supportera? » s'est demandé le *Mémorial des percepteurs*[1].

« Ce ne doit pas être le Receveur, puisque l'urgence l'a obligé d'agir à cette heure-là; ce ne peut être le saisi, puisque, s'il est cause de cette procédure, ce n'est pas lui qui a commis l'irrégularité. Le mieux est de laisser infliger l'amende, et d'en demander le dégrèvement pour cause de force majeure ».

371. Si le produit d'une seule recette ne suffit pas, on en peut saisir plusieurs [2].

372. Lorsqu'une représentation est donnée, un jour férié, par une troupe de passage, le percepteur peut solliciter du Juge, par voie de référé (art. 806, C. proc. civ.), la permission de saisir la recette jusqu'à concurrence du montant de la taxe, et l'huissier, abrité derrière l'Ordonnance, n'a rien à redouter [3].

L'article 1037 du Code de procédure civile permet, en cas d'urgence, la signification, avec la permission du Juge, même à son hôtel et à toute heure, et l'Administration est toujours prévenue à temps pour prendre les mesures conservatoires nécessaires, puisqu'en général les fêtes payantes ne se donnent qu'avec l'autorisation des Autorités locales [4].

373. Comment procéder, lorsque la recette du théâtre est saisie, dans les bureaux de distribution des billets (art. 590, C. proc. civ.), entre les mains des buralistes préposés à la perception?

Sera-ce par voie de saisie-arrêt à leur égard, — ou par voie de sommation, puisqu'il s'agit d'un impôt pourvu d'un privilège [5]?

Il y a lieu d'agir par voie de saisie-exécution directe-

---

(1) V. 1868, p. 90.
(2) *Mém. perc.*, 1868, 90.
(3) *Mém. perc.*, 1868, 90.
(4) *Mém. perc.*, 1887, 306.
(5) Loi 12 nov. 1808, art. 2.

ment contre l'entrepreneur ; le commis du Directeur n'est pas un tiers détenteur ; il représente le Directeur et agit par délégation [1].

374. S'il est fait opposition à la saisie, les fonds doivent être déposés à la *Caisse des Dépôts et consignations*[2].

375. Les receveurs des Établissements charitables ne peuvent, quand elle n'est pas ordonnée par les Tribunaux, donner mainlevée des oppositions formées pour la conservation du *Droit des pauvres*, ni consentir aucune radiation, changement ou limitation d'inscription hypothécaire, qu'en vertu d'une décision spéciale du Conseil de préfecture, prise sur une proposition formelle de l'Administration et l'*avis* du *Comité consultatif* établi près de chaque Arrondissement communal [3].

L'Arrêté du 10 messidor an XI a, en effet, étendu les matières sur lesquelles les *Comités consultatifs* auraient à délibérer, en exigeant leur *avis* dans les contestations relatives au *Droit des pauvres* [4].

376. L'article 15 (titre III) du Décret du 5 novembre 1790 relatif à la vente et à l'administration des biens nationaux et l'article 4 de la Loi du 12 novembre 1808 relative au privilège du *Trésor public* pour le recouvrement des contributions directes, qui imposent, préalablement à toute action en justice, la remise d'un *Mémoire* à l'Autorité administrative, sont des dispositions de nature exceptionnelle, de droit étroit, et ne comportant pas d'extension par voie d'analogie.

Elles ne peuvent, dès lors, être appliquées à celui qui forme opposition au commandement et à la saisie, dont il est l'objet, pour refus de paiement de la taxe [5].

(1) *Mém. perc.*, 1868, 90.
(2) *Mém. perc.* 1868, 90.
(3) Arr. 7 messidor an IX ; — Décr. 11 thermidor an XII, art. 1 ; — Dalloz, *Code des lois adm.*, t. 2, VIII, n° 1060, note 2.
(4) *Rép. gén. alph. du dr. franç.*, v° *Assist. publ.*, n. 2019.
(5) Trib. Apt, 13 juin 1893, sous Nîmes, 5 février 1894, préc.

§ 3. Contrainte.

377. Les poursuites ont lieu en vertu d'un commandement [1].

378. La procédure judiciaire à suivre pour recouvrer
les droits dus à l'*Administration des contributions indirectes* devant être faite conformément au droit commun et,
par conséquent, par le ministère des huissiers, sous la réserve de la faculté par ladite Administration d'employer
des préposés pour délivrer les assignations, est valable
l'assignation délivrée à un redevable du *Droit des pauvres*
par l'intermédiaire d'un huissier, même non commis-
sionné [2].

379. Le Décret du 8 fructidor an XIII (art. 3), en assimilant le recouvrement de la taxe à celui des contributions publiques, l'a entouré nécessairement des mêmes
garanties ; c'est donc par la voie des contraintes ou par
l'entremise des receveurs des Communes et des Hospices,
chargés de toutes les diligences nécessaires pour la perception des revenus des Établissements de bienfaisance,
que les poursuites pour obtenir paiement doivent s'exercer, suivant le mode fixé par l'Arrêté du 16 thermidor an
VIII et les autres lois et règlements relatifs au recouvrement des contributions [3].

380. M. *Béchet* fait observer [4] que cette formule assez vague : les « *formes déterminées pour le recouvrement
des contributions* » n'indique aucun mode spécial de recouvrement : car les poursuites sont totalement différentes,
suivant qu'il s'agit de contributions directes ou indirectes.

---

(1) Trib. des Conflits, 2 avril 1881. Busselet, S. 1882. 3. 78 ; J. P. adm.
chron.; D. 1882. 3. 75 ; Lebon, 1881. 392 ; *Mém. perc.*, 1881. 311.

(2) Trib. Cahors, 3 mars 1896, préc.

(3) Arr. 19 vendémiaire an XII ; — Pector, préc., p. 184 ; — Béchet, préc.,
p. 145.

(4) Précité, V, p. 143.

Mais elle témoigne, au moins, de la volonté du législateur d'autoriser l'*Assistance publique* à assurer le recouvrement de ce qui lui est dû, en s'appropriant les modes rigoureux de poursuites admis en matière fiscale.

381. Le *régisseur intéressé* ou le *fermier*, ou les Administrations charitables, en cas de *régie simple,* délivrent une contrainte contre le débiteur, et le Préfet (ou le sous-préfet, dans l'Arrondissement du Chef-lieu du Département) la vise et la rend exécutoire par son Arrêté ; c'est là un mode exceptionnel de poursuite [1].

382. En *province*, les Commissions administratives des Établissements de bienfaisance prennent une délibération en forme de contrainte, qui constitue un acte exécutoire, après avoir été revêtu de la sanction sous-préfectorale [2].

Le Maire dresse l'état relatif à la taxe du *Droit*, et c'est cet état, régulièrement approuvé et rendu exécutoire par le Préfet, qui constitue un titre légal pour poursuivre le recouvrement [3].

383. La compétence des Préfets pour rendre les contraintes exécutoires découle, encore aujourd'hui, croyons-nous, du principe que l'établissement des spectacles et les représentations théâtrales rentrent dans les attributions de la Police administrative et politique [4].

384. La contrainte est valablement décernée en dehors des heures légales [5].

385. Il a été décidé qu'il y avait lieu de décerner contrainte contre un Directeur en paiement du *Droit* sur

---

(1) Décr. 8 fructidor an XIII, art. 2 et 3. *Bull. des lois*, t. 26, 551 ; — Décr. 2 novembre 1807, art. 3. *Rec. Min. int.*, t. 2, p. 59 ; — Inst. gén. fin., 20 juin 1859, art. 1066 ; — Pector, préc., p. 126 et 184 ; — Vivien et Blanc, préc., n. 148.

(2) Cros-Mayrevieille, préc., p. 80.

(3) Trib. Cahors, 3 mars 1896, préc.

(4) C. État, 11 novembre 1831, préc. ; — de Cormenin, *Quest. de dr. admin.*, t. III, ch. 42, p. 431.

(5) Trib. Seine, référé, 4 mars 1870, *J. le Droit*, 27 février 1870 ; — Paris, 9 mars 1870, *Gaz. trib.*, 5 et 11 mars 1870 ; *J. le Droit*, 6 et 12 mars 1870 ; de Watteville, *Législ. charit.*, t. 1, p. 352.

des billets donnés pour acquitter les frais de représentation [1], ou sur des billets et loges vendus en dehors des
bureaux ordinaires de recettes ou du bureau de location [2].

386. Mais le Maire d'une Commune n'a pas le droit
de former opposition et de diriger des poursuites judiciaires pour forcer un Directeur à acquitter la taxe.

Cette mesure d'exécution ne peut être pratiquée que par
les porteurs de contrainte, ou, à leur défaut, par les
Receveurs des Communes et des Hospices [3].

§ 4. Privilège.

387. Non seulement le *Droit des pauvres* peut être
poursuivi par voie de contrainte, comme les contributions
publiques auxquelles il est assimilé (art. 2098, C. civ.);
mais, comme elles, il est aussi garanti par un privilège [4].

Il participe, en effet, des droits et privilèges qu'a le
Trésor public pour le recouvrement des impôts ordinaires [5].

388. On a prétendu que le privilège de la Loi du 5 septembre 1807, accordé à l'État sur les biens de ses comptables, devait être admis en faveur des Hospices.

On se basait sur l'article 5 de l'Arrêté du 19 vendémiaire
an XII, qui porte que les receveurs des Hospices seront
soumis aux dispositions des lois relatives aux comptables
des deniers publics et à leur responsabilité; on ajoutait que
les Directeurs de théâtres, chargés par la loi de percevoir
la taxe et de la restituer aux indigents, sont de véritables
comptables, soumis, par suite, au privilège.

Mais, sans rechercher si cet Arrêté de l'an XII était implicitement abrogé par la législation postérieure, la Juris-

---

(1) *Cons. gén. hosp.*, 6 décembre 1843.
(2) *Cons. gén. hosp.*, 17 janvier 1838, 27 décembre 1843, 22 mai 1844.
(3) Trib. Seine, 11 avril 1851, préc.
(4) Béquet, préc., n. 720 ; — Béchet, préc., p. 145.
(5) Salva, préc., p. 44.

prudence a repoussé cette assimilation abusive entre un receveur d'Hospice, tenu à un cautionnement et à d'autres obligations strictes, et un Directeur de théâtre, chargé d'une simple perception [1].

389. Les choses ont même été poussées très loin.

Des *avis* du *Comité consultatif de l'Assistance publique* [2] ont été jusqu'à reconnaître à cette Administration un droit par privilège sur l'actif de la faillite du Directeur.

« Le Décret du 8 fructidor an XIII, a-t-on dit, assimile la perception du *Droit* à celle du recouvrement des contributions directes ; l'article 1 du Décret du 2 novembre 1807 complète cette assimilation, en renvoyant pour la perception du *Droit* à la Loi annuelle de finances. Le Décret du 9 décembre 1809, en déclarant le *Droit* permanent, le met, comme les autres contributions, sous la responsabilité des receveurs et contrôleurs des spectacles. C'est donc, actuellement, en vertu de la Loi du Budget, que le *dixième en sus* est perçu au profit des pauvres. D'où il suit que tous les privilèges accordés pour le recouvrement des contributions s'appliquent, naturellement, au *onzième* des pauvres, qui en fait partie.

« Les articles 2098 et 2121 du Code civil et la Loi du 5 septembre 1807 (art. 1) attribuent au *Trésor public,* et pour le recouvrement de ses créances, un privilège sur tous les biens meubles et immeubles des comptables chargés de la recette ou du paiement de ses deniers. Or, les Directeurs de théâtres, expressément chargés par l'Arrêté du 27 frimaire an V (art. 1) de percevoir la taxe, sont vis-à-vis des Hospices dans la même position que les percepteurs, receveurs et autres agents comptables vis-à-vis du *Trésor*. L'Administration doit donc exercer, par toutes les voies de droit, le privilège qui lui appartient sur tout l'actif de la faillite ».

(1) Guichard, préc., p. 96 ; — Dalloz, *Rép.,* v° *Hospices,* n. 120.
(2) *Avis Comité consult. Assist. publ.,* 19 juin et 6 juillet 1830 ; — Décr. 26 août 1805 ; — Loi 12 novembre 1808.

390. Ce privilège n'est pas, à notre sens, aussi étendu.

La taxe, en effet, n'est pas due par l'entrepreneur; il n'en est que comptable.

Mais de là à l'assimiler absolument à un fonctionnaire comptable, il y a loin.

De quoi est-il dépositaire?

De la partie de la recette qui appartient aux pauvres, et c'est là seulement ce qui doit être prélevé avant toute autre créance.

C'est seulement sur la recette opérée par l'établissement, mais sur toute cette recette, que se prélève la taxe [1].

Ce n'est que sur elle que peut s'exercer le privilège [2]; c'est sur elle que l'*Assistance publique* a à prélever la quote-part qui lui revient, nonobstant toute saisie ou opposition [3]. Elle est le gage de l'Administration charitable, une sorte de copropriété, un simple dépôt dans les mains du Directeur.

391. Ce privilège s'exerce, avant tout autre, par prélèvement sur la recette du jour, pour ce qui concerne la rétribution due sur le prix des billets pris au bureau, et sur toutes les recettes indistinctement, pour la rétribution due par les abonnements et locations de loges [4].

Sur ce dernier point, la solution ne nous paraît cependant pas justifiée, et nous croyons, avec un arrêt de la Cour de Paris du 24 décembre 1839, que les Hospices n'ont pas, pour la créance résultant du *Droit des pauvres* sur les bals publics et concerts, etc., de privilège contre les entrepreneurs, alors même qu'au moyen d'un abonnement l'entrepreneur s'est trouvé chargé de la perception toute gratuite du *Droit* [5].

---

(1) Trib. comm. Marseille, 4 mars 1843, préc.
(2) Pector, préc., p. 184.
(3) Chauveau, *Principes de compét. et de jurisp. admin.*, t. 3, p. 533.
(4) Trib. comm. Marseille, 4 mars 1843, préc.; — *Mém. perc.*, 1868, p. 90, préc.; — Béquet, préc., n. 720.
(5) Précité; — Loi 5 septembre 1807.

L'exercice du privilège devient, en effet, impossible, en matière d'abonnement [1]. Aussi doit-on tenir la main à ce que les prix convenus dans les traités par abonnement soient payés à des époques périodiques très rapprochées.

392. Le privilège ne porte pas sur le mobilier individuel du redevable, ni même sur le matériel de son exploitation (décors, costumes, etc.), qui restent le gage commun des créanciers de l'entreprise [2].

En dehors de la recette, l'*Assistance publique* n'est plus qu'un créancier ordinaire, qui peut demander sa collocation dans la distribution de l'actif, en cas de faillite, mais sans privilège à l'encontre des autres créanciers : car les privilèges sont de droit étroit et ne peuvent être étendus au-delà des limites posées par la loi.

393. Le privilège de l'*Assistance publique*, incontestable en ce qui concerne le produit des recettes, ne s'étend pas aux sommes qui y sont étrangères, telles que le cautionnement et la subvention d'un Directeur de théâtre.

La clause du Cahier des charges, portant que la subvention accordée par la Ville au Directeur n'est payable qu'après justification du paiement intégral du *Droit des pauvres*, ne constitue qu'un moyen de contraindre le Directeur à exécuter fidèlement ses engagements, mais non un privilège dont le Bureau de bienfaisance puisse se prévaloir, à l'exclusion des autres créanciers du Directeur failli [3].

394. Cependant, il a été jugé que l'*Assistance publique* peut toucher à la *Caisse des Dépôts et consignations* les sommes lui revenant pour le *Droit des pauvres* sur le cautionnement d'un ancien Directeur de théâtre, dont le

---

(1) Béquet, préc., n. 715.
(2) Loi 12 novembre 1808 ; — Trib. Seine, 11 mai 1839 ; — Paris, 24 décembre 1839, préc. ; — Trib. comm. Marseille, 4 mars 1843, préc. ; — Thorlet, préc., p. 205 ; — *Mém. perc.*, préc., 1869, p. 280.
(3) Trib. comm. Lille, 4 août 1882.

dépôt a été ordonné, jusqu'à la reconnaissance définitive de la créance de l'Administration (1).

§ 5. Prescription.

395. Quand il s'agit de recouvrer des Droits arriérés, la prescription applicable n'est pas la prescription annale, comme pour les contributions indirectes (2), mais la prescription de trois ans, sauf le cas d'actes interruptifs (3).

---

(1) Paris, 2 février 1855, *Gaz. trib.*, 3 février 1855.
(2) Loi 1er germinal an XIII, art. 50.
(3) Arr. 16 thermidor an VIII, art. 7 ; — Décr. 8 fructidor an XIII ; — *Avis Comité consult. Assist. pub.*, 10 février 1851.

CHAPITRE IX

Compétence et jugement.

§ 1. Généralités.

396. Le contentieux du *Droit des pauvres* se partage, en ce qui touche la compétence, entre l'Autorité administrative et l'Autorité judiciaire.

Du principe que le contentieux des perceptions des recettes administratives est du ressort des Conseils de préfecture, il suit que ces derniers sont compétents [1] pour statuer sur les contestations relatives à la perception de la taxe [2].

Au Conseil de préfecture va tout ce qui concerne les réclamations sur l'exécution ou l'interprétation des lois touchant la perception du *Droit*, sa fixation, son assiette et sa quotité, la délivrance de la contrainte, etc. [3].

Au Tribunal judiciaire, tout ce qui concerne la régularité dés poursuites, à partir du commandement, et toutes les questions d'ordre civil [4].

397. *Dalloz* tire, de ce que les contestations auxquelles donne lieu le *Droit des pauvres* sont portées devant le Conseil de préfecture et jugées selon les formes prescrites

(1) *Répert. gén. alph. du Droit franc.*, vº *Conseil de préfect.*, n. 193 et 194.

(2) de Cormenin, *Quest. de dr. adm.*, t. III, ch. 42, p. 431.

(3) Arr. 8 fructidor an XIII ; — Arr. 16 thermidor an XIII ; — Décis. Min. int. 2 octobre 1895, *Rev. étab. bienf.*, 1895, 349.

(4) Durieu et Roche, préc., vº *Spect.*, n. 32 ; — Fleury-Ravarin, préc., n. 224.

en matière de contributions directes, cette conséquence que ce *Droit* ne saurait être assimilé aux contributions indirectes [1].

§ 2. Compétence des Tribunaux administratifs.

398. Autrefois, les Préfets, en Conseil de préfecture, jugeaient, après *avis* du *Comité consultatif* [2], les contestations relatives à l'exécution ou à l'interprétation des lois concernant la perception du *Droit,* et les décisions étaient exécutées provisoirement, sauf, en cas de réclamation, recours au Gouvernement [3].

Mais le Décret du 8 fructidor an XIII (art. 3), dérogeant à cette disposition et assimilant le recouvrement de la taxe à celui des contributions publiques, a transféré cette attribution aux Conseils de préfecture.

Malgré ce Décret, il avait été jugé que le *Préfet de la Seine* était compétent pour statuer en Conseil de préfecture sur les contestations relatives au *Droit des pauvres* touchant le prix des billets d'entrée dans les spectacles publics, sans qu'on fût fondé à lui opposer qu'en sa qualité d'Administrateur des Hospices de son Département il se trouvait juge et partie dans sa propre cause [4].

L'Assistance publique, en un pareil débat, qui, croyait-elle, n'offrait pour elle aucun intérêt, n'avait qu'à s'en rapporter à justice [5].

399. Cette interprétation erronée du *Conseil d'État* tenait sans doute à ce qu'il était alors préoccupé de savoir si les Arrêtés et Décrets qui avaient attribué au Préfet en Conseil de préfecture le jugement des contestations sur le

---

(1) Dalloz, *Code des lois adm.*, t. 2, p. 1022, n. 1518 et 1604.

(2) Arr. 7 messidor an IX ; — Arr. 10 messidor an XI, art. 3 ; — *Rép. gén. alphab. du Dr. franç*, v° *Assist. publ.*, n. 2019.

(3) Arr. 10 thermidor an XI, art. 3 ; — *Avis Comité consult. Assist. publ.*, 10 février 1851.

(4) C. État, 5 août 1831, préc.

(5) *Avis Comité consult. Assist. publ.*, 25 avril 1829.

Droit des pauvres n'avaient pas introduit d'exception particulière au *Département de la Seine,* en raison de ce que le *Préfet* exerçait une action tutélaire sur l'*Administration des hospices,* et il avait conclu que cela ne pouvait empêcher le Préfet de prendre part aux délibérations du Conseil de préfecture, dont il était le Président-né.

Mais, depuis lors, le *Conseil d'État* est revenu à des vues plus nettes, et il reconnaît, à présent, sans conteste, la compétence exclusive des Conseils de préfecture [1].

Toutefois, en déférant ces contestations à un autre Juge, le Décret de l'an XIII n'a pas dépouillé le *Comité consultatif* du *Droit d'avis* que lui avait reconnu l'Arrêté du 10 messidor an XI [2].

400. L'Autorité administrative a seule qualité pour connaître, non seulement du fond des contestations, mais même de l'exécution des actes de poursuite [3].

Ainsi, il a été jugé que c'est au Conseil de préfecture qu'il appartient de connaître d'une contestation, en tant que le réclamant soutient qu'il n'est pas débiteur, soit à raison de ce que, par sa nature, une Société philharmonique échapperait à l'obligation de payer les *Droits* exigés, soit

---

(1) C. État, 11 novembre 1831, préc.; — C. État, 31 décembre 1831. *Rec. C. État*, 2º sér., t. 1, 485 ; Lebon, t. 5, p. 107; Dalloz, *Rép.*, vº *Théât.*, n. 336-1º; — Paris, 28 janvier 1832 ; *Mém. perc.*, t. 9, p. 180 ; J. P. 1832. 2. 106 ; *Gaz. trib.*, 4 février 1832; de Watteville, *Législ. charit.*, t. 1. p. 368; — C. État, 16 février 1832, préc.; — C. État, 15 mai 1835, J. P. adm., chron.; *Gaz. trib.*, 18-19 mai 1835; Roche et Lebon, 1835, 346; — C. État, 24 juillet 1862, préc.; — C. préf. Seine, 25 février 1864, préc.; — Trib. Lyon, 22 mai 1869, D. 71. 3. 96 ; *Mém. perc.*, 1870, 475; *j. le Droit*, 14 novembre 1869 ; *Journ. des Communes*, 1869, 148; — C. État, 13 juin 1873, préc.; — Trib. Seine, 23 juin 1874; *j. le Droit*, 18 et 24 juin 1874; — *Trib. des Conflits*, 2 avril 1881, préc.; — Trib. Seine, 3 mars 1891, *Pand. fr.*, 1892. 2. 96; *Rev. étab. bienf.*, 1891, 177; *Mém. perc.*, 1891, 437; — *Mém. perc.*, 1833, 90; — *Journ. du droit admin.*, t. 18, 140; — Serrigny, *Traité de l'organis., de la compét. et de la proc. en matière contentieuse administ.*, t. 2, n. 889; — Pector, précité, p. 186.

(2) Durieu et Roche, préc., vº *Spect.*, n. 33.

(3) *Mém. perc.*, 1832, p. 180, note.

parce qu'en tout cas, il ne saurait être personnellement
tenu d'acquitter la dette [1].

Le Président de cette Société, à qui commandement
avait été signifié, à la requête du Percepteur des contributions directes, en vertu d'un Arrêté rendu exécutoire
par le Préfet, de payer le *quart de la recette brute* d'un concert aux Établissements de bienfaisance, et qu'on menaçait
de saisie-exécution et de vente de ses meubles, s'il ne
s'exécutait pas, avait, en réponse, assigné le Percepteur
et le Maire, en tant que Président de la *Commission administrative* des Hospices et du Bureau de bienfaisance,
devant le Tribunal civil, en nullité du commandement,
cessation de poursuites et dommages-intérêts. Le Tribunal, après avoir proclamé les droits des Tribunaux administratifs, déclare qu'en l'espèce, c'est aux Tribunaux ordinaires qu'il appartient d'apprécier la régularité et la validité
des actes ayant le caractère de poursuites judiciaires, la
demande de dommages-intérêts et l'opportunité du sursis.

401. Au temps même où fonctionnait, à *Paris,* le régime de la *régie intéressée*, les Tribunaux administratifs
intervenaient, en maintes occasions, dans les contestations
entre l'*Assistance publique* et le *régisseur* [2].

402. Les difficultés qui s'élèvent au sujet des poursuites doivent être portées, comme toutes celles relatives au
recouvrement des contributions directes, devant le Conseil
de préfecture et jugées d'après les mêmes règles [3].

403. Que les questions soient soulevées par des particuliers ou par des Communes, c'est le Conseil de préfecture
qui, à l'exclusion des Tribunaux civils, statue sur l'application de la taxe (c'est-à-dire sur l'existence même de la dette),
sa quotité, sa légalité, les questions de décharge ou de

---

(1) Trib. des Conflits, 2 avril 1881, préc.
(2) *Code admin. des hôp.*, suppl., p. 59.
(3) C. État, 16 février 1832, préc. ; — Dalloz, *Code des lois admin.*,
v° *Départ*, t. I, p. 331, n. 1348.

réduction, l'importance des acomptes payés et du reliquat restant dû, la validité des quittances et des autres actes émanés de l'Administration [1].

Sur tous ces points, les Tribunaux de l'ordre judiciaire sont incompétents *ratione materiæ* [2]. Par exemple, un Directeur de théâtre se refuse à payer le *Droit*, sous prétexte qu'il n'est pas dû pour le genre de spectacles qu'il offre au public, ou, l'ayant perçu, refuse de le restituer : ces difficultés doivent être jugées conformément aux règles fixées par l'Arrêté du 16 thermidor an VIII et par l'article 2 du Décret du 8 fructidor an XIII [3].

404. Est-il fait opposition à une contrainte? C'est au Conseil de préfecture qu'il appartient de statuer sur l'existence de la dette et sur son importance [4].

405. Lorsque, pour obtenir l'annulation du commandement en vertu duquel les poursuites ont lieu, le particulier poursuivi, sans critiquer la régularité des actes de poursuite, conteste soit la légalité de la taxe en elle-même, soit le droit d'en poursuivre le recouvrement contre lui personnellement, sa réclamation, bien que ne constituant pas absolument une demande en décharge, soulève tout au moins des questions préjudicielles, dont il n'appartient qu'au Conseil de préfecture de connaître [5].

406. On peut assimiler à l'émission d'un rôle l'Arrêté préfectoral qui rend exécutoire la contrainte décernée contre l'entrepreneur de spectacles pour le recouvrement de la taxe.

Cet Arrêté ne fait pas obstacle à ce que l'intéressé fasse valoir ses droits devant le Conseil de préfecture. Il n'est, dès lors, pas susceptible d'un recours par la voie con-

---

(1) Durieu et Roche, préc., v° *Spect.*, n. 32 ; — Lods, *Le Droit des pauvres perçu à l'entrée des théâtres*, p. 8 ; — Thorlet, préc., n. 486 ; — *Journ. du droit adm.*, t. 18, 140, préc.

(2) Pector, préc., p. 186 ; — Béchet, préc., p. 143.

(3) Durieu, *Commentaire sur les poursuites en matière de contrib. dir.*

(4) Trib. des Conflits, 2 avril 1881, préc.

(5) Trib. des Conflits, 2 avril 1881, préc.

tentieuse; c'est un acte purement administratif et de tutelle, qui ne préjuge rien sur le fond de la contestation.

Le visa n'a pour but que de donner force exécutoire au titre du receveur, et, si le Conseil de préfecture déclare que le *Droit* n'est pas exigible, la contrainte, par le fait même, se trouve annulée [1].

407. Les décisions du Conseil de préfecture, en matière de *Droit des pauvres*, doivent être exécutées provisoirement, et sauf recours au Conseil d'État [2].

En conséquence, en cas de contestation sur le mérite d'une contrainte décernée contre le Directeur d'un théâtre à fin de paiement de la taxe, le Juge des référés ne pourrait, tout en renvoyant les parties à se pourvoir au fond, ordonner, par provision, la discontinuation des poursuites[3].

408. Le recours au Conseil d'État n'est soumis qu'au droit de timbre.

Il est transmis, sans frais, au Gouvernement, par l'intermédiaire du Préfet [4].

409. Il n'appartient au Conseil de préfecture d'apprécier ni les actes qui ont le caractère de poursuites judiciaires, ni les demandes de dommages-intérêts fondées sur le préjudice qui serait résulté de ces actes [5].

C'est ainsi que les Tribunaux administratifs sont incompétents pour ordonner l'imputation du *Droit* sur les sommes dont l'Autorité judiciaire a ordonné le dépôt, à la conservation des intérêts de l'*Assistance publique* [6].

Il n'appartient pas davantage au Conseil de préfecture,

---

(1) C. État, 11 novembre 1831, préc.; — C. État, 31 décembre 1831, préc.; — C. État, 16 février 1832, préc.

(2) Décr. 21 août 1806; — Décr. 2 novembre 1807; — C. préf. Seine, 25 février 1864, préc.; — Trib. Lyon, 22 mai 1869, préc.; — C. État, 13 juin 1873, préc.; — Trib. des Conflits, 2 avril 1881, préc.; — Pector, préc., p. 186; — Guichard, préc., p. 96.

(3) Paris, 28 janvier 1832, préc.

(4) Loi 21 avril 1832, art. 30.

(5) C. préf. Seine, 25 janvier 1891, préc.

(6) C. État, 8 juin 1854, préc.

incompétent, de statuer sur la question de savoir si la taxe des pauvres doit bénéficier du privilège des contributions directes [1].

410. Lorsqu'entre le Directeur d'un théâtre privilégié de Département et le Directeur d'un autre spectacle il s'élevait, relativement à la quotité de la redevance due par ce dernier spectacle, une contestation sur le point de savoir dans quelle classe il devait être rangé, le Conseil de préfecture, saisi du litige, était bien compétent pour déclarer quelle devait être la classe ; mais il ne lui appartenait pas de prononcer contre le Directeur succombant des condamnations pécuniaires. A cet égard, les Tribunaux étaient seuls compétents [2].

411. Dès lors qu'il ne s'agit pas de l'application des Lois relatives au *Droit des pauvres*, le *Comité consultatif* et le Conseil de préfecture n'ont pas à connaître de l'affaire [3].

Les Conseils de préfecture sont, en effet, des Tribunaux d'exception, qui ne peuvent statuer que sur les matières qui leur sont expressément déférées par la loi.

Des circonstances graves avaient engagé l'Autorité à suspendre l'effet de la Loi sur le *Droit des pauvres*, lors des événements de 1830, et une remise considérable avait été faite aux théâtres. Un abonnement, entre autres, avait été consenti en raison de la clôture forcée du *Gymnase-Dramatique* et des sacrifices faits par le Directeur pour les représentations données au bénéfice des blessés.

Le Directeur émit la prétention de ne payer que la moitié de l'abonnement du mois, en raison de ce que son théâtre n'avait été ouvert que dans le cours du mois (à partir du 15).

On lui répondit que le Conseil de préfecture ne pouvait statuer sur ce litige.

L'Arrêté du 10 thermidor an XIII (art. 3) lui soumet bien

---

(1) C. préf. Seine, 12 juillet 1899, Chardon, syndic de l'*Exposition hippique et ethnographique russes* (*Rev. établ. bienf.*, 1899, 385 ; *Jurisp. Cons. préf.*, 1899, 259).

(2) C. État, 25 avril 1828, préc.

(3) *Avis Comité consult. Assist. publ.*, 29 octobre 1830.

les difficultés relatives à l'impôt, en tant que ces contestations pourront s'élever sur l'exécution et l'interprétation
de ce même Arrêté, c'est-à-dire sur la forme des contraintes ou sur le fond du droit. Toutefois, quand il ne s'agit ni
d'une question de forme, ni d'un débat sur le sens de la loi
d'où l'impôt tire son origine, mais uniquement d'expliquer
l'étendue et les conditions d'une faveur spéciale accordée
à un Directeur, simple tolérance de l'Administration, sous
forme d'abonnement temporaire, il y a là un acte de juridiction purement gracieuse, qui ne peut être l'objet d'un débat
devant le Conseil de préfecture, et le Directeur n'a d'autre
alternative que d'exécuter purement et simplement l'Arrêté
ou de refuser l'avantage concédé, en payant le Droit proportionnel d'*un dixième en sus*, qu'il a perçu aux entrées de son
théâtre.

§ 3. Compétence des Tribunaux civils.

412. Ce sont les Tribunaux civils qui statuent sur les
questions que fait naître l'exercice du privilège réservé au
Trésor public par la Loi du 12 novembre 1808 pour le recouvrement des contributions directes, privilège portant
sur le revenu des immeubles, quand il s'agit de l'impôt
foncier, et sur la généralité des meubles, quand il s'agit
des autres impôts directs.

Tous les droits réels sont, de même que la propriété,
placés sous la sauvegarde de l'Autorité judiciaire [1].

Ces principes ne doivent pas être méconnus en notre
matière.

413. C'est aux Tribunaux de l'ordre judiciaire qu'il
appartient de connaître de la régularité et de la validité des
actes de poursuites ayant le caractère de poursuites judiciaires, les poursuites à partir du commandement; par exemple,
de la validité du commandement signifié par le Percepteur,
en vertu de la contrainte approuvée par le Préfet [2].

---

(1) Simonet, *Traité élément. de droit publ. et adm.*, p. 355.
(2) Lods, préc., p. 8.

Ces actes de poursuite sont régis par le *Code de procédure civile*.

Ils soulèvent, d'ailleurs, des questions de propriété. Or, tout ce qui concerne le droit de propriété est de la compétence exclusive de l'Autorité judiciaire [1].

414. Il a été jugé que les Tribunaux sont compétents pour connaître des questions relatives à l'existence et au mode d'exercice d'un privilège sur les recettes d'un spectacle, soit en faveur du propriétaire de la salle, soit en faveur du Bureau de bienfaisance, pour le *Droit des pauvres* [2].

415. Conformément aux principes généraux, les Tribunaux sont seuls compétents pour déterminer, lorsqu'il y a doute sur ce point, qui doit supporter le paiement du *Droit* [3], ou prononcer contre un Directeur des condamnations pécuniaires [4], ou statuer sur les demandes de dommages-intérêts auxquels les poursuites peuvent donner lieu, et qui sont la conséquence de l'annulation demandée, et, en résumé, sur toutes les questions d'ordre civil [5].

416. Le *Tribunal des Conflits* va aussi jusqu'à leur reconnaître le pouvoir de prescrire, en matière de poursuites, telles mesures (par.exemple, le sursis) qu'ils jugent opportun d'ordonner.

Déjà, le Tribunal de la Seine [6] avait, par voie de référé, en présence d'une opposition frappant une contrainte, ordonné un sursis à l'exécution.

Mais il nous semble que c'est aller un peu loin.

La Loi du 7 août 1851 (art. 13) admet bien l'opposition,

---

(1) Simonet, préc., p. 355.
(2) Trib. comm. Marseille, 4 mars 1843, préc.; — Chauveau, *Princip. de compét.*, préc., t. 3, p. 533, n. 717.
(3) Pector, préc., p. 188.
(4) C. État, 25 avril 1828, préc.; — Salva, préc., p. 53; — Pector, préc., p. 186; — Thorlet, préc., n. 486.
(5) Trib. des Conflits. 2 avril 1881, préc.
(6) Trib. Seine, 22 août 1874, *j. le Droit*, 23 août 1874.

dans le cas où la matière est de la compétence des Tribunaux ordinaires; mais l'opposition ne nous paraît pas
recevable contre une contrainte, sur laquelle la juridiction
exceptionnelle du Conseil de préfecture peut seule statuer.

417. C'est à l'Autorité judiciaire, qui a ordonné le
dépôt à la *Caisse des consignations* d'une somme, à la
conservation des intérêts de l'*Assistance publique*, qu'il
convient de décider quels sont, sur la somme déposée,
les privilèges qu'elle a entendu réserver à cette Administration et d'ordonner l'imputation du *Droit des pauvres* sur
cette somme [1].

418. C'est encore à elle qu'il appartient d'apprécier
le caractère de gratuité apparente ou non des billets d'auteur, loges concédées, etc.

C'est là interpréter les conventions des parties [2].

419. L'Autorité judiciaire a seule compétence pour
connaître d'une demande en indemnité formée par un
contribuable, à raison d'une saisie qui avait été opérée,
à la suite de son refus de payer la taxe, assimilée pour
le recouvrement aux contributions directes : car il s'agit
là d'un acte ayant le caractère de poursuites judiciaires [3].

420. Le Juge civil est compétent pour autoriser l'exécution ou la signification, en dehors des heures légales,
des contraintes décernées pour le recouvrement de la
taxe.

« En matière de saisies conservatoires, — porte l'arrêt
de la Cour de Paris du 9 mars 1870 [4], — opérées en
vertu de contraintes, qui sont à la fois des titres exécutoires et des actes administratifs, le Juge civil est seul
compétent, lorsqu'il y a péril en la demeure, pour autoriser et permettre l'exécution ou la signification d'actes

---

(1) C. État, 8 juin 1854, préc.
(2) Pector, préc., p. 176.
(3) C. État, 25 janvier 1884, préc.
(4) Paris, 9 mars 1870, préc.; — V. *suprà*, n. 384.

en dehors des heures légales » (Art. 1037, C. proc. civ.).

Il n'y a pas incompétence de juridiction, de sa part, à autoriser, en semblables circonstances, le mode suivant lequel seront exécutés les actes exécutoires émanés de l'Autorité administrative.

421. Il a été jugé que, bien que les contestations élevées en matière de perception du *Droit* soient de la compétence des Tribunaux administratifs, la matière étant réglée par une législation spéciale, le redevable est autorisé à agir en restitution devant les Tribunaux ordinaires, si la perception a été faite en dehors des cas prévus et autorisés par les lois [1].

Toutefois, si c'est, non la légalité du *Droit*, mais son application seulement aux recettes d'un spectacle public (dans l'espèce, une Matinée littéraire), qui est mise en question par la demande soumise au Tribunal, le Tribunal civil doit se déclarer incompétent [2].

422. Du reste, pour mieux garantir les citoyens contre toute perception illégale, les Lois annuelles de finances, depuis 1816, contiennent un article final, qui, concurremment à la poursuite en concussion, ouvre devant les Tribunaux judiciaires une action en répétition, pendant trois ans, contre tous receveurs, percepteurs ou autres, qui auraient recouvré des contributions non autorisées par la loi.

L'Autorité judiciaire est donc compétente pour apprécier la légalité des impositions.

C'est là un de ces cas exceptionnels dans lesquels les Tribunaux peuvent être appelés à connaître de la légalité des actes administratifs [3].

423. Les Tribunaux civils, saisis par les parties d'une difficulté relative à l'exécution ou à l'interprétation des lois qui régissent le *Droit des pauvres*, ne pourraient sans

---

(1) Ordonn. 12 février 1817 et 31 mai 1838.
(2) Trib. Seine, 23 juin 1874, préc.
(3) Trib. Seine, 23 juin 1874, préc.; — Simonet, préc., p. 355.

excès de pouvoir trancher la question en litige. L'incompétence *ratione materiæ*, consacrée par le législateur, les empêche de statuer, même à titre provisoire.

424. C'est ainsi que, suivant un *Avis* du *Comité consultatif de l'Assistance publique* [1], le Président du Tribunal ne peut, par Ordonnance de référé [2], faire suspendre momentanément les poursuites, en renvoyant les parties à se pourvoir au fond devant la juridiction compétente.

425. Les règles relatives à l'indépendance respective des Tribunaux et de l'Administration interdisent à l'Autorité judiciaire la connaissance de l'exécution des actes de l'Autorité administrative [3].

426. Aucune loi n'a déterminé leur compétence pour se prononcer sur la légalité ou l'illégalité du *Droit des pauvres* [4].

Et de ce que l'Arrêté du Préfet, qui rend la contrainte exécutoire, est un acte administratif, il résulte que les Tribunaux de l'ordre judiciaire sont incompétents pour en arrêter ou en suspendre l'exécution [5].

427. Le Juge des référés, en cas de contestation sur le mérite d'une contrainte décernée contre le Directeur d'un théâtre à fin de paiement de la taxe, si, par exemple, l'existence de tout ou partie de la dette est mise en question, ne peut, tout en renvoyant les parties à se pourvoir au fond devant la juridiction compétente, ordonner, par provision, la discontinuation des poursuites.

Les décisions du Conseil de préfecture, en la matière, doivent, en effet, être exécutées provisoirement, sauf recours au Conseil d'État [6].

---

(1) 25 novembre 1831.

(2) V. cependant *suprà*, n. 415.

(3) Trib. Lyon, 22 mai 1869, préc.; — *Mém. perc.*, 1832, p. 180, note, préc.

(4) Martin, *Abolition de la percept. du Dr. des pauvres dans les théâtres*, p. 19.

(5) Pector, préc., p. 186.

(6) Paris, 28 janvier 1832, préc.; — Trib. Seine, référé, 14 mai 1853,

Un sursis ordonné porterait atteinte à un acte administratif, et, dès lors, au principe de la séparation des pouvoirs.

428. S'agissant de matières administratives, les Tribunaux ordinaires sont incompétents pour statuer sur l'opposition formée à la contrainte [1], surseoir à son exécution [2], ou même connaître de cette exécution [3] ; par exemple, pour prononcer la nullité d'un commandement tendant à payer la taxe [4].

429. Quelle que soit la légitimité de la réclamation du contribuable, la connaissance des réclamations contre la perception du *Droit* ayant été réservée au Conseil de préfecture, sauf recours au Conseil d'État, le Tribunal civil, en présence de cette incompétence *ratione materiæ*, ne peut se déclarer compétent, dès qu'il s'agit, non de la mise en question de la légalité du *Droit*, mais seulement de son application aux recettes d'un établissement public [5].

Il suffit qu'il soit saisi d'une contestation relative au paiement de la taxe, pour qu'il doive, d'office, se déclarer incompétent [6].

§ 4. Compétence de la Cour des Comptes.

430. La *Cour des Comptes*, qui juge les comptes des Hospices et des Bureaux de bienfaisance, est compétente pour statuer sur la gestion occulte d'un Maire, qui a perçu illégalement le produit du *Droit des pauvres* [7].

Gaz. trib., 15 mai 1853 ; — *Avis Comité consult. Assist. publ.*, 25 novembre 1831 ; — V. cependant *supra*, n° 415.

(1) Trib. Seine, référé, 3 mars 1891, préc.
(2) Trib. Seine, 23 juin 1874, préc.
(3) Trib. Seine, référé, 12 août 1863, *Gaz. trib.*, 13 août 1863.
(4) Trib. Saint-Malo, 26 mai 1883, *Rev. étab. bienf.*, 1886, p. 9.
(5) Trib. Seine, 23 juin 1874, préc.
(6) Décr. 8 fructidor an XIII, art. 2 et 3 ; — Arr. 10 thermidor an XI, art. 3 ; — Décr. 21 août 1886 ; — Décr. 6 janvier 1864, art. 2 ; — Trib. Lyon, 22 mai 1869, préc. ; — Trib. Seine, 3 mars 1891, préc.
(7) Cour des Comptes, 17-18 décembre 1879, préc. ; — V. *Rép. gén. alph. du Dr. franç.*, v° *Cour des Comptes*, n. 181.

§ 5. Jugement et exécution.

431. Les réclamations relatives au *Droit des pauvres,*
étant jugées comme en matière de contributions directes,
doivent l'être sans frais, par application de la Loi du 21
avril 1832 (art. 30), d'après laquelle le recours au Conseil
d'État contre les Arrêtés du Conseil de préfecture en matière de contributions directes a lieu sans frais.

Dès lors, la partie qui succombe ne peut être condam-
née aux dépens. Les Tribunaux administratifs n'allouent
pas de dépens à la partie à laquelle la taxe a été indûment
réclamée, pas plus qu'ils n'en allouent aux contribuables
indûment imposés [1].

432. Aux termes du Décret du 8 fructidor an XIII,
l'exécution des Arrêtés du Conseil de préfecture, rendus en
matière de *Droit des pauvres,* est obligatoire et ne peut,
dès lors, constituer un acquiescement [2].

433. Ainsi, un entrepreneur de bal public, qui s'est
engagé à payer pour le *Droit des pauvres* la somme déterminée par le Conseil de préfecture, n'en conserve pas
moins le droit de former contre l'Arrêté intervenu un recours au Conseil d'État [3].

---

(1) C. État, 13 juin 1873, préc.; — C. État, 12 juin 1891, préc.; — C.
État, 7 août 1891, préc.; — Thorlet, préc., n. 486 ; — Romain Verdalle,
Traité prat. de la Comptab. des Communes et des Établ. de bienf., p. 412,
n. 847.

(2) C. État, 16 juin 1841, préc.

(3) C. État, 6 juin 1844, préc.; — Dalloz, *Code des lois adminis.*, v° Conseil d'État, t. 4, p. 225, n. 1761.

TITRE II

ÉTRANGER.

CHAPITRE PREMIER

Droit international privé, et Législation comparée.

---

§ 1. Droit international privé.

434. Nos bureaux de bienfaisance donnent beaucoup aux pauvres étrangers ; ils concourent même souvent à leur rapatriement, sans que nos nationaux rencontrent, à l'occasion, notamment en *Autriche* et en *Suisse*, les mêmes facilités.

Il n'est que juste, dès lors, que les ambassades et les légations ou les sociétés étrangères, lorsqu'elles organisent en France des fêtes de bienfaisance au profit de leurs nationaux, prélèvent, sur le produit de ces fêtes, dans l'intérêt des pauvres en général, habitant *Paris*, l'impôt légal qui atteint tous les divertissements publics.

La redevance ainsi payée fut, pendant longtemps, de *1 0/0*, parce qu'on estimait que, si le taux était augmenté, on risquait de faire retomber à notre charge les pauvres étrangers, résidant à *Paris,* qui ne seraient pas secourus par leurs nationaux [1].

---

[1] *Cons. surveill. Assist. publ.*, 20 mai 1886.

Mais comme, d'autre part, on estimait que la part faite ainsi aux *pauvres de Paris* n'était pas assez large, le taux de perception fut élevé à *5 0/0* [1].

435. Depuis, il a été de nouveau abaissé à *1 0/0* pour les fêtes données par les Sociétés de pure bienfaisance, Comités, Établissements fondés dans le but de venir en aide aux *nécessiteux* français et étrangers habitant *Paris* [2], à la condition qu'ils produisent leurs *Statuts* et leurs *Comptes moraux* et *financiers*.

Mais il a été maintenu à *5 0/0* pour les fêtes organisées dans le but de soulager des infortunes publiques ou privées, françaises ou étrangères, qui n'intéresseraient pas les *pauvres de Paris*.

§ 2. Législation comparée.

436. Le *Droit des pauvres* existe dans presque tous les pays d'*Europe*, suivant des systèmes et des taux divers.

Ils ont, presque tous, imposé d'une façon quelconque les divertissements publics au profit des indigents [3].

437. Comme nous l'apprend M. *Cros-Mayrevieille* [4], « l'*Autriche*, la *Russie*, la *Belgique*, le *Danemark*, la *Suisse*, l'*Allemagne* comptent le *Droit des pauvres* au nombre de leurs impôts les plus anciens; et, lorsqu'il ne figure pas dans les lois d'*Assistance publique*, l'État, la Province, la Commune se chargent de demander eux-mêmes aux amusements publics les subsides nécessaires au soulagement des malheureux ».

---

(1) *Cons. surveill. Assist. publ.*, 10 juin 1886, 21 juillet 1892, 15 décembre 1892.

(2) *Cons. surveill. Assist. publ.*, 15 décembre 1892, 26 janvier 1893; — Arr. *Préf. Seine*, 23 janvier 1899; — Derouin et Worms, *Les étrang. en France au point de vue de l'Assist.*, p. 18.

(3) d'Écherac, *j. Le Temps*, 22 juillet 1897; — V. aussi A. Lefèvre, Rapport génér. sur l'*Assist. pub.* (*Bull. mun. off.*, 18 janv. 1900, p. 357).

(4) V. p. 91.

A. *Allemagne*.

438. La taxe, en *Allemagne*, a le caractère d'un impôt municipal abandonné au pouvoir de réglementation des Administrations locales.

Elle existe dans presque toutes les Villes [1].

B. *Autriche-Hongrie* [2].

439. La taxe varie de Ville en Ville, et, en *Bohême*, de Faubourg en Faubourg.

Le versement s'effectue dans les Mairies ou Bureaux de police, qui en transmettent le produit aux Établissements de charité.

Cette taxe s'applique, en même temps qu'aux jeux et spectacles publics, aux débits et cafés, qui restent ouverts après l'heure fixée par les Règlements de police [3].

Elle y est aussi perçue sous la forme d'une taxe fiscale, dès que le revenu dépasse 600 *florins autrichiens*, soit 1.300 francs.

Tel a été le cas pour le chanteur *Paulus*, lorsque, en 1889, il est allé chanter à *Vienne*. Mais l'impôt a été perçu, déduction faite de ses frais de voyage, etc. [4].

C. *Belgique*.

440. Jusqu'en 1821, la Législation française était appliquée en *Belgique*.

Mais l'Arrêté du roi *Guillaume des Pays-Bas* du 24 août 1821 a transformé l'impôt en taxe communale facul-

---

(1) Cros-Mayrevieille, préc., p. 91 ; — Courcelle, préc., n. 2292.

(2) Nous n'avons pu nous procurer sur l'*Angleterre* aucun renseignement précis.

(3) Cros-Mayrevieille, préc., p. 91 ; — Courcelle, préc., n. 2291.

(4) Clunet, *Journ. du dr. intern. privé*, 1890, 267.

tative, que l'Administration municipale répartit entre les
Bureaux de bienfaisance et les Hospices [1].

Cet Arrêté est resté obligatoire sous l'empire de la *Constitution belge* et, en exécution de cet Arrêté, la *Régence
de Liège* avait fait [2] un Règlement municipal relatif à la
perception du *Droit des indigents* sur la recette des spectacles [3].

441. Le *Droit des pauvres*, à *Liège,* constitue un privilège, qui doit être strictement renfermé dans les termes
des dispositions qui le consacrent.

Ainsi, les Concours et Expositions agricoles, organisés
dans un but d'utilité générale, et non dans un but de spéculation, ne peuvent être considérés comme des divertissements publics [4].

442. Ce *Droit* n'est, d'ailleurs, pas incompatible avec
la Liberté des théâtres, décrétée par Arrêté du 21 octobre
1830, et ne tombe pas, comme impôt, sous l'application
de l'article 111 de la *Constitution* [5].

443. A *Bruxelles*, le Conseil municipal, constatant les
inégalités de perception dans les divers Établissements de
la *Ville*, a suspendu la perception, qui rapportait fort
peu.

Et, d'ailleurs, la *Ville* avait d'autres et suffisantes ressources pour entretenir ses pauvres [6].

444. A *Anvers*, la taxe communale est de *5 0/0* de la
recette intégrale brute, sans aucune réduction, sur les concerts, matinées ou soirées musicales, bals et concerts des
Sociétés particulières [7].

---

(1) Cros-Mayrevieille, préc., 91; — Courcelle, préc., n. 2292.
(2) 3 octobre 1822.
(3) Liège, 13 janvier 1841, *Pasicris.*, 1841, 2, 324; — H. E..., *De l'impôt en faveur des indigents sur les spectacles, Belgique judiciaire*, 1851,
t. 9, p. 1.
(4) Liège, 20 novembre 1858, *Pasicris.*, 1859. 2. 94 ; *Belgique judic.*,
1859, 999.
(5) Liège, 13 janvier 1841, préc.
(6) Hussen, *Observat. de l'Assist. publ.*, préc.
(7) Règlem. 2 décembre 1845.

145. A *Gand*, les cabaretiers qui donnent des bals, redoutes ou concerts, paient, par jour ou soirée : 0 fr. 75 centimes, pour un instrument de musique ; 0 fr. 95 centimes, pour deux instruments ; 1 fr. 27, pour trois instruments ; et 0 fr. 42 centimes, pour chaque instrument au-dessus de trois [1].

D. *Danemark.*

146. L'impôt y existe depuis le xviiᵉ siècle ; mais il n'est régi par aucune Ordonnance générale.

Toute permission de jouer les comédies et de donner des spectacles y est subordonnée aux décisions des Autorités locales. L'impôt y est, au fond, arbitrairement et uniquement fixé par elles [2].

147. Une Ordonnance du 29 avril 1667 accordait à la *Maison de correction des enfants de Copenhague* le bénéfice d'une représentation, quand on jouait des comédies dans cette Ville, et, plus tard, un Acte royal du 6 novembre 1722 fixait la redevance à *10 0/0 de la recette brute :* ce qui fut confirmé par la Loi du 1ᵉʳ juillet 1799 (art. 173), applicable seulement aux *Bourgeois de Copenhague* [3].

148. Mais en vertu de la Loi du 8 décembre 1849, la redevance, désormais applicable aux seuls *indigènes*, n'est plus que de 5 0/0, et les *étrangers* restent soumis au taux de 10 0/0 [4].

149. Dans les *Provinces*, depuis 1856, le produit est versé dans la *Caisse des pauvres* et destiné à secourir les pauvres honteux ou cachés, ceux que ne secourt pas l'Assistance officielle.

---

(1) Cros-Mayrevieille, préc., p. 91.
(2) Circul. Min. justice, 27 mars 1861.
(3) Cros-Mayrevieille, préc., p. 30 et 91 ; — Courcelle, préc., p. 2292.
(4) *Encyclopédie d'hygiène.*

E. *Espagne*.

450. Dès le temps de *Cervantès*, un ecclésiastique faisait, dans l'intérieur de la salle, la collecte de ce qui devait revenir aux Hôpitaux, sous le nom d'*aumônes* (1).

Parfois même, la recette entière était destinée aux pauvres (2).

Plus tard, ce prélèvement prit le nom *d'aumône de la seconde porte*, parce que, le Directeur prélevant son droit d'entrée à la première porte de la salle, les *Confréries* avaient, à la deuxième porte, établi des agents qui recevaient l'*aumône* pour elles (3).

Du reste, dès le milieu du xvi° siècle, les *Confréries*, qui avaient fondé à *Madrid* des établissements charitables, sous-louaient des emplacements aux acteurs, en prélevant, outre le prix du loyer, le Droit appelé l'*aumône des hôpitaux*. Il était donc perçu en dehors du prix d'entrée, et rapportait, vers 1574, de 140 à 200 réaux par représentation aux Confrères hospitaliers.

451. Établi définitivement en 1583 par le *Conseil de Castille*, un quart de la recette fut réservé à l'*Hôpital Général*, et le reste aux différents autres Hôpitaux (4).

F. *Italie*.

452. En 1867, le *Droit des pauvres* a été établi par l'État pour toute l'étendue de la Péninsule (5).

---

(1) Despois, *Le théâtre sous Louis XIV*, p. 240, note 1; — L. Courcelle, *Répert. de police.*, préc., v° *Théâtr.*, p. 2291.

(2) Éd. Fournier, préc., p. 3.

(3) de Pierrefitte, préc., p. 8.

(4) Cros-Mayrevieille, préc., p. 91.

(5) Cros-Mayrevieille, préc.; — Husson, *Nouvelles observ. de l'Assist. pub.*, préc.

G. *Pays-Bas.*

153. Autrefois, à *Amsterdam*, ceux qui n'étaient pas entrés après la cloche sonnée payaient 0,15 centimes au profit des indigents, et même, en 1681, la recette entière des théâtres allait dans la *Caisse des pauvres.*

Les acteurs étaient rétribués sous forme de pensions par la Municipalité [1].

Aujourd'hui, une taxe communale est perçue directement sur les spectacles [2].

H. *Russie.*

454. En *Russie,* l'impôt existe depuis 1791 ; il était de *10 0/0.*

Mais les théâtres donnant des représentations régulières pouvaient le remplacer par un Droit fixe annuel.

Les fonds en provenant étaient destinés, à *Moscou* et à *Saint-Pétersbourg*, aux Maisons où sont recueillis et élevés les *enfants trouvés* ou ceux que les parents ne peuvent nourrir et élever.

Les sommes provenant de l'impôt sont payées à la *Chancellerie* de la *Maison des enfants trouvés*, ou perçues par un Commissaire de police [3].

455. En *Pologne*, la taxe remonte au Décret du Ministère de l'Intérieur et de la Police du *Duché de Varsovie* du 26 février 1812.

Elle a, depuis le 12 décembre 1867, été doublée, en raison de l'augmentation du prix des billets, de *2 1/2 à 5 kopecks* par billet ; elle équivaut au *sixième de la recette brute.*

Mais le *Gouverneur général* a la faculté, dont il use

---

(1) Regnard, *Voyage de Flandre et de Hollande*, 1681. *Œuvres*, 1770, p. 35.

(2) Éd. Fournier, préc., p. 3 ; — Cros-Mayrevieille, préc., p. 91.

(3) Courcelle, préc., p. 2291 ; — Cros-Mayrevieille, préc.

rarement, de faire remise du *Droit*. Il est déduit de l'impôt *4 0/0* au profit des Caissiers.

456. Un *Règlement* du *5 mai 1892*, consacré par un Décret du 1er octobre 1892, applicable à toute la *Russie*, à l'exception du *Grand-Duché de Finlande* et de l'*Ancien Royaume de Pologne*, a modifié cet état de choses.

La perception du *Droit* relève des *Institutions de l'Impératrice Marie*.

Elle s'effectue au moyen de l'apposition d'un *timbre mobile* sur chaque billet, que les entreprises de spectacles détachent de registres à souches dans les théâtres, cafés-concerts, concerts, bals de bienfaisance, bals masqués, cirques, clubs, jardins publics à entrée payante, expositions, à l'exception des expositions agricoles et scientifiques.

Le timbre, d'une valeur proportionnelle au prix de la place [1], s'appose à cheval sur la souche et le billet.

Ce sont les spectateurs qui, en sus de l'entrée, paient le timbre, qu'on se procure au théâtre même et dans tous les débits de tabacs.

Les billets de faveur n'en sont pas exempts.

Les carrousels, tirs, montagnes russes, balançoires foraines, etc., acquittent un *Droit* de 3 *roubles* par an dans les *Capitales du Gouvernement*, et de 2 *roubles* dans les *Villes de District*; 1 *rouble*, dans les autres Villes.

Enfin, les *abonnements* sont autorisés.

C'est la Police qui est chargée de vérifier et contrôler les Registres [2].

I. *Suisse.*

457. En *Suisse*, il n'y a généralement pas de *Droit des pauvres*. Les revenus des grands Hôpitaux et Établis-

---

(1) 0,02 kopecks, pour les billets de 1 à 50 kopecks; 5 kopecks, pour les billets de 50 kopecks à 1 rouble; 10 kopecks, pour tout billet de 1 rouble, etc.

(2) J. *le Temps*, 22 juillet 1897, préc.; — V. aussi F. Worms, *Rapport sur le Droit des pauvres*, préc.

sements de bienfaisance suffisent à leurs besoins, et, en cas d'insuffisance, le Canton ou la Commune viendraient en aide.

Mais, dans certains Cantons, il se perçoit un *Droit sur les spectacles*, qui rentre dans les Caisses municipales sans affectation déterminée [1].

458. *A Bâle*, les autorisations d'ouvrir un bal, de donner des soirées privées dans lesquelles on chante après onze heures, sont assujetties à une taxe, dont le produit est versé dans la Caisse communale, qui sert elle-même des secours aux indigents.

459. *A Fribourg*, tous les spectacles paient un Droit fixe à l'État et un Droit proportionnel à la Commune.

460. *A Genève*, une Loi du 3 février 1816 réglemente la perception du *Droit des pauvres*.

La taxe est de *3 à 8 0/0* de la recette brute pour les spectacles qui ont un caractère permanent ou qui séjournent plus d'un mois dans le Canton, et de *5 à 10 0/0* pour ceux qui sont donnés à titre isolé ou temporaire, à moins qu'il ne s'agisse d'un spectacle dont le produit est exclusivement destiné à venir en aide à une Localité suisse, à des Établissements de bienfaisance ou à des Sociétés de secours ayant leur siège dans le *Canton de Genève*.

Pour les soirées musicales ou littéraires du Canton ou pour les spectacles installés à l'année, le *Département de Justice et Police*, seul chargé de percevoir la taxe et de contrôler les recettes des concerts-spectacles et exhibitions, peut convertir cette taxe en une somme fixe payée par mois ou à chaque représentation, ou en une ou plusieurs représentations au bénéfice de l'*Hôpital Général*.

Pour percevoir la taxe sur le théâtre de la *Ville de Genève*, l'*avis préalable* du *Conseil administratif* est nécessaire.

Les personnes taxées peuvent se pourvoir au Conseil

---

[1] Cros-Mayrevieille, préc·, p. 118; — Courcelle, préc., p. 2291.

d'État contre le taux fixé par le *Département de Justice et
Police*[1].

461. *A Neuchâtel*, les sommes perçues sur les spectacles rentrent dans la Caisse de l'État.

462. Dans le *Canton du Valais*, les spectacles paient
l'impôt, conformément à la Loi du colportage.

463. Dans le *Canton de Vaud*, l'exercice des profes-
sions artistiques ambulantes est soumis à l'obligation
d'une *patente*, dont le prix est versé dans la Caisse de
l'État [2].

---

(1) Cros-Mayrevieille, préc., p. 118 ; — Courcelle, préc., p. 2292.

(2) Loi du 28 mai 1878 sur le colportage, art. 2, 3, et 18. — Il semble,
cependant, que, dans les numéros 461 à 463, il ne s'agisse pas, à proprement parler, de *Droit des pauvres*.

ANNEXES

ANNEXES

Législation du Droit des pauvres.

———

I

Loi qui ordonne la perception, pendant six mois, au profit des indigents, d'un décime par franc en sus du prix des billets d'entrée dans tous les spectacles.

7 frimaire an V (27 novembre 1796).

ARTICLE PREMIER. — Il sera perçu un décime par franc (deux sous pour livre) en sus du prix de chaque billet d'entrée, pendant six mois, dans tous les spectacles où se donnent des pièces de théâtre, des bals, des feux d'artifice, des concerts, des courses et exercices de chevaux, pour lesquels les spectateurs payent.

La même perception aura lieu sur le prix des places louées pour un temps déterminé.

ART. 2. — Le produit de la recette sera employé à secourir les indigents qui ne sont pas dans les hospices.

ART. 3. — Dans le mois qui suivra la publication de la présente, le Bureau central, dans les communes où il y a plusieurs Municipalités, et l'Administration municipale, dans les autres, formeront, par une nomination au scrutin, un Bureau de bienfaisance, ou plusieurs, s'ils le croient convenable : chacun de ces Bureaux sera composé de cinq membres.

ART. 4. — Les fonctions des Bureaux de bienfaisance seront de diriger les travaux qui seront prescrits par lesdites Administrations, et de faire la répartition des Secours à domicile.

Art. 5. — Les membres de ces Bureaux n'auront aucune rétribution et ne toucheront personnellement aucun fonds; ils nommeront un receveur, qui fera les perceptions.

Art. 6. — Lesdites Administrations détermineront les mesures qu'elles croiront convenables pour assurer le recouvrement du Droit, ordonné par l'article 1er.

Art. 7. — Dans les Communes où il y aura plusieurs Bureaux de bienfaisance, la proportion pour laquelle chacun d'eux sera fondé dans la recette sera déterminée par le Bureau central, dans les Communes où il y a plusieurs Municipalités, et par l'Administration municipale dans les autres.

Art. 8. — Chaque Bureau de bienfaisance recevra, de plus, les dons qui lui seront offerts; ils seront déposés aux mains du receveur, et enregistrés.

Art. 9. — Le Bureau rendra compte, tous les mois, du produit de sa recette à l'Administration par laquelle il aura été nommé.

Art. 10. — Les secours à domicile seront donnés en nature, autant qu'il sera possible.

Arr. 11. — Les mendiants valides, qui n'ont pas de domicile acquis hors de la Commune où ils sont nés, sont obligés d'y retourner; faute de quoi, ils y seront conduits par la gendarmerie, et condamnés à une détention de trois mois.

Art. 12. — Les Lois du 19 mars 1793 et 22 floréal an II sont rapportées, en ce qui concerne les secours.

II

Arrêté concernant le mode d'exécution de la Loi du 7 frimaire an V, qui ordonne la perception d'un décime en sus du prix des billets d'entrée dans tous les spectacles.

29 frimaire an V (29 décembre 1796).

Le Directoire exécutif,

Considérant que l'exécution de la Loi du 7 frimaire dernier, qui ordonne, pendant six mois, au profit des indigents, la perception d'un décime par franc en sus du prix des billets d'entrée dans tous les spectacles, n'a été retardée que par les difficultés qu'ont présentées les directeurs et les entrepreneurs de spectacles de *Paris;*

Considérant qu'il importe de les faire cesser ;

Arrête ce qui suit :

ARTICLE PREMIER. — A compter du jour de la notification du présent Arrêté, les directeurs, administrateurs et entrepreneurs de tous les spectacles et salles de bals, concerts, feux d'artifice, courses et exercices de chevaux, à *Paris*, seront tenus, conformément à la Loi du 7 frimaire dernier, de percevoir, au profit des indigents, un décime par franc en sus du prix des billets d'entrée.

ART. 2. — Ils enverront, le primidi de chaque décade, le relevé de leurs Registres d'entrée au Bureau central du Canton de Paris, pour justifier du produit de cette perception. Le Bureau central pourra en faire vérifier l'exactitude.

ART. 3. — Lorsque le Bureau central aura fait le décompte de la somme qui devra être versée par chaque spectacle, il le remettra au Bureau général de bienfaisance, qui nommera un préposé pour en faire la recette et en donner quittance.

ART. 4. — Le Ministre de l'Intérieur est chargé de l'exécution du présent Arrêté, qui sera imprimé.

III

Loi portant prorogation des Droits établis sur les billets d'entrée aux spectacles, bals, feux d'artifice, concerts, etc.

8 thermidor an V (26 juillet 1797).

ARTICLE PRÉMIER. — Le Droit d'un décime par franc (deux sous pour livre), établi par la Loi du 7 frimaire an V et prorogé par celle du 2 floréal dernier, continuera à être perçu jusqu'au 7 frimaire de l'an VI, en sus du prix de chaque billet d'entrée et d'abonnement dans tous les spectacles où se donnent des pièces de théâtre.

Art. 2. — Le même Droit d'un décime par franc (deux sous pour livre), établi et prorogé par les mêmes Lois à l'entrée des bals (1), des feux d'artifice, des concerts, des courses et exercices de chevaux et autres fêtes où l'on est admis en payant, est porté au quart de la recette jusqu'au dit jour, 7 frimaire prochain.

Art. 3. — Le produit des Droits perçus en vertu des articles précédents sera consacré uniquement aux besoins des Hospices et aux Secours à domicile, dans les proportions qui seront déterminées par le Bureau central dans les Communes où il y aura plusieurs Municipalités, et par l'Administration municipale dans les autres, conformément à l'article 7 de la Loi du 7 frimaire (2).

IV

Arrêté du Gouvernement de la République qui proroge, pour l'an XII, les Droits à percevoir sur les spectacles, bals, concerts, etc.

10 thermidor an XI (29 juillet 1803).

Article premier. — Les dispositions de la Loi du 4 germinal an XI, relatives à la prorogation, pour l'an XII, des contributions indirectes de l'an XI, sont applicables aux Droits établis, en faveur des Pauvres et des Hospices, sur les spectacles, bals, concerts, feux d'artifice, courses, exercices de chevaux et autres fêtes publiques; en consé-

---

(1) *Décret du 26 novembre 1808.* « Les bals et concerts de réunion et de société où l'on n'entre que par abonnement ne seront exempts de la perception qu'autant qu'il sera constant que l'abonnement n'est point public, qu'ils ne sont point la chose d'un entrepreneur, et qu'il n'entre dans ces réunions aucun objet de spéculation de la part des sociétaires et des abonnés ».

(2) *Arrêté du 7 fructidor an VIII, art. 2.* « Le produit de ces Droits continuera d'être affecté aux besoins des Hôpitaux et aux Secours à domicile de chaque Commune, d'après la répartition qui en sera faite par le Préfet, sur l'avis du Sous-préfet. »

quence, l'Arrêté du 18 thermidor an X, ensemble les Instructions y relatives, continueront de recevoir leur exécution pour l'an XII.

ART. 2. — Les établissements, connus sous la dénomination
de *Panorama* et de *Théâtre pittoresque et mécanique,* sont
assimilés aux spectacles, pour la quotité du Droit à percevoir (1).

ART. 3. — Les contestations, qui pourront s'élever dans
l'exécution ou l'interprétation du présent Arrêté, seront
décidées par les Préfets, en Conseils de préfecture, sur l'A-
vis motivé des Comités consultatifs, établis, en exécution de
l'Arrêté du 7 messidor an IX, dans chaque Arrondissement
communal, pour le contentieux de l'Administration des
Pauvres et des Hospices, sauf, en cas de réclamation, le
recours au Gouvernement.

V

*Décret impérial qui proroge pour l'an XIV la perception
des Droits sur les billets d'entrée et d'abonnement aux
spectacles, etc.*

8 fructidor an XIII (26 août 1805).

ARTICLE PREMIER. — La perception des Droits établis
par les Lois sur les billets d'entrée et d'abonnement dans les
spectacles, et sur la recette des bals, concerts, feux d'artifice, courses, exercices de chevaux et autres fêtes où l'on
entre en payant, est prorogée pour l'Exercice de l'an XIV.

ART. 2. — Les poursuites à faire, pour assurer le recouvrement des Droits ci-dessus mentionnés, seront désormais

---

(1) Sont assimilés également aux spectacles, pour la quotité du Droit à
percevoir :

Les établissements où se jouent des pantomimes et des scènes équestres,
comme les cirques, les hippodromes, etc. (*Décis. min.,* 9 mai 1809);

Les salles de curiosités et d'expériences physiques, telles que les musées de personnages en cire, les représentations de prestidigitateurs, etc.
(*Décis. min., 9 mai 1809*);

Les théâtres de marionnettes (*Avis du Conseil d'État, 16 février 1832*).

dirigées suivant le mode fixé par l'Arrêté du 16 thermidor an VIII et autres Lois et Règlements relatifs au recouvrement des contributions directes et indirectes.

ART. 3. — Les décisions rendues par les Conseils de préfecture, dans les cas prévus par l'article 3 de l'Arrêté du 10 thermidor an XI, seront, au surplus, exécutées provisoirement, et sauf le recours au Gouvernement, réservé par cet article.

VI

Décret impérial qui proroge indéfiniment la perception du Droit, en faveur des pauvres, sur les billets d'entrée dans les spectacles, bals et concerts, etc.

9 décembre 1809 (1).

ARTICLE PREMIER. — Les Droits, qui ont été perçus jusqu'à ce jour en faveur des Pauvres ou des Hospices, en sus de chaque billet d'entrée et d'abonnement dans les spectacles, et sur la recette brute des bals, concerts, danses et fêtes publiques, continueront à être indéfiniment perçus, ainsi qu'ils l'ont été pendant le cours de cette année et des années antérieures, sous la responsabilité des receveurs et contrôleurs de ces établissements.

ART. 2. — La perception de ces Droits continuera, pour *Paris*, d'être mise en ferme ou régie intéressée, d'après les formes, clauses, charges et conditions qui en seront approuvées par notre Ministre de l'Intérieur.

En cas de régie intéressée, le receveur comptable de ces établissements et le contrôleur des recettes et dépenses seront spécialement chargés du contrôle de la régie, sous l'autorité de la Commission exécutive des Hospices, et sous la surveillance du *Préfet de la Seine*.

ART. 3. — Dans le cas où la régie intéressée jugerait utile

(1) La *Loi de finances du 25 mars 1817 (art. 131)*, a décidé que la perception de la taxe serait annuellement autorisée par la Loi du Budget comme celle de toutes les autres contributions publiques.

de souscrire des abonnements, ils ne pourront avoir lieu qu'avec notre approbation en Conseil d'État, comme pour les biens des hospices à mettre en régie, et cette approbation ne sera donnée que sur l'Avis du *Préfet de la Seine*, qui consultera la Commission exécutive et le Conseil des Hospices.

ART. 4. — Les représentations gratuites et à bénéfice seront, au surplus, exemptes des Droits mentionnés aux articles qui précèdent, sur l'augmentation mise au prix ordinaire des billets.

VII

Loi de finances : Concerts quotidiens.
16 juillet 1840.

. . . .

ART. 9. — Continuera d'être faite pour 1841, conformément aux Lois existantes, et avec la modification relative aux concerts quotidiens, la perception. . . . .

du dixième des billets d'entrée dans les spectacles et les concerts quotidiens ;

d'un quart de la recette brute dans les lieux de réunion ou de fête où l'on est admis en payant.

. . . .

VIII

Décret impérial relatif à la liberté des théâtres.
6 janvier 1864.

. . . .

ART. 2. — Les entrepreneurs des théâtres devront se conformer aux Ordonnances, Décrets et Règlements, pour tout ce qui concerne l'ordre, la sécurité et la salubrité publics.

Continueront d'être exécutées les Lois existantes sur la police et la fermeture des théâtres, ainsi que sur la redevance établie au profit des Pauvres et des Hospices.

. . . .

IX

Loi de finances : Concerts non quotidiens donnés par les Artistes ou les Associations d'artistes.

3 août 1875.

. . . .

ART. 23. — Continuera d'être faite pour l'Exercice 1876, au profit des Départements, des Communes et des Établissements publics, et des Communautés d'habitants, dûment autorisés, la perception, conformément aux Lois existantes, des divers Droits, produits et revenus énoncés dans le § 2 de l'État D annexé à la présente Loi.

Toutefois, le Droit à percevoir sur la recette brute des concerts non quotidiens donnés par les Artistes ou les Associations d'artistes ne pourra excéder 5 0/0.

X

Loi du 15 juillet 1893 sur l'Assistance médicale gratuite.

ART. 27. — Les Communes dont les ressources spéciales de l'Assistance médicale et les *ressources ordinaires inscrites à leur Budget* seront insuffisantes pour couvrir les frais de ce Service sont autorisées à voter des centimes additionnels aux quatre contributions directes ou des taxes d'octroi pour se procurer le complément des ressources nécessaires...

XI

Division des Hôpitaux, Hospices et Droit des pauvres. — Bureau du Droit des pauvres. — Règlement sur le Service de la perception du Droit des pauvres dans les théâtres, concerts, bals, etc., de la Ville de Paris.

(Arrêté du 9 décembre 1898).

Le Directeur de l'Administration générale de l'*Assistance publique*,

Vu la Loi du 10 janvier 1849 ;

Vu les divers Arrêtés concernant le Service de la perception du *Droit des pauvres* dans les théâtres, concerts, bals, etc., notamment ceux des 12 juin 1839, 3 mai 1843, 25 juin 1857 et 21 octobre 1871 ;

Considérant que, pour faciliter le Service de la perception dans les établissements soumis au *Droit des pauvres*, il y a lieu de codifier les *Instructions* qui, dans la pratique, ont dû être substituées, depuis longtemps déjà, aux prescriptions contenues dans les Arrêtés susmentionnés ;

Arrête :

ARTICLE PREMIER. —Est approuvé le Règlement ci-annexé relatif au Service de la perception du *Droit des pauvres* dans les théâtres, concerts, bals, etc., de la *Ville de Paris*.

ART. 2. — Sont abrogées toutes les dispositions antérieures, contraires au présent Règlement.

Fait à *Paris*, le 9 décembre 1898.

Vu et approuvé :   Signé : Dʳ Henri NAPIAS.

Paris, le 19 décembre 1898.   Pour ampliation :

Le Préfet de la Seine,   Le Secrétaire général de l'Administration de l'*Assistance publique*,
Signé : DE SELVES.
                            Signé : H. DEROUIN.

Règlement sur le Service de la perception du Droit des pauvres dans les théâtres, concerts, bals, etc., de la Ville de Paris.

TITRE PREMIER

DISPOSITIONS GÉNÉRALES SUR LE SERVICE DU CONTRÔLE

ARTICLE PREMIER. — Les contrôleurs du *Droit des pauvres* doivent se rendre dans l'établissement auprès duquel ils sont accrédités avant l'ouverture des portes au public, à l'heure qui leur est assignée par l'Administration.

Ils prennent note, avant chaque représentation, du nombre de tickets délivrés aux buralistes et s'assurent que ces tickets, ainsi que ceux qui doivent servir à leur échange au bureau du contrôle, sont numérotés et classés dans l'ordre numérique, pour chaque catégorie de places, depuis le premier jusqu'au dernier.

ART. 2. — Depuis l'ouverture des bureaux de vente jusqu'à leur fermeture, les contrôleurs se tiennent près du bureau du contrôle ou dans le bureau même, si la disposition des locaux le permet, et exercent leur surveillance sur toutes les opérations auxquelles donne lieu l'entrée du public.

Ils doivent notamment :

Faire déposer dans des boîtes fermant à clef tous les tickets ou billets présentés au contrôle et qui doivent y être échangés;

Empêcher la vente des places au bureau du contrôle;

Et veiller à ce que les sommes payées en supplément par les spectateurs qui quittent une place pour en prendre une autre d'un prix plus élevé soient reçues exclusivement par un buraliste désigné à cet effet.

ART. 3. — Après la fermeture des bureaux, les contrôleurs procèdent à la vérification de la feuille de location, en arrêtent le total et la contresignent.

Ils doivent ensuite :

1° Assister à la reddition des comptes des buralistes au Directeur de l'établissement ou à son représentant et comparer, pour chacune des différentes catégories de places, les quantités accusées aux bordereaux dressés par ces buralistes, d'une part, avec les tickets ou billets déposés au bureau du contrôle, et, d'autre part, avec les tickets d'échange remis à l'intérieur de la salle par les spectateurs.

2° Compter et examiner tous les billets[1], de quelque nature qu'ils soient : billets à droits, de service, d'auteur, de faveur, d'affiches, de concession, etc., etc.;

---

(1) Le *Droit des pauvres* est perçu sur la recette brute réalisée au tarif ordinaire des bureaux pour tous les billets non numérotés et au tarif de la location pour les billets numérotés, sauf, toutefois, en ce qui concerne les billets de service et de concession.

3° Comparer les sommes inscrites au registre des abonnements avec celles qui sont accusées sur les coupons délivrés aux abonnés.

Art. 4. — Lorsque le total de la recette est arrêté, les contrôleurs délivrent quittance(1) de la somme qu'ils ont à percevoir et établissent ensuite, en double expédition, des bordereaux sur lesquels ils doivent mentionner avec le plus grand soin :

1° Le nombre et le produit de chaque catégorie de places, tant pour les places vendues par les buralistes que pour celles qui sont cédées à des concessionnaires (service de claque, auteurs, etc., etc.).

2° Le produit et le nombre des places prises en location et par abonnement;

3° Le montant de la *petite recette* de la veille, c'est-à-dire de la recette réalisée à la représentation précédente, après la fermeture des bureaux;

4° Le maximum de la recette concédé aux auteurs;

5° Le nombre des billets de faveur et des entrées personnelles;

6° Le numéro d'ordre de l'établissement et le numéro de la quittance délivrée;

7° Et enfin, l'heure exacte de leur arrivée dans l'établissement, de l'ouverture des bureaux, du commencement et de la fin des comptes, ainsi que de leur départ.

Art. 5. — Les contrôleurs doivent se présenter à l'Administration de 8 heures 1/2 à 9 heures 1/2 du matin, le lendemain de chaque représentation, pour soumettre leurs

---

(1) *Note.* — Le timbre de 0 fr. 25 est obligatoire pour toute quittance dont le montant dépasse 10 francs. Il doit être apposé à la partie supérieure droite du recto de la quittance et oblitéré de telle façon que les points de l'oblitération le dépassent à chaque extrémité et marquent sur le papier même de la quittance. — Le timbre ne doit pas être apposé sur la quittance avant qu'elle ait été libellée et ne doit jamais être oblitéré à l'avance (*Lois du 8 juillet 1865 et du 23 août 1871; — Circulaire ministérielle du 20 juillet 1863; — Circulaire du Directeur général de la Comptabilité publique du 27 septembre 1863*).

bordereaux à la vérification des contrôleurs principaux et effectuer le versement des sommes perçues.

Toutefois, ceux d'entre eux qui sont placés dans les établissements où la moyenne des prélèvements quotidiens n'excède pas 100 francs, pourront être autorisés à faire leurs versements périodiquement, tous les cinq jours.

Dans ce cas, un seul bordereau détaillé sera produit au Service de la perception, le lendemain de chaque représentation, avant 9 heures 1/2 du matin, et les versements seront reçus sur la présentation de bordereaux récapitulatifs établis en double expédition.

ART. 6. — Les quittances délivrées par les contrôleurs doivent être, sans exception aucune, détachées des registres à souches qui leur sont remis à cet effet par le Service de la perception.

Ces registres à souches sont présentés aux contrôleurs principaux, à toute réquisition de leur part, et remis au Service de la perception, dès que la période de temps pour laquelle ils ont été délivrés est expirée.

ART. 7. — L'enregistrement sur les livres à souches des recettes brutes réalisées et des sommes perçues doit toujours être fait en présence de la personne qui est chargée d'acquitter le *Droit des pauvres*.

Il doit être libellé de telle sorte que la souche et la quittance constatent très distinctement :

1° Le numéro d'ordre d'enregistrement ;

2° L'indication de l'établissement ;

3° La date de la recette ;

4° Le nom du Directeur de l'établissement ou de la personne qui a organisé la représentation donnant lieu à la perception du *Droit*.

Il est interdit de signer à l'avance les quittances attenant aux registres à souches.

ART. 8. — En cas de refus de payement de la totalité ou d'une partie de l'impôt dû sur le produit d'une représentation, les contrôleurs sont tenus d'en faire faire la constatation par le Commissaire de police de service et d'en informer le Contrôleur principal, le lendemain de cette représentation, avant 9 heures du matin.

ART. 9. — Dans les établissements où le contrôle ne peut être fait à la porte, notamment dans ceux où le prix de la première consommation servie à chaque spectateur représente le prix d'entrée, la place que doivent occuper les contrôleurs leur est assignée par le Contrôleur principal.

ART. 10. — Dans tous les cafés-concerts, que l'entrée soit libre ou non, les billets de faveur ne portant pas la mention : *Consommation facultative* doivent être comptés comme billets à droits, au prix des consommations dites *de renouvellement.*

En outre, dans les cafés-concerts où il n'est pas payé de prix d'entrée, les contrôleurs doivent faire le dénombrement de la salle à chaque représentation et exiger que les billets de faveur leur soient présentés par les personnes qui en sont munies.

Dans aucun cas, les billets dont il s'agit ne peuvent être acceptés comme billets de faveur, s'ils sont présentés par le personnel des établissements au cours de la représentation ou au moment de la reddition des comptes.

ART. 11. — Sous aucun prétexte, les contrôleurs ne peuvent se refuser à occuper le poste qui leur est assigné.

Ils ne peuvent se faire suppléer.

En cas de maladie, le Contrôleur principal doit être informé sans délai.

ART. 12. — Les Contrôleurs sont déplacés suivant les nécessités du Service et ils ne peuvent rester attachés à un établissement pendant plus de quatre mois consécutifs, sauf le cas d'exceptions motivées.

Tous les six mois, l'état des exceptions motivées dont il s'agit sera soumis par le Chef de Division au Directeur de l'Administration, qui statuera.

ART. 13. — Il est absolument interdit aux agents du Service de la perception :

1° D'intervenir dans les discussions qui peuvent se produire entre le public et le personnel des établissements et de prendre part aux opérations du contrôle autrement que par la surveillance ;

2° De faire connaître à qui que ce soit le montant des recettes réalisées dans les théâtres, bals, concerts, etc., dont le contrôle leur est confié ;

3° D'user de leur situation près des établissements pour assister gratuitement aux représentations théâtrales ;

4° D'accepter des billets de faveur ;

5° De se faire accompagner par des parents ou amis dans les établissements où ils sont appelés à exercer leur mandat.

ART. 14. — Dans le cas où un contrôleur manquerait à une ou plusieurs des prescriptions imposées par le présent Règlement, il pourra être suspendu de ses fonctions pendant une durée de temps variant de 8 jours à un mois.

En cas de faute grave, il pourra être révoqué.

ART. 15. — La peine de suspension d'emploi ne dépassant pas 15 jours est infligée par le Chef de Division, sur la proposition du Contrôleur principal.

La suspension de plus de quinze jours est infligée par le Directeur de l'Administration sur la proposition du Secrétaire général.

En cas d'urgence, la suspension provisoire peut toujours être infligée par le Contrôleur principal, à charge d'en référer sans délai au Chef de Division, qui statuera ou avisera, s'il y a lieu, le Secrétaire général.

La révocation est prononcée par M. le *Préfet de la Seine*, sur la proposition du Directeur de l'Administration.

TITRE II

ATTRIBUTION DES CONTRÔLEURS PRINCIPAUX.

ART. 16. — La surveillance du Service de la perception est exercée par un Contrôleur principal, assisté d'un Contrôleur principal-adjoint, qui doivent :

1° S'assurer par de fréquentes visites dans les établissements que les contrôleurs se tiennent au poste qui leur est assigné et se conforment strictement aux prescriptions du présent Règlement;

2° Vérifier les livres de comptabilité de tous les établissements soumis au *Droit* et s'assurer que les sommes inscrites à ces livres concordent avec celles qui sont mentionnées sur les bordereaux établis par les contrôleurs, ainsi qu'avec les chiffres qui figurent sur les registres à souches servant à la délivrance des quittances;

3° Faire la répartition du Service entre les contrôleurs

4° Vérifier et viser les bordereaux établis par les contrôleurs, avant que ceux-ci effectuent leurs versements à la Caisse de l'Administration;

5° Se faire présenter et viser les registres à souches des contrôleurs à chacune de leurs visites dans les établissements;

6° Adresser au Chef de Division un rapport écrit faisant connaître les heures auxquelles les établissements ont été visités, et, s'il y a lieu, les incidents qui se sont produits.

TITRE III

COMPTABILITÉ DU SERVICE.

Art. 17. — Les écritures relatives aux opérations du Service de la perception sont consignées sur les livres suivants :

1° LIVRES DE COMPTABILITÉ.

Registres à souches mensuels;
Journal général;
Grand-Livre.

Registres à souches.

Art. 18. — Les Registres à souches sont destinés à l'enregistrement des recettes effectuées et du *Droit* perçu à chaque représentation et à la délivrance des quittances aux parties versantes.

Ces Registres sont tenus par mois ; ils ne peuvent être délivrés aux contrôleurs qu'après avoir été numérotés sur chaque feuillet, puis visés et parafés du premier au dernier feuillet par le Chef de Division.

Journal général.

ART. 19. — Le Journal général est tenu par Exercice ; il sert à l'enregistrement des recettes accusées aux bordereaux établis par les contrôleurs.

L'enregistrement se fait jour par jour, en indiquant pour chacun des prélèvements le nom de l'établissement où la représentation a eu lieu, le chiffre des recettes brutes réalisées tant dans les bureaux qu'en dehors des bureaux et le montant du *Droit* perçu sur chaque catégorie de recettes.

Les recettes doivent être totalisées par jour et par nature.

Grand-Livre.

ART. 20. — Le Grand-Livre, tenu par Exercice, est divisé en deux parties : la première est destinée aux établissements *contrôlés;* la deuxième, aux établissements *abonnés* et aux *séances accidentelles.*

Les enregistrements opérés sur le Journal général sont transportés immédiatement aux comptes ouverts au Grand-Livre pour chaque établissement.

Les comptes sont ouverts conformément aux dispositions adoptées au Journal général pour la classification des théâtres, concerts, bals, etc., et dans l'ordre tracé par le *Répertoire* placé en tête du Grand-Livre.

Chacun des comptes ouverts fait ressortir le chiffre des recettes brutes réalisées, tant dans les bureaux des établissements qu'en dehors de ces bureaux, et le montant du *Droit* perçu sur chaque catégorie de recettes.

Aucune opération ne peut être portée au Grand-Livre sans avoir été préalablement inscrite au Journal général.

Les opérations consignées au Grand-Livre sont totalisées à la fin de chaque mois.

2° LIVRES AUXILIAIRES.

Livre des crédits.

ART. 21. — Le Livre des crédits est tenu par Exercice.

Il comporte autant de subdivisions qu'il en existe au Sous-chapitre IV du Budget (*Frais de perception et de gestion domaniale*, art. 1ᵉʳ), donne la répartition du crédit mis à la disposition du Service et présente l'ensemble des dépenses effectuées, de manière qu'on puisse à tout instant le consulter pour connaître exactement le montant de ces dépenses et le total des sommes restant disponibles.

Registre des indemnités allouées aux Contrôleurs.

ART. 22. — Ce Registre sert au dépouillement des feuilles de décompte établies mensuellement par les contrôleurs. On y mentionne, en regard du nom de chacun d'eux, le nombre des vacations effectuées pendant le mois, le taux des vacations et le montant de l'indemnité allouée.

Le Registre des indemnités est totalisé par page, et la récapitulation des diverses catégories de vacations y est faite à la fin de chaque mois.

Carnet des permissions de police.

ART. 23. — Ce Carnet sert à l'inscription des permissions délivrées par la *Préfecture de police* pour l'ouverture de nouveaux établissements et pour des représentations extraordinaires ou accidentelles.

On y inscrit, pour chaque autorisation accordée, le

numéro d'ordre de la permission de police, la date de l'autorisation, la désignation de la séance et la situation de l'établissement, et, enfin, le nom et la demeure de l'organisateur ou de l'entrepreneur.

Livre de dépouillement des Registres à souches.

ART. 24. — Ce Livre sert à l'inscription des sommes dont la perception est mentionnée aux Registres à souches, ainsi que le montant des recettes qui y ont donné lieu.

Il est totalisé à la fin de chaque mois, et les totaux qui y sont obtenus sont rapprochés immédiatement de ceux qui figurent au Grand-Livre pour chaque nature de recettes.

Carnet d'émargement des Registres à souches.

ART. 25. — Le Carnet d'émargement comporte :

1° Les numéros d'ordre des Registres à souches ;

2° La désignation des établissements auxquels ils sont destinés ;

3° L'émargement ou accusé de réception, par les contrôleurs, des Registres qui leur ont été délivrés.

Registre des abonnements et réductions.

ART. 26. — Il est tenu un Registre pour l'inscription des demandes d'abonnements ou de réductions adressées par les entrepreneurs de petits spectacles ou les organisateurs de fêtes de bienfaisance.

Le montant des abonnements consentis et le taux de perception appliqué pour chaque fête de bienfaisance doit y être mentionné, ainsi que les dates des Arrêtés préfectoraux approbatifs.

TABLE DES DÉCISIONS RECUEILLIES

françaises et étrangères (1).

(1) Les chiffres renvoient aux numéros de l'Ouvrage.

Index des Lettres-patentes, Édits, Ordonnances, Lois, Décrets, Arrêtés, concernant le Droit des pauvres.

Cités dans l'Ouvrage (1).

(1) Les chiffres renvoient aux numéros de l'Ouvrage.

Index des Lois étrangères [1].

Index des Arrêtés, Cahiers des charges, Règlements et Circulaires de l'Assistance publique de Paris [2].

---

(1) Les chiffres renvoient aux numéros de l'Ouvrage.

(2) Les chiffres renvoient aux numéros de l'Ouvrage.

Index des Arrêtés et Délibérations du Conseil général des hospices de la Seine [1].

Index des Avis du Conseil de surveillance de l'Assistance publique de Paris [2].

(1) Les chiffres renvoient aux numéros de l'Ouvrage.
(2) Les chiffres renvoient aux numéros de l'Ouvrage.

Index des Avis du Comité consultatif de l'Assistance publique de Paris (1).

Index des Avis et Vœux du Conseil municipal de Paris (2).

Table des Noms des parties cités dans les Décisions judiciaires rapportées (3).

(1) Les chiffres renvoient aux numéros de l'Ouvrage.
(2) Les chiffres renvoient aux numéros de l'Ouvrage.
(3) Les chiffres renvoient aux numéros de l'Ouvrage.

INDEX BIBLIOGRAPHIQUE
DES OUVRAGES ET ARTICLES CITÉS.

Affre et Pelgès, *Traité de l'Administration temporelle des paroisses,* (v° *Dr. des pauvres sur les Concerts de Charité*), Poussielgue, 1890.

Alcanter de Brahm, *Sur le Droit des pauvres* (*Revue philanthropique*), 1897, p. 583.

Archives nationales (F¹⁵ 147). Rapport (non signé) sur le *Droit des pauvres.*

Joseph Astruc, *Le Droit privé du théâtre*, Stock, 1897.

Béchet, *Le Droit des pauvres; de l'impôt sur les billets d'entrée dans les théâtres et autres spectacles publics*, Giard, 1891.

Béquet, *Régime et législation de l'Assistance publique et privée*, Dupont.

Béquet et Dupré, *Répertoire de Droit administratif* (v° *Assist. publ.*), Dupont.

Bonnassies, *La Comédie Française, histoire administrative*, Didier.

— *Le Droit des pauvres avant et après 1789.*

— *Le Droit des pauvres* en *province* sous l'Ancien régime (Revue le *Théâtre*, 15 janvier 1875).

— *Les spectacles forains et la Comédie Française*, Dentu, 1875.

— *Le théâtre et le peuple, esquisse d'une organisation théâtrale*, Le Chevalier, 1872.

René Brice, Rapport sommaire à la Chambre des Députés sur la Proposition de loi relative au *Droit des pauvres* sur les représentations théâtrales (Annexe, n° 555, 29 mars 1878. *Journal officiel*, p. 5329).

Brousse, *De l'Assistance publique*, Derenne, 1876.

Budget des recettes et dépenses de l'*Assistance publique* pour l'Exercice 1889 (tit. I, chap. I, sect. II, sous-chap. IX).

Bulletin des Conseillers municipaux (1882, p. 52). Bureau de bienfaisance, *Droit des pauvres*, Courses de chevaux, bénéfices, la *Société sportive d'encouragement.*

Bulletin municipal officiel (30 octobre 1894). Question de M. *Caplain* au *Conseil municipal.*

Bulletin officiel du Ministère de l'Intérieur (1850, t. I, p. 369), *Droit en faveur des pauvres* sur les spectacles, bals et fêtes publiques.

Bull. off. Min. int., 1856, p. 197).Le fermier du *Droit des pauvres* peut faire opérer une saisie provisoire de la recette, en cas de refus de paiement.

Georges Bureau, *Le Théâtre et sa législation*, Ollendorff, 1898.

Busson-Billault, Rapport sur le Budget de 1870 (*Moniteur*, 10 mars 1869).

Cahier des charges pour la perception par voie de régie intéressée du Droit des indigents sur les spectacles, 1833.

Cahier des charges pour la régie du Droit des indigents pendant 3, 6 ou 9 années (1er janvier 1823), Paris.

Charton, *Rapport au Conseil d'État sur le Projet relatif au Droit des pauvres* (9 janvier 1849).

— *Rapport au Conseil d'État sur le Projet de loi concernant les Théâtres*, 1850, Imprimerie nationale.

Charton de Meur, *Dictionnaire de Jurisprudence hippique*, Garnier, 1891.

Chautemps, *Rapport au Conseil municipal de Paris sur le Budget de l'Assistance publique* (1886, — et 1888).

Adolphe Chauveau, *Principes de Compétence et de Juridiction administrative*, Durand, 1844.

Code administratif des Hôpitaux civils (v° *Spectacles*), Huzard, 1824.

Code de l'Hôpital Général de Paris (v° *Spectacles*), Thiboust, 1786.

Code des Comptes de gestion, Berger-Levrault, 1883.

Collection officielle des Ordonnances de Police, Chaix, 1881.

Commission du Droit des pauvres, procès-verbaux *lithographiés* des séances (12 juin, 5 et 13 décembre 1869 ; 10, 17 et 23 janvier 1870, 7 fascicules).

Compte des recettes et dépenses de l'Assistance publique pour l'Exercice 1849.

Compte financier de l'Assistance publique pour 1897 (sous-chap. IX).

De Cormenin, *Questions de Droit administratif* (v° *Théâtres*).

Louis Courcelle, *Répertoire de Police administrative et judiciaire* (v° *Théâtres*). Berger-Levrault, 1898.

Cros-Mayrevieille, *Traité de l'Administration hospitalière*, Berger-Levrault.

— *Le Droit des pauvres sur les spectacles en Europe*, Berger-Levrault.

Da Costa-Athias. Essai sur le *Droit des pauvres* (*Revue critique de Législation*, t. 37, p. 241).

Dalloz, *Code des Lois administratives*.

— *Répertoire* — et *Supplément* (v^is *Courses de chevaux, Patente. Théâtres*).

Davenne, Compte moral et administratif de l'*Assistance publique* pour 1855.

Delamare, *Traité de la Police* (tit. I, liv. III ; tit. 3, chap. 4, p. 477 ; tit. IV, p. 400), Hérissant, 1738.

Delfaux, *Code-Manuel des Percepteurs*.

Délibération du *Comité des Directeurs de théâtres de Paris*, 15-18 mai 1892 (*J. le Temps*, 30 mai 1892).

A. Delilia, — et Chincholle. Les théâtres et le *Droit des pauvres* (17 février 1900).

Deloche et Barthe, *Mémoire pour les Théâtres de Paris* contre M. Locré de Saint-Julien, fermier concessionnaire du *Droit des pauvres* (22 mars 1829), Paris.

Derouin, Gory et Worms, Traité général d'*Assistance publique* (t. I, p. 29). Larose, 1900.

Derouin et Worms, Les étrangers au point de vue de l'*Assistance* (*Journal du Droit international privé*, 1890, p. 545).

Des Essarts, *Les 3 Théâtres de Paris*, 1767.

Eugène Despois, *Le Théâtre sous Louis XIV*, Hachette.

Documents pour servir à l'Histoire des *Hôpitaux de Paris*.

Droin, *De l'Assistance à domicile en France et à l'étranger*, Giard, 1891.

Dupin, Discours à l'*Assemblée nationale* sur la prise en considération de la Proposition de M. *Sautayra*, tendant à changer l'assiette et le mode de perception de l'Impôt que perçoivent les Établissements charitables sur la recette des théâtres, bals, concerts et autres fêtes et réjouissances publiques (*Moniteur*, 13 mars 1851 ; J. le *Bien-être universel*, 1851).

baron Dupin, *Histoire de l'Administration des Secours publics*, Delaunay, 1821.

Durieu, *Code de l'Administration et de la Comptabilité des revenus des Établissements publics* (v° *Droit sur les spectacles*), 1823.

— *Commentaire sur les Poursuites en matière de Contributions directes*, 1894.

Durieu et Roche, *Répertoire des Établissements de bienfaisance* (v^is *Droits sur les spectacles*, — et *Spectacles*).

H. E., De l'Impôt en faveur des Indigents sur les Spectacles (*Belgique judiciaire*, t. 9, p. 1), 1851.

D'Echérac, Le Budget de l'*Assistance publique* (J. le *Temps*, 22 juillet 1897).

J. l'*Éclair*. Nouvelle perception onéreuse du *Droit des pauvres* (16 févr. 1900).

Encyclopédie d'Hygiène et de Médecine publique du docteur J. Rochard (t. 5) : Napias et Martin, *Hygiène hospitalière et Assistance publique*, Babé, 1892.

Paul Feilllet, *De l'Assistance publique à Paris*, Berger-Levrault, 1888.

Fleury-Ravarin, *De l'Assistance communale en France*, Larose.

— Rapport sur la Réorganisation des Secours à domicile dans la *Ville de Paris* (*Conseil supérieur de l'Assistance publique*, fascicule 40).

Éd. Fournier, *Le Théâtre et les Pauvres*, Dentu, 1869.

Frérejouan du Saint, *Jeu et pari au point de vue civil, pénal et réglementaire, loteries et valeurs à lots, jeux de Bourse, marchés à terme*, Larose, 1893.

Garnier, *Répertoire général et raisonné de l'Enregistrement*.

Gazette des Tribunaux (11 février 1864). Les billets d'auteur donnant entrée dans les théâtres et qui ont été vendus au public doivent-ils être assujettis au paiement du *Droit des pauvres*, prélevé au profit de l'Administration des Hospices ?

— (20 août 1887). Courses de chevaux, pari mutuel, *Droit des pauvres*

Guichard père, Mémoire ampliatif pour les Comédiens-Sociétaires du *Théâtre Français*, appelants d'un arrêté du Conseil de préfecture concernant le *Droit des pauvres*, 1830.

Guichard, *De la Législation du Théâtre en France*, Larose, 1880.

Guichard et Bonnet, Observations pour MM. les Acteurs-Sociétaires du *Théâtre Français* sur le Mémoire de M. Locré de Saint-Julien, intitulé : *Précis pour les Hospices civils,* 1829.

Guyot d'Amfreville, Des Secours à domicile dans Paris (p. 188), Rousseau 1899.

L. Hesse, Rapport sur le *Droit des pauvres* (*Annuaire de la Conférence Molé*), 1878, p. 180.

Husson, *Mémoire au Conseil de préfecture de la Seine sur la question de savoir si le Droit des pauvres est dû sur les billets d'auteur vendus au public* (16 novembre 1863), Dupont.

— Note (manuscrite) sur l'augmentation apportée par les Directeurs des Théâtres de Paris dans le prix de leurs places, depuis le Décret du 6 janvier 1864 (10 mars 1869), *Archives de l'Assistance publique.*

— Note sur le *Droit des pauvres,* lue dans la séance du 13 décembre 1869, à la Commission spéciale instituée par M. le Ministre de la Maison de l'Empereur, — suivie du Rapport de M. *Manceaux* sur le *Droit des pauvres,* Dupont, 1870.

— *Observations de l'Administration générale de l'Assistance publique sur la perception du Droit des pauvres sur les billets d'entrée dans les théâtres, spectacles, bals et concerts,* Dupont, 1868.

Instructions pour l'établissement du Budget hospitalier, 1875.

Isambert, *Recueil des Anciennes lois françaises* (t. 7, p. 137).

Jagerschmidt, *Droit des pauvres,* Mémoire au Conseil d'État, Dupont, 1857.

Journal du Droit administratif, Billets d'auteur et *Droit des pauvres* (t. 12, p. 219).

— Les contestations relatives à la perception du *Droit des pauvres* sont de la compétence des Conseils de préfecture (t. 18, p. 140).

— Les Courses de chevaux et le *Droit des pauvres* (t. 22, p. 266).

— Le *Droit des pauvres* et les Sociétés de courses (t. 20, p. 133).

— Lorsque le *Droit des pauvres* a été affermé, le fermier peut, en cas de refus de paiement de l'entrepreneur, faire saisir provisoirement les recettes par huissier (t. 7, p. 112).

Journal du Droit international privé, Théâtres, représentations publiques, taxes fiscales, impôt sur le revenu, artistes étrangers en tournée, *Droit des pauvres* (1890, p. 267).

Journal du Palais, Répertoire (v° *Théâtres*):

Journal des Commissaires de police. Concerts d'artistes (1875, p. 272).

Journal des Conseillers municipaux. Doit-on exiger le *Droit des pauvres* sur la recette d'un café-chantant, où il n'est pas perçu de droit d'entrée (1888, p. 26)?

— *Droit des pauvres,* casino, représentation (1885, p. 266).

— Le *Droit des pauvres* est-il dû par la *Caisse des Écoles,* qui donne un concert payant (1882, p. 170)?

— Le *Droit des pauvres* est-il exigible dans un café, où l'on a organisé un concert quotidien, mais dont l'entrée est gratuite (1887, p. 29)?

— Le *Droit des pauvres* et les Courses de chevaux (1888, p. 87 et 125).

Jurisprudence des Conseils de préfecture. Taxation des Cafés-concerts au prorata de leurs recettes réelles (1882, p. 118, note).

De La Borie de La Batut, *Des Établissements de bienfaisance*, Pichon, 1879.

Lacan et Paulmier, *Traité de la Législation et de la Jurisprudence des Théâtres*, 1853.

Latruffe-Montmeylian, *Précis pour l'Administration des Hospices*, Huzard, 1829.

— *Réplique pour l'Administration des Hospices civils de Paris aux Observations de MM. les Acteurs-Sociétaires du Théâtre Français* (21 août 1829), Huzard.

Laya, *Commentaire de la Loi sur les Courses de chevaux et les Paris aux Courses*, Fitte, 1891.

Leguay, De l'Impôt en faveur des Indigents sur les spectacles, bals, concerts, etc. (*Annales de la Charité*, 1847, p. 48).

H. Lenoble, *Les Courses de chevaux et les Paris aux courses*, Larose, 1899.

Modeste Leroy, Rapport fait au nom de la *Commission de la répression de la Mendicité chargée d'examiner la Proposition de loi de M. G. Berry relative à la perception du Droit des pauvres* (*Documents parlementaires*, annexe, n° 2645, session de 1897).

A. Lods, *Le Droit des pauvres perçu à l'entrée des théâtres*, Thorin, 1889.

Manceaux, *Rapport au Ministre des Lettres, Sciences et Arts, par la Commission instituée à l'effet d'étudier les questions qui se rattachent à la perception de l'Impôt établi dans les théâtres.* Imprimerie impériale, 1870.

Marc-Fournier, Le *Droit des pauvres* (*J. le Figaro*).

H. Martin. *Abolition de la perception du Droit des pauvres dans les théâtres*, Duchemin, 1875.

—Lettre sur le *Droit des pauvres* (*J. l'Opinion nationale*, 31 juillet 1875).

Louis Martin, Y a-t-il lieu à la perception du *Droit des pauvres*, lorsqu'à la suite d'un sermon sont exécutés des chants religieux, désignés sur les cartes des places réservées sous le nom de Concert spirituel (*Revue catholique des Institutions et du Droit*, 1894, p. 48)?

Martin-Doisy, *Dictionnaire d'Économie charitable* (v° *Bureau de bienfaisance*).

Mathieu, *Rapport préliminaire* (lithographié) *à la Commission du Droit des pauvres*, 1870.

Mémoire du Directeur de l'*Assistance publique* au *Conseil de surveillance* sur l'application du Décret du 15 novembre 1895.

Mémorial des Percepteurs, Perception du *Droit des pauvres* sur les spectacles ; obligations des receveurs des établissements à qui ce produit appartient (1832, p. 302).

— *Droit des pauvres* sur les spectacles; hospices, bureau de bienfaisance (1842, p. 127).

— *Droit des pauvres* sur les bals, spectacles, concerts, etc.; refus de paiement, saisie provisoire de la recette (1858, p. 52).

Mémorial des percepteurs, *Droit des pauvres*, courses de chevaux, commune propriétaire du champ de courses situé sur le territoire d'une commune voisine (1860, p. 86).

— *Droit des pauvres*; perception sur les recettes des cafés-concerts (1860, p. 245).

— *Droit des pauvres*, abandon au profit du directeur, maire (1863, p. 392).

— Associations particulières de bienfaisance, concert au profit des pauvres, distribution du produit, versement à la caisse du bureau de bienfaisance, *Droit des pauvres* (1864, p. 60).

— Recettes des théâtres, saisie opérée à la requête du percepteur, jours fériés, heures légales, procédure à suivre (1868, p. 90).

— *Droit des pauvres*, recouvrements, action respective des administrateurs et du receveur (1869, p. 281).

— *Droit des pauvres*, partage du produit entre les hospices et les bureaux de bienfaisance, produit des représentations au bénéfice des pauvres, fêtes de charité organisées par des particuliers (1875, p. 166).

— *Droit des pauvres*, cérémonie religieuse, Salut accompagné de concert, billets payants (1881, p. 217, et 1883, p. 699).

— *Droit des pauvres*, représentation donnée, un jour férié, par une troupe de passage (1887, p. 306).

— *Droit des pauvres*, concert, billets d'entrée personnels, droit d'entrée à payer par les invités (1888, p. 176).

— Le *Droit des pauvres*, étant soumis au mode de poursuite spécial au recouvrement de l'impôt direct, doit donner lieu à la confection d'un rôle soumis à l'homologation du Préfet, qui seul a qualité pour le revêtir de la forme exécutoire (1894, p. 140).

de Molinari, La Liberté des théâtres et le *Droit des pauvres*, Guillaumin (*Journal des économistes*, mars 1869).

Navarre, L'augmentation de l'indemnité annuelle des Contrôleurs du *Droit des pauvres* (*Bulletin municipal officiel*, 1er janvier 1898, suppl., p. 13).

Note (manuscrite) en Réponse au Mémoire des Directeurs de théâtres de Paris tendant à la révision du *Droit des pauvres*, 1850 (*Archives de l'Assistance publique*).

Note (manuscrite) sur le *Droit des pauvres* pour le Prince-Président, 9 février 1852 (*Archives de l'Assistance publique*).

Note (manuscrite) sur le *Droit des pauvres* pour S. M. l'Empereur (17 février 1869 (*Archives de l'Assistance publique*).

Note sur la Comparaison entre les Budgets de l'*Assistance publique* de 1878 et de 1896, Montévrain, 1895.

Nouguier, Du *Droit des pauvres* au point de vue juridique (*J. la Propriété industrielle, artistique et littéraire*, n° 14, 1er février 1880).

Nouveau journal des Conseils de fabrique, Concerts et autres fêtes de charité, moyens à prendre pour échapper au prélèvement de 2 0/0 sur la recette brute autorisée en faveur des Bureaux de bienfaisance (1886, p. 33).

Pataille, *Annales de la propriété industrielle, artistique et littéraire*, Rousseau.

Pandectes françaises, Répertoire (v° *Droit des pauvres*), Marescq.

Pector, *Le Droit des pauvres*, Rousseau, 1888.

De Pierreitte, Étude historique sur le *Droit des pauvres* au théâtre (*Revue de l'Art dramatique*, 1er et 15 février 1892).

Pocquet, *Essai sur l'Assistance publique*, Marescq, 1877.

Porcher. Rejet au *Conseil des Anciens* des Résolutions qui prorogent l'Impôt sur les billets de spectacles (13 fructidor an VII (Réimpression de l'ancien *Moniteur*, t. 29, p. 798).

Procès-verbaux des Séances du Conseil de surveillance de l'Assistance publique de Paris.

Projet de Budget de l'Assistance publique de Paris pour l'Exercice 1899.

Rapport fait au Conseil général des Hospices par un de ses Membres sur l'état des Hôpitaux, des Hospices et des Secours à domicile à Paris, etc., depuis le 1er janvier 1804 jusqu'au 1er janvier 1814, Huzard, 1816.

Rapport (manuscrrit) *au Conseil général des Hospices relatif à la perception du Droit des pauvres sur les spectacles*, 1811 (*Archives de l'Assistance publique*).

Recueil des Lois, Ordonnances et Décrets applicables à l'Administration générale de l'Assistance publique à Paris, Dupont, 1887

Recueil officiel des Circulaires émanées de la Préfecture de police, Chaix, 1882.

Regnard, Voyage de *Flandre* et de *Hollande*, 1681 (*Œuvres*, 1770).

P. Renard, *L'Eldorado*.

Répertoire général alphabétique du Droit français (v is *Assistance publique*, et *Droit des pauvres*), Larose.

Revue des Établissements de bienfaisance (Berger-Levrault). Les billets de faveur sont-ils passibles du *Droit des pauvres* (1886, p. 53).

— Devoirs des receveurs en ce qui concerne la perception du *Droit des pauvres* (1868, p. 120).

— *Droit des pauvres*, concerts dans un jardin public, location de chaises (1887, p. 54).

— *Droit des pauvres*, fêtes de charité, réduction de la taxe (1886, p. 52).

— *Droit des pauvres*, mode de perception adopté à *Lyon* (1892, p. 381).

— *Droit des pauvres*, tiers du produit des Concessions dans les Cimetières, répartition entre les Hospices et les Bureaux de bienfaisance ; le

Préfet est libre de réserver exclusivement ces produits au Bureau de bienfaisance (1885, p. 248).

Revue des Services financiers.

Salva, *Du Régime légal des Bureaux de bienfaisance,* Rousseau, 1888.

Léon Say, *Dictionnaire des Finances,* Berger-Levrault (vᵉ *Théâtres,* article de M. *Nielly*).

Serrigny, *Traité de l'Organisation, de la Compétence et de la Procedure en matière contentieuse administrative,* 1865.

Simonet, *Traité élémentaire de Droit public et administratif,* Pichon, 1885.

Paul Strauss, *Rapport au Conseil municipal de Paris sur le Budget de l'Assistance publique* (1890, p. 36).

Tardieu, *Traité théorique et pratique des Contributions directes* (vᵒ *Droit des pauvres*), Larose, 1897.

J. *le Temps* (30 mai 1892), Délibérations des 15 et 18 mai 1892 du *Comité des Directeurs de théâtres de Paris.*

Thorlet, *Administration et Comptabilité des Bureaux de bienfaisance,* Berger-Levrault, 1888.

Thunot, *Réponse de l'Administration des Hôpitaux, Hospices civils et Secours à domicile de la Ville de Paris au Mémoire imprimé et adressé à la Chambre des Députés par les Directeurs de théâtres de Paris, pour obtenir, à dater de 1832, l'abolition du Droit de décime, établi et perçu depuis 150 ans au profit des Pauvres,* Huzard, 1831.

Romain-Verdalle, *Traité pratique de la Comptabilité des Communes et des Établissements de bienfaisance.* Dupont, 1885.

Vivien et Blanc, *Traité de la Législation des Théâtres.* 1830.

de Watteville, *Code de l'Administration charitable,* Cotillon, 1849.

— *Législation charitable,* Cotillon.

Fernand Worms, *Rapport sur le Droit des pauvres, présenté au Conseil de surveillance de l'Assistance publique de Paris,* Hénon, 1898.

Index bibliographique complémentaire [1].

I. *Ouvrages.*

Annuaire statistique de la *Ville de Paris* (année 1897); Masson, 1899.

Émile Campardon, *Les Comédiens du Roi de la troupe française pendant les deux derniers siècles,* Champion, 1879.

Conseil de surveillance de l'Assistance publique de Paris (21 décembre 1899). Fixation des différents taux de perception en 1900).

Conseil de surveillance de l'Assistance publique de Paris (21 janvier

[1] Notre Rapport sur le *Droit des pauvres,* présenté au *Conseil de surveillance de l'Assistance publique,* en 1898, contient une Bibliographie à peu près complète. On peut donc s'y reporter, et nous nous contenterons de relever ici les Ouvrages et Articles omis ou parus depuis.

1900). Question relative à la perception du *Droit des pauvres* sur la recette de la répétition générale d'un *Oratorio* devant avoir lieu, le 17 janvier, à l'*Église Saint-Eustache*.

Louis Corneille, *Des Secours à domicile*, Pedone, 1895.

L'Errant, *Le Droit des pauvres*, suivi de : *Misère et Droit des pauvres*, *réponse à M. le Ministre de l'Intérieur*, Angers, Paré, 1891.

Gilbert, *Histoire de l'Opéra*.

Paul Ginisty, *La Vie d'un théâtre*, Paris, Schleicher, 1898.

R. Guyot d'Amfreville. *Des Secours à domicile dans Paris* (p. 187). Rousseau, 1899.

Larrivé, *L'Assistance publique en France*, Alcan, 1899.

Alfred de Lassence, *L'Assistance dans la commune*, Bordeaux, Cadoret, 1898.

André Lefèvre. Rapport général sur l'*Assistance publique* (*Bull. mun. off.*, 18 janvier 1900).

Le Rat de Magnitot et Huard-Delamarre, *Dictionnaire de Droit public et administratif* (vº *Théâtre*, sect. 7).

Malliot, *La Musique au théâtre ;... de l'Impôt des pauvres sur les spectacles*, Paris, 1863.

— *Le Nouveau régime des théâtres dans les Départements*, Rouen, Lapierre, 1865.

Note annexe au Mémoire au *Conseil de surveillance de l'Assistance publique* sur le Projet de Budget de l'Exercice 1900 (p. 22).

A. Pougin, *L'Opéra-comique pendant la Révolution de 1788 à 1801*, Paris, Savine.

Ranson. Rapport au *Conseil municipal de Paris* sur la Proposition de M. *Rebeillard* relative aux ressources de l'Assistance à domicile, 1899.

Règlement sur le Service de la perception du Droit des pauvres dans les théâtres, concerts, bals, etc., de la *Ville de Paris*, Montévrain, 1898.

Savouré-Bonville, *Le Droit des pauvres...*

Alexandre Tuetey, *L'Assistance publique à Paris pendant la Révolution*, Imprimerie nationale.

J. du Tinguy du Pouët, *L'Assistance médicale à l'hôpital et à domicile* (p. 138). Paris, Larose, 1899.

II. *Revues et journaux.*

Rev. *L'Assistance publique*. H. Nielly et E. Seigneur, *Le Droit des pauvres* (30 mars, 30 avril, 30 mai, 15 et 30 juillet, 15 août et 30 novembre 1899).

J. le *Corsaire* (4 janvier, 29 septembre et 7 novembre 1826).

J. le *Courrier des Spectacles* (1er mars 1822).

J. *les Droits de l'Homme*. Reynold, Les billets d'affiches et l'*Assistance publique* (17 juillet 1898).

J. *l'Éclair*. E. Bergerat. Le vrai *Droit des pauvres* (6 juin 1898).

J. *la Gazette des Tribunaux*. Les billets d'auteur donnant entrée dans les théâtres et qui ont été vendus au public doivent-ils être assujettis au paiement du *Droit des pauvres* prélevé au profit de l'Administration des Hospices ? (11 février 1864).

J. *le Jour.* Lucien Duval, Billets d'affiches (17 juillet 1898).

Nouvelle Revue historique de Droit français et étranger. G. A..., Rapport de M. Worms sur le *Droit des pauvres* (juillet-août 1898).

Revue municipale. Ambroise Rendu, Le *Droit des pauvres* (5 novembre 1898).

Revue philanthropique, Le *Droit des pauvres* et le Concours hippique de *Toulouse* (1898, p. 269).

Henri Lannes, Le *Droit des pauvres* (1898, p. 47).

F. Worms, Le *Droit des pauvres,* son histoire, *Paris* et la *province ;* projets de réforme législatifs et autres (10 sept., 10 octob.,10 nov. 1899).

Sirey, *Rapport de M. Worms sur le Droit des pauvres* (Bulletin bibliographique, 1898, p. 35).

INDEX ALPHABÉTIQUE [1]

---

[1] Les chiffres renvoient aux numéros de l'Ouvrage.

W.

EXPLICATION DES SIGNES ABRÉVIATIFS.

Belg. jud. — *Belgique judiciaire.*
Bull. mun. off. — *Bulletin municipal officiel.*
D. — *Dalloz.*
Gaz. Pal. — *Gazette du Palais.*
Gaz. trib. — *Gazette des Tribunaux.*
J. du dr. admin. — *Journal du Droit administratif.*
J. du dr. int. priv. — *Journal du Droit international privé.*
J. P. adm. chron. — *Journal du Palais* (administratif) : *Chronologique.*
Jurisp. Cons. préf. — *Jurisprudence des Conseils de préfecture*
Mém. perc. — *Mémorial des Percepteurs.*
Monit. jud. Lyon. — *Moniteur judiciaire de Lyon.*
Pand. chron. — *Pandectes chronologiques.*
Pand. fr. — *Pandectes françaises.*
Pasic. belg. — *Pasicrisie belge.*
Rec. C. État. — *Recueil des arrêts du Conseil d'État.*
Rec. Min. int. — *Recueil du Ministère de l'Intérieur.*
Rép. gén. alph. du dr. fr. — *Répertoire général alphabétique du Droit français*
Rev. cath. des inst. et du dr. — *Revue catholique des Institutions et du Droit.*
Rev. étab. bienf. — *Revue des Établissements de bienfaisance.*
Rev. gén. adm. — *Revue générale d'Administration.*
S. — *Sirey.*

TABLE GÉNÉRALE DES MATIÈRES

Le Droit des pauvres sur les spectacles, théâtres, bals et concerts, etc.

ANNEXES

BAR-LE DUC. — IMP. CONTANT-LAGUERRE.

www.ingramcontent.com/pod-product-compliance
Lightning Source LLC
Chambersburg PA
CBHW060427200326
41518CB00009B/1514